A VIAGEM MARÍTIMA DA FAMÍLIA REAL

Kenneth Light

A VIAGEM MARÍTIMA DA FAMÍLIA REAL

A transferência da corte portuguesa para o Brasil

ZAHAR
Jorge Zahar Editor
Rio de Janeiro

D. JOÃO VI NO RIO ·1808-2008·

RIO PREFEITURA

Jorge Zahar Editor Ltda.
rua México 31 sobreloja
20031-144 Rio de Janeiro, RJ
tel.: (21) 2108-0808 / fax: (21) 2108-0800
e-mail: jze@zahar.com.br
site: www.zahar.com.br

Capa: Victor Burton
Imagem da capa: *Chegada da família real ao Rio de Janeiro*. Quadro a óleo de Geoff Hunt RSMA (coleção particular, direitos reservados).

Projeto gráfico e composição: Mari Taboada

CIP-Brasil. Catalogação-na-fonte
Sindicato Nacional dos Editores de Livros, RJ.

Light, Kenneth H., 1938-
L691v A viagem marítima da família real: a transferência da corte portuguesa para o Brasil / Kenneth H. Light. — Rio de Janeiro: Jorge Zahar Ed., 2008.

Apêndice
Contém glossário
Inclui bibliografia
ISBN 978-85-378-0059-1

1. Brasil – História – João VI, 1808-1821. 2. Viagens marítimas. I. Título.

CDD: 981.033
08-0388 CDU: 94(81)

Sumário

Apresentação: Entre a melancolia e a obstinação

Lilia Moritz Schwarcz*

Todo historiador carrega uma certa melancolia e uma boa dose de obstinação. Melancolia, pois a tarefa de rever a história implica sempre a constatação de que o passado é mesmo uma pátria distante, e de que não há como dar conta de lacunas ou "buracos" que a documentação insiste em não "tapar". Obstinação, pois a única maneira de lidar com essa falha inicial e estrutural é supor, teimosamente, que sempre há uma pista a encontrar, uma nova faceta a rever.

Foi o historiador italiano Carlo Ginzburg quem chamou a atenção para a proximidade que se estabelece entre a prática do historiador e a do detetive, e até mesmo entre os métodos do historiador e os do inquisidor. De um lado, a vontade de recuperar a história é um exercício que lembra a atividade de Sherlock Holmes, na sua busca por vestígios que só depois de descobertos parecem "elementares". Por outro, é preciso "perguntar" ao documento, indagar, questionar; isso se a pretensão é que ele diga algo novo e muitas vezes inesperado.

É fato que Kenneth Light neste seu novo livro não exerce a tarefa de inquisidor e muito menos desvenda qualquer assassinato. Obstinadamente, procura por novos "sinais" para entender como se deu essa "aventuresca" viagem da família real portuguesa rumo à sua colônia tropical. Reis não fo-

* Professora titular do Departamento de Antropologia da USP e autora, entre outros, de *A longa viagem da biblioteca dos reis: do terremoto de Lisboa à independência do Brasil*.

gem e nem se mudam com facilidade. Aí está um bom mistério, que custou muita pesquisa e reflexão coletivas. Na verdade, de tão pesados e assentados em suas instituições, os monarcas movem-se apenas lentamente e, em geral, esperam que os outros – sejam fatos ou pessoas – venham até eles.

Mas não foi assim no caso dos Bragança, que, premidos pelos ingleses de um lado e os franceses de outro, acabaram não tendo outra escapatória senão enfrentar o oceano. Após muito titubeio e desdito, d. João, instado em sua posição de príncipe regente por conta da demência de sua mãe, d. Maria I, finalmente decide finalizar os arranjos – tantas vezes postergados – para a partida. A idéia da mudança não era nova. Na verdade, fora acionada todas as vezes que a monarquia se sentira fragilizada ou com receio de perder sua rica colônia americana. No entanto, a urgência da partida é que era inusitada, com as tropas do exército de Bonaparte a cruzar a fronteira de Portugal.

Já sabemos onde essa história iria dar e como a famosa "imparcialidade" portuguesa e seu teatro político iriam fazer – literalmente – água. O que não sabemos, ou melhor, não sabíamos, é como se desenvolveria essa viagem e de que maneira, bem ou mal, se acomodariam tantas "tempestades".

A viagem marítima da família real – A transferência da corte portuguesa para o Brasil é, pois, um livro tão esperado quanto anunciado. Vez por outra, sabia-se de uma nova descoberta de Kenneth Light, esse pesquisador que fez dos arquivos uma forma privada de dedicação. De tempos em tempos, um novo artigo do autor expunha uma documentação recente ou pouco trabalhada. Generoso, Light sempre distribuiu documentos e "dicas" para que novas obras pudessem ser completadas. Num terreno pantanoso como esse, e que tanta polêmica gera, Light destaca-se por oferecer interpretações claras e pautadas em registros não só copiosos como corretos. Historiador de ofício, Kenneth explica sem tecer juízos fáceis, exemplifica e resolve as questões. Muitas são as obras que debatem acerca do número de viajantes, ou comentam a desorganização da partida. No entanto, o leitor verá que, nesse caso, o achado documental é tão relevante quanto o cuidado e a coerência com que é trabalhado.

Como diz o próprio título da obra, estamos diante do cenário da "partida" da família real – ou da "fuga", para alguns. Light opta por "transferência", mas não sem motivos. Afinal, mostra como a Inglaterra se preparou para oferecer a "proteção" necessária, e como o tema fez parte, como não podia deixar de ser, da agenda oficial da realeza portuguesa.

Kenneth Light recorre, porém, a novos documentos e os usa de forma não só exaustiva, mas também comparativa: contrasta depoimentos, cruza informações isoladas. Mestre em temas navais, o autor dá um "banho" nessa área, descrevendo com detalhes (técnicos e não) as características das naus que acompanharam d. João e d. Carlota, comprovando como registros materiais podem iluminar grandes temas sociais. Além do mais, recorre a relatórios dos capitães e os compara. No mesmo local, no exato momento, diferentes personagens ocultos e privados dessa história pública saem do anonimato, opinam sobre o que vêem e o que percebem. Se já conhecíamos os relatos bastante adjetivados e por vezes fantasiosos de Thomas O'Neil, que acompanhou o comandante britânico William Sidney Smith durante a viagem ao Brasil, esses pequenos depoimentos restavam bastante desconhecidos, quando não inexplorados. Kenneth se utiliza também dos livros de quartos, descobertos nas embarcações, que registram detalhadamente as diferentes intercorrências que marcaram a viagem: desvios, ventos, calmarias e piolhos. Cartas e relatórios ajudam a dar um quadro mais preciso do número de pessoas que vieram de Lisboa, assim como atestam o impacto na vida da cidade do Rio de Janeiro, a qual, àquela altura, não passava de uma vila das mais pacatas. Por outro lado, o historiador demonstra como esse fluxo imigratório não se prendeu ao momento exato da chegada da corte: durante dois meses foram registrados movimentos relevantes na entrada de imigrantes.

Organizar um esquadrão sem grande aviso prévio e fazer a realeza mudar de casa, levando de quebra a pesada estrutura burocrática portuguesa, não era tarefa fácil; ao contrário, era sina das mais monumentais. O que se comeu, como era o dia-a-dia, como se media o tempo, qual era o número de marinheiros empregados e o soldo correspondente, como se organizavam os navios... todos esses detalhes saborosos aparecem no livro e ajudam a compor um quadro mais vivo dessa longa viagem. O historiador mostra, a partir dos relatos dos oficiais, como os navios portugueses padeciam com a total "falta de condições", como a "provisão era pouca". Light revela, ainda, detalhes da maneira como se formou o esquadrão britânico e o modo desastrado como se encontraram, pela primeira vez, navios ingleses e portugueses. Por muito pouco a guerra não começou de maneira atrapalhada entre esses dois povos que teoricamente encontravam-se irmanados. O fato é que o ambiente era dos mais tensos, e detalhes do cotidiano ajudam a abrir a fresta dessa janela documental que durante bom tempo permaneceu cerrada.

Vale a pena contar uma última curiosidade acerca do livro que o leitor tem agora em mãos. Kenneth Light não se limitou a levantar os dados de oficiais da Marinha. Identificar como artistas registraram a viagem também fez parte da pesquisa. É certo que, por conta do apressado da situação, muitas gravuras foram terminadas posteriormente ou mesmo de maneira mais ligeira. Não obstante, existem certos documentos visuais que podem ser utilizados, se não como testemunhos certeiros, ao menos como "pistas" que, devidamente contrastadas, iluminam o ambiente. Dentre esses registros destacam-se um quadro pintado por Nicolas Delerive sobre o embarque no cais de Belém, que hoje se encontra no Museu Nacional dos Coches, bem como alguns leques comemorativos com pequenas imagens mostrando a chegada das embarcações ao Rio de Janeiro.

Não contente com isso, Kenneth Light resolveu juntar o conhecimento detalhado que acumulara sobre embarcações e acerca do evento em si e encomendou ao artista Geoff Hunt RSMA a pintura que aparece agora como capa deste livro. Durante 18 meses, o historiador realizou um estudo minucioso, e recomendou que o artista priorizasse, em sua tela, grandes e pequenos detalhes: a força e a direção do vento, a luminosidade e as condições do mar. Também era importante mostrar o ambiente de "alegria" que se instaurara com a chegada da corte. E assim foi feito. No centro da obra vemos a nau *Príncipe Real*, que comportava 104 passageiros e 950 tripulantes e que acabara de fundear, depois de entrar no vento, usando sua carangueja. O quadro também seleciona um momento particular: quando d. João anunciou que só iria desembarcar no dia seguinte à chegada, nobres e outros representantes que permaneciam em terra partiram em pequenas embarcações para prestar suas homenagens aos ilustres passageiros.

Porém a tela apresenta ainda mais. Do lado esquerdo, a nau *Marlborough*, que se encontrava na baía, dispara uma salva e sua guarnição é colocada nas vergas. Já do lado direito, pode-se observar a *Afonso de Albuquerque*, que começa a ferrar suas velas em preparação para entrar no vento e fundear. Atrás, a *Medusa*, com o futuro conde da Barca –

d. Antônio de Araújo Azevedo, o famoso ministro afrancesado de d. João – a bordo, e a fragata *Urânia*, que escoltou a *Príncipe Real* durante toda a viagem. Mais ao lado, vemos *Bedford*, com suas responsabilidades de escolta agora no fim. O forte de Villegaignon, que não existe mais, também salva a chegada do príncipe ao Brasil.

No horizonte, destaca-se o litoral de Niterói, a entrada da baía e o Pão de Açúcar, como não poderia deixar de ser. Aí está o cartão-postal do Rio de Janeiro, o ângulo mais reproduzido desta cidade que sempre maravilhou os viajantes, encantados com uma paisagem tão exótica.

Como se vê, a "obstinação" do autor é tal que vence a "melancolia". Ficção e realidade se misturam nesta capa que apresenta um pouco de tudo: uma recriação científica em cima de uma pesquisa alentada. A história não é o exercício óbvio do "se". Enquanto Light atua como um detetive competente no interior da obra, já nesse caso faz uso das artes do cinema, o qual, frente ao desafio de rever o passado, acaba por recuperá-lo: recria cenas como muito bem poderiam ter ocorrido.

A viagem da família real mais parece tema de uma vida inteira, sobretudo nas mãos desse "historiador de escolha e afeição". Kenneth optou por dedicar sua vida aos arquivos e à recuperação desse episódio que ganha agora uma nova visão que vai alimentar – e muito – um debate já tão acalorado.

Prefácio

A importância da jornada empreendida rumo ao Brasil, em 1807, pela família real portuguesa, pela maioria de sua corte e por um grande número de cidadãos – um total de 12 a 15 mil homens, mulheres e crianças, considerando as tripulações –, deriva da conseqüência que essa ação teve na história.

O responsável pela decisão que levou a essa jornada audaciosa foi o príncipe regente, d. João.[1]

Como muitas vezes acontece, o passar do tempo ilumina e esclarece. Os primeiros críticos, talvez por estarem próximos demais dos acontecimentos, interpretaram-nos de forma negativa; não enxergaram a grandeza e a coragem da decisão tomada por d. João, comprovada pelos eventos subseqüentes.

Oliveira Martins escreveu: "Tudo o mais era vergonha calada, passiva inépcia, confessada fraqueza. O príncipe decidira que o embarque se fizesse de noite, por ter a consciência da vergonha da fuga."[2]

O capitão-tenente Lucas Boiteaux foi ainda mais expressivo:

> Ao ver as forças inimigas talando o território pátrio, o lendário patriotismo luso não mais explodiu como nos heróicos tempos de Nun'Alves; mas, entorpecido por letal e criminosa indiferença, degenerou em terror vergonhoso. A família real, compartilhando desta fraqueza, foi a primeira a dar o exemplo, embarcando para o Brasil a 27 de novembro, no maior desespero e confusão e levando na sua cauda um exército de poltrões, enfatuados, fidalgos e parasitas de toda a casta, degenerada progênie de um passado heróico...[3]

Outros acreditaram que a ação de d. João, considerada por monarcas portugueses anteriores como estratégia alternativa desde quando o Brasil foi descoberto, foi de fato uma jogada brilhante. Oliveira Lima escreveu:

> Retirando-se para a América, o príncipe regente, sem afinal perder mais do que o que possuía na Europa, escapava a todas as humilhações sofridas por seus parentes castelhanos, depostos à força, e, além de dispor de todas as probabilidades para arredondar à custa da França e da Espanha inimigas o seu território ultramarino, mantinha-se na plenitude dos seus direitos, pretensões e esperanças. Era como que uma ameaça viva e constante à manutenção da integridade do sistema napoleônico. Qualquer negligência, qualquer desagregação seria logo aproveitada. Por isto é muito mais justo considerar a trasladação da corte para o Rio de Janeiro como uma inteligente e feliz manobra política do que como uma deserção cobarde.[4]

Afonso Züquete também elogia a estratégia de d. João: "A retirada para o Brasil com que se argumentou nesse sentido, com total inépcia, foi um ato habilíssimo, que salvou a realeza e garantiu a independência de Portugal."[5]

Dos quatro países envolvidos – Portugal, Brasil, Grã-Bretanha e França –, apenas o último lamentaria o evento.

Ao contrário de outros países invadidos por Bonaparte, a própria essência da nação portuguesa – a família real e a corte – sobreviveu incólume, manteve o seu reino e até mesmo prosperou em sua rica colônia. A presença da monarquia no Brasil acelerou o desenvolvimento do país, com a abertura dos portos em 1808, e, uma vez criado o Reino Unido de Portugal e Brasil em 1815, tornou inevitável a independência.

A longa e duradoura relação de interesses estratégicos e amizade com a Grã-Bretanha, que datava do século XIV, manifestou-se em uma convenção que garantiria a segurança da viagem. A Grã-Bretanha, após as revoltas populares em Espanha e Portugal em 1808, ao desembarcar suas tropas em Portugal, abriria a primeira frente no continente contra Napoleão. Aqui começava a luta que iria derrotar Napoleão em terra, embora isso ainda fosse levar vários anos. Diversos historiadores registram que, já no exílio, Bonaparte declarou que a sua queda começara quando ele invadiu Portugal e tentou acabar com a dinastia de Bragança.

A jornada marítima empreendida pela família real portuguesa há 200 anos tem sido, assim, descrita de modo fragmentário pelos historiadores; principalmente, acredito, devido à falta de documentos originais sobre os quais os eventos do dia-a-dia pudessem ser construídos e descritos. A inevitável desorganização na chegada dos navios e o clima tropical, um dos piores inimigos do papel, não devem ter ajudado na preservação desses documentos.

Os navios de Sua Majestade britânica bloqueando o Tejo e aqueles destacados para escoltar a esquadra portuguesa para o Brasil estavam em serviço normal, para uma nau de guerra daquela época. Livros de quartos (diários de bordo) eram mantidos pelo capitão, pelo mestre de navegação (arrais) e pelo oficial de quarto. No retorno à base, talvez após anos de ausência no mar, esses documentos eram enviados ao Almirantado. São importantes registros de viagens, servindo para auditorias, evidências para conselhos de guerra e outras finalidades. Os originais são mantidos na Repartição de Arquivos Públicos da Inglaterra.[6]

O trabalho realizado recentemente no sentido de tornar legíveis os livros de quartos "descobertos" dessas naus, assim como os relatórios dos capitães,[7] permitiu-nos desenvolver uma narrativa precisa do que estava acontecendo dia a dia, até mesmo hora a hora. A narrativa, entretanto, está restrita àquele navio em particular. A fim de alargar esse ponto de vista, vários livros de quartos registrando o mesmo evento foram tomados como complementares uns aos outros; descrições contidas em cartas e relatórios também foram levadas em conta. Mesmo assim, os relatos desses diários de bordo são inevitavelmente orientados para eventos intimamente associados aos navios britânicos. São, porém, as principais fontes de informações detalhadas sobre a jornada marítima que sobreviveram.

Em acréscimo aos livros de quartos e aos relatórios dos capitães, largos extratos dos depoimentos de duas testemunhas oculares, o conde Thomas O'Neil e Luiz Gonçalves dos Santos, também foram incluídos. Sua contribuição nos oferece um retrato pitoresco dos sentimentos, sejam eles ansiedade, perigo, alívio ou alegria, com a autoridade de quem estava presente no momento em que ocorreram.

A grande maioria dos leitores provavelmente não deve ter conhecimento acerca da operação de uma nau de guerra do início do século XIX, seja ela portuguesa ou britânica. Também não é possível se obter esse conhecimento de modo prático. Comparar uma missão em navio de guerra moderno com uma expedição em nau de guerra da primeira década do século XIX assemelha-se a contrapor uma viagem em automóvel moderno a uma excursão em tílburi! Para melhor compreender e apreciar a rotina diária, os perigos, a necessidade e as carências experimentadas pelos passageiros portugueses a bordo de seus navios, incluí explicações detalhadas – em sua maioria, antes de iniciar o relato da viagem.

Em novembro de 1807, as naus de linha das duas potências tinham um passado de muitas vitórias; seus capitães, em muitos casos, eram heróis nacionais por terem participado de batalhas que lhes trouxeram a glória. Os principais detalhes sobre os navios, e as rotas seguidas até o Brasil, podem ser encontrados no apêndice.

Os eventos seguem, dentro do possível, uma ordem cronológica. As principais fontes de informação dos eventos que ocorreram no mar, conforme já mencionamos, são os livros de quartos de bordo mantidos pelos capitães, em que cada dia ocupa uma página, pautada e anotada para cada uma das 24 horas.

O número de pessoas que vieram de Lisboa e o impacto sobre a cidade do Rio de Janeiro é um assunto que foi debatido, no passado, por inúmeros historiadores. Alguns fatos, acreditamos, são importantes como contribuição para esse debate. Em primeiro lugar, calculamos que as guarnições dos navios de guerra e da marinha mercante, mesmo incompletas, como habitualmente acontecia, deveriam somar entre 7.000 e 7.500 homens. A guarnição da *Príncipe Real*, por exemplo, era de 950 homens. Em segundo lugar, a chegada dos navios ao Rio de Janeiro ocorreu durante um período de quase dois meses. Em terceiro, muitos passageiros trouxeram um grande número de criados. E, por último, muitos navios mercantis pertenciam a outros portos, e assim não aportaram no Rio de Janeiro.

Sou especialmente grato a todos aqueles que ofereceram sugestões e revisaram o texto; especialmente a Graham Salt, por seu trabalho diligente junto ao Museu Nacional Marítimo de Greenwich e ao Arquivo-Geral da Inglaterra.

Embora os acontecimentos aqui descritos pareçam, após 200 anos, longe de nossa realidade, lembramos que, baseando-nos numa média geralmente aceita de que entre uma geração e outra ocorrem 30 anos, uma pessoa que conheceu o seu bisavô e o seu bisneto completou um ciclo de sete gerações![8]

K.L.

Rio de Janeiro, março de 2008

Capítulo Um

Depois de esmagar a Áustria e a Prússia, o sucesso total de Bonaparte no domínio da Europa só era impedido pela Rússia e pela Grã-Bretanha. Em Trafalgar, em 1805, a Inglaterra consolidou seu domínio dos mares, e assim evitou a invasão do seu território. O Tratado de Tilsit com a Rússia, em junho de 1807, permitiu que Bonaparte voltasse sua atenção para a península Ibérica. Portugal, sob pressão para ingressar no Bloqueio Continental, tentou manter a neutralidade, ainda que a um alto preço. À medida que o tempo passava, a situação se deteriorava gradualmente, enquanto os representantes francês e espanhol abandonavam Lisboa, no início de outubro de 1807.

O Tratado de Paz de Amiens, assinado entre a Grã-Bretanha e a França em 27 de março de 1802, pôs fim a uma guerra em que Napoleão tentava dominar grande parte da Europa continental.Entretanto, a sua duração foi limitada, pois, um ano mais tarde, em 16 de maio 1803, a Grã-Bretanha deu início a uma guerra que envolveria toda a Europa durante mais de 12 anos.

Durante o período que precedeu à crise final de novembro de 1807, Portugal parecia estar consumido pela indecisão. O Conselho de Estado estava dividido, a maioria de seus integrantes era a favor da neutralidade; todavia, se fosse necessário aliar-se a uma das nações beligerantes, a mesma maioria preferiria a França. Esta escolha vinha da convicção, defendida pelo influente conselheiro Antônio de Araújo de Azevedo[1] – ministro encarregado dos Negócios Estrangeiros da Guerra e do Interior –, de que a atitude da França em relação a Portugal devia-se à agressividade daquela nação e, ao mesmo tempo, à sua frustração quanto a não ter conseguido invadir a Inglaterra em 1805; e Portugal era o mais antigo aliado dos britânicos. De modo que, se a situação chegasse ao enfrentamento direto, a França poderia ser persuadida a não invadir Portugal.

A segurança de suas colônias era, para Portugal, outra fonte de preocupação. Em particular o Brasil, principal fonte contínua de riqueza e, até mesmo, de sobrevivência financeira da nação. Em 19 de março de 1804, as negociações de neutralidade culminaram com a "Convenção de Neutralidade e Subsídios entre o Príncipe Regente d. João e a República Francesa", assinada pelo plenipotenciário português José Manuel Pinto de Sousa, ministro de Portugal em Estocolmo, e pelo plenipotenciário francês, general Jean Lannes. Estipulava o pagamento e o preço para manter a paz, equivalente a 40 mil libras por mês.[2]

Tal análise dos eventos ocorridos em Portugal, que levaram à crise de novembro de 1807, pressupõe que o príncipe regente e seu grupo de assessores mais próximos estavam distantes da realidade, cambaleando de uma crise para outra, sem uma noção clara do destino a que suas ações os levariam. Uma administração ingênua, pouco inteligente e ineficiente, de uma situação delicada, difícil e potencialmente perigosa, que resultaria na ação final descrita como uma fuga covarde e o abandono de uma nação, cujo resultado inegavelmente vitorioso foi atribuído à sorte ou ao destino.

Uma análise mais profunda e completa, porém, indicaria que um plano paralelo, desenvolvido e administrado com competência, bem-sucedido politicamente e na administração de recursos, estava ativo e em operação durante esse mesmo período. Sob a liderança do príncipe regente, Araújo de Azevedo certamente teria tomado parte e, talvez, outros membros do Conselho de Estado e homens da confiança pessoal do príncipe.[3] De acordo com Angelo Pereira, esse grupo incluía: José Egídio Alvares de Almeida, encarregado do Gabinete; João Diogo de Barros, secretário do Infantado; Thomas Antônio Vilanova Portugal, fiscal do Erário; Manoel Vieira da Silva, médico; e os dois guarda-roupas, Francisco José de Souza Lobato e Mathias Antônio de Souza Lobato.

Há evidências abundantes de que Araújo de Azevedo era extremamente atuante, criativo e inteligente; como solteiro, tinha poucas coisas para lhe tirar a atenção do seu trabalho. Passara muitos anos se preparando para esse cargo de responsabilidade. Durante esse tempo, havia servido como diplomata em várias cortes, lidando diariamente com os líderes políticos dos países em que servira e com embaixadores de outras nações. Em 1804 fora chamado de volta e nomeado membro do Conselho de Estado. Apesar de estar exaurido pelas muitas tarefas diárias que desempenhava e com a saúde abalada, encontrou tempo para empacotar e embarcar a sua imensa biblioteca, a qual posteriormente iria legar à Biblioteca Nacional do Rio de Janeiro. A sua versatilidade, outro sinal de inteligência, foi demonstrada quando já não exercia o cargo, pouco tempo após a sua chegada ao Rio de Janeiro. Desenvolveu em seu jardim uma coleção científica de 1.500 espécimes de árvores frutíferas e plantas de especiarias – algumas nativas e outras trazidas das possessões portuguesas do Extremo Oriente para serem aqui aclimatadas – que serviriam para condimentar iguarias. Mais tarde, essa coleção formaria o núcleo inicial do Jardim Botânico, fundado por d. João no Rio de Janeiro. Outra faceta do seu caráter é demonstrada pela aprovação do decreto de 1816, proposto por ele, que criava a Academia de Belas-Artes no Brasil.

Portugal estava bem informado, pois possuía embaixadores e espiões nas principais cortes, e não tinha ilusões quanto à sua capacidade de defender as suas fronteiras terrestres. Os preparativos para transferir a família real e a corte para o Brasil, como será visto, tiveram início bem antes que os representantes francês e espanhol junto à corte portuguesa entregassem os ultimatos de seus países. O plano teria seguido várias fases: chamar de volta várias esquadras de suas tarefas normais para o porto de origem em Lisboa, a fim de serem aprestadas para a longa jornada; suspender o transporte de mercadorias e riquezas do Brasil; e o recolhimento, em terra, de tudo que fosse transportável e pudesse ser levado, inclusive o arquivo do Estado, bibliotecas e metade do erário. E por último, mas não menos importante, assegurar uma jornada a salvo de seus inimigos e também dos perigos naturais, por meio de uma escolta fornecida pela Grã-Bretanha, a nação que dominava os mares, posto que as naus da armada estavam transformadas em navios de transporte.

A parte mais difícil e delicada do plano era executar essas medidas práticas e necessárias sem despertar suspeitas indesejáveis nas cortes francesa e espanhola, nem tampouco nas pessoas comuns das ruas de Lisboa e de outros lugares em Portugal, até que uma razoável aceitação pudesse ser garantida. Assim, d. João fez circular que tencionava enviar o seu filho mais velho, d. Pedro, para o Brasil, donde os preparativos visíveis.

Lorde Strangford,[4] ministro interino junto à corte de Lisboa, um amigo e admirador de Araújo, reuniu-se com ele meses antes de o evento ocorrer e obteve confirmação quanto às reais intenções do príncipe regente. Não era possível manter em total segredo os preparativos que estavam sendo executados, mas também não era possível que o embarque de tantos documentos e bens do Estado fosse feito com poucos dias de preparação.

Nenhum registro formal sobreviveu, se é que existiu algum, de tal plano. Mas não há dúvidas quanto à existência do mesmo, de acordo com a observação atenta das muitas decisões tomadas nesse período, indicando que tal estratégia alternativa estava disponível como medida de segurança, em caso de necessidade. Além disso, numa fase inicial do desenvolvimento, d. Domingos,[5] em Londres, foi autorizado a negociar uma convenção que possibilitasse a obtenção da escolta necessária à família real em sua jornada rumo ao Brasil. Finalmente, após a decisão tomada na histórica reunião do Conselho de Estado, na noite de 24 de novembro de 1807, o plano foi revelado. A esta altura já era tarde demais para que Bonaparte tomasse qualquer medida para impedi-lo. D. João e a esquadra partiram de Lisboa em 29 de novembro, e Junot chegou no dia seguinte.

1802

Visto em retrospectiva a partir da assinatura do Tratado de Amiens, Portugal, à beira da grande guerra que estava para consumir a Europa, era permanentemente forçado a recorrer a um jogo político bem orquestrado a fim de manter a França a distância e, ao mesmo tempo, conservar boas relações com seu aliado tradicional, a Grã-Bretanha.

Em abril de 1802, chegou a Lisboa o recém-nomeado representante francês junto à corte portuguesa, o ministro plenipotenciário general Jean Lannes.[6] Graças à sua natureza tempestuosa, não tardou até que ele entrasse em choque com d. João de Almeida de Melo e Castro, 5º conde das Galveias,[7] então ministro dos Estrangeiros e da Guerra, um anglófilo que estava determinado a impedir suas tentativas de impor a Portugal as políticas de Bonaparte. Com ele também estava d. Rodrigo de Sousa Coutinho, outro secretário de Estado.

O intendente-geral da polícia, Pina Manique,[8] também resistiu a ele:

> A Lannes apenas se lhe disparou um português na sua frente – Pina Manique. Ninguém o intimidava. A hombridade e a dedicação do intendente insurgia-se contra o desprezo absoluto de Lannes pela etiqueta e desrespeito pela família real. Pedia contínuas audiências ao regente sem ser por intermédio do respectivo ministro; trata-o nelas como de igual para igual.

Lannes e todo o pessoal da legação contrabandeava às escâncaras. Não só o ministro da França negociava com os artigos vindos daquele país, e que não pagavam nada ao fisco, mas ainda todos os empregados que o rodeavam participavam do mesmo lucrativo exercício.[9]

Sua ameaça de pedir de volta seu passaporte foi enfrentada por d. João d'Almeida, que prontamente lhe enviou o documento. Em 25 de agosto de 1802, Lannes deixou Portugal, sem enviar qualquer aviso a seu governo. Este ato desagradou a Bonaparte, que ordenou o seu imediato retorno, mas não antes de exigir que o príncipe regente substituísse seu ministro dos Estrangeiros. Isto realmente ocorreu, um ano depois, quando d. João d'Almeida foi enviado à Áustria como embaixador. Lannes regressou por mar em fevereiro de 1803. Outra vítima da pressão da França foi Pina Manique: d. João foi forçado a demiti-lo, assim como d. Rodrigo de Sousa Coutinho, todos considerados chefes do "partido inglês".

1803

A política de comprar a sua neutralidade continuou, já que Portugal vivia um período áureo do seu comércio marítimo, mas o preço era alto. Em 7 de maio de 1803, d. João concordou com a exigência do general Lannes, de um milhão de libras em prestações de 40 mil libras por mês. Em junho, o general passou a exigir, além disso, 200 mil cruzados para si mesmo.[10] As exigências superaram qualquer expectativa de pagamento. O conselheiro d. Rodrigo de Sousa Coutinho[11] escreveu ao príncipe regente, em 20 de junho daquele ano:

> Obedecendo com o devido acatamento às reais ordens de V.A.R., e lembrando só a fraqueza dos meus talentos, e a estreiteza do tempo em que devo responder sobre matéria tão importante, e tão difícil para não deixar de cumprir com o que V.A.R. ordena, direi mui sucintamente que as proposições da França não podem de modo algum ser aceitas em primeiro lugar porque nenhuma potência poderia atualmente dar 36 milhões de libras sem recorrer a empréstimos; em segundo lugar porque, mesmo fazendo um empréstimo, se esgotaria o numerário circulante; e em terceiro lugar porque sempre seria melhor unir esses 36 milhões de libras aos rendimentos ordinários, e fazer um grande esforço com que haveria toda a probabilidade de defender-se, e sustentar assim a própria independência do que se sujeitar a um sistema de escravidão perpétuo, e que constituiriam V.A.R. a feudatário do governo francês.[12]

Por meio de uma política imposta com rigor, Portugal sempre insistira em que todo o comércio com o Brasil passasse exclusivamente por seus portos e fosse transportado a bordo de seus navios.

Mais recentemente, essa política tinha sido, até certo ponto, relaxada. Embora os portos ainda estivessem fechados ao comércio estrangeiro, os navios de guerra, e aqueles navios mercantes estrangeiros que não tivessem outro porto onde fazer reparos, estariam, no futuro, livres para utilizar portos brasileiros.[13] Isto aconteceu, por exemplo, com o esquadrão sob o comando de sir Home Popham na expedição de sir David Baird ao cabo da Boa Esperança, em 1805, e na do almirante francês Guillaumez, em 1806.

1804

O período do general Lannes no cargo terminou em 1804. Bonaparte, tendo coroado a si mesmo imperador em 2 de dezembro daquele ano, agora necessitava do general em Paris e nomeou-o marechal do império. Como substituto, nomeou Jean Andoche Junot;[14] mas este não tomou posse antes de abril de 1805, e, ainda assim, não permaneceria em Portugal por muito tempo. Como a guerra na Europa recomeçou quase imediatamente, antes do fim do ano, Bonaparte, conforme prometera, chamou-o de volta. Ele partiu em outubro daquele ano, sendo substituído por François Gérard,[15] encarregado de Negócios.

Enquanto isso, na França, à medida que um sucesso militar após o outro coroava as ambições de Bonaparte, ficava cada vez mais claro para ele que seu desejo de dominar toda a Europa tornara-se uma possibilidade distinta.

1805

No ano de 1805 parecia que apenas duas nações, a Rússia e a Grã-Bretanha, poderiam oferecer resistência séria aos planos de Bonaparte. A Rússia, com sua imensa população, era capaz de organizar uma considerável força de combate, ainda que mal equipada e treinada, e uma Marinha substancial operando no mar Negro e no Báltico. As condições do tempo adversas eram seu principal aliado, uma vez que as longas linhas de comunicação necessárias ao inimigo tornavam-se impossíveis de serem mantidas, sob as condições do inverno.

As vantagens da Grã-Bretanha eram a sua Marinha e a sua condição geográfica de ilha. Esta foi a principal razão de ter sido invadida apenas três vezes nos últimos 20 séculos: pelos romanos em 43, pelos dinamarqueses (vikings) e pelos normandos em 1066.

O imperador francês teria de invadir a ilha e, com forças superiores em número e experiência, destruir o inimigo. Com tal finalidade, já a república tinha reunido, no litoral norte da França, Bélgica e Holanda, uma flotilha de 2 mil embarcações para transportar seu exército de 150 mil homens e 10 mil cavalos através do canal da Mancha, num trecho cuja largura era de apenas 30 milhas marítimas.[16]

Também era claro para Napoleão que, para atravessar esse canal, mesmo sendo tão estreito, ele precisava ter o completo controle dos mares. As embarcações da flotilha anfíbia eram vulneráveis; alvos fáceis para qualquer navio de guerra.

A oportunidade para a Royal Navy veio em 22 de outubro de 1805, em Trafalgar (próximo a Cádiz, no sul da Espanha), após a esquadra britânica, no início do ano, ter sofrido uma frustrante perseguição de ida e volta do mar Mediterrâneo às Índias Ocidentais. Naquela data, a esquadra combinada franco-espanhola de 33 navios de linha enfrentou os 27 navios da Grã-Bretanha. Esta batalha naval, uma das mais famosas de todos os tempos, teve um resultado definitivo. Os dez navios franceses e espanhóis que não foram capturados, destruídos por fogo de artilharia ou que não explodiram ou naufragaram na costa buscaram refúgio em Cádiz, aí permanecendo enquanto o porto estava sob bloqueio. Embora muito danificada, a esquadra inglesa não perdeu sequer uma nau.

1806

Após essa derrota, Bonaparte desenvolveu táticas diferentes. Percebeu que a Grã-Bretanha tinha de comercializar com outras nações e com suas colônias, a fim de preservar a saúde econômica de sua crescente industrialização. Baseado neste julgamento, ele decidiu fechar todos os portos do continente europeu ao comércio britânico.

Em 21 de novembro de 1806, após a aniquilação do Exército prussiano, Bonaparte emitiu o Decreto de Berlim: nenhum navio, produto ou mesmo cidadão britânico poderia entrar em qualquer parte do Império francês ou qualquer território governado pela França ou aliado desta. O Bloqueio Continental tinha sido instituído.

A Grã-Bretanha, agora com o completo domínio dos mares, retaliou, instituindo um bloqueio dos portos que abrigavam navios de guerra, interceptando e capturando quaisquer navios inimigos e, até mesmo, abordando navios neutros que poderiam estar comercializando com a França.

Enquanto isso, Portugal continuava defendendo a sua neutralidade, apostando que a posição da França não passava de uma ameaça que esta não tinha intenção de cumprir. Esta, porém, não era a visão de Charles Fox,[17] então ministro do Exterior da Grã-Bretanha.

A vigilância da Grã-Bretanha sobre Portugal vinha da importância de mantê-lo como território neutro mas comerciante, e, caso a França invadisse a Espanha, então destruir a frota portuguesa ou fazê-la seguir para o Brasil. Para qualquer eventualidade, um esquadrão reforçado era sempre mantido ao largo da costa.[18] Esta era, aliás, a mesma postura que a Royal Navy adotava com a neutra Dinamarca.

As ameaças feitas por Talleyrand a lorde Landerdale, sobre a invasão e o desmembramento de Portugal, foram cuidadosamente avaliadas pela corte em Londres.[19]

> Em 1806, as demonstrações de hostilidade contra Portugal por parte da França eram tão evidentes que lorde Rosslyn foi enviado para lá em missão especial, à qual se agregaram lorde S.Vincent e o general Simcoe. As instruções que lhe foram dadas consistiam em expor, ao gabinete de Lisboa, o perigo eminente que ameaçava o país, assim como oferecer auxílio em homens, dinheiro e víveres da Inglaterra, a fim de pôr Portugal na defensiva, isto se o governo se decidisse a uma resistência vigorosa e afetiva. Se, por outro lado, Portugal se julgasse fraco demais para lutar com a França, deveria ser retomada a idéia de emigrar para o Brasil, estabelecendo ali a capital do Império. Prometer-se-iam então assistência e proteção para esse plano. Se, contudo, Portugal insistisse em rejeitar o auxílio inglês em qualquer caso, as tropas do general Simcoe deveriam desembarcar e ocupar as fortalezas do Tejo. O esquadrão entraria pelo rio e apossar-se-ia dos navios e vasos portugueses, tomando o cuidado de convencer o governo e o povo de que isto fazia para o bem da nação e nunca com o fim egoísta de engrandecimento por parte da Inglaterra. Parece, entretanto, que os preparativos de

invasão por parte da França não estavam no momento tão adiantados como se supunha e, à vista dos instantes pedidos da corte de Lisboa, as tropas e a frota retiraram-se do Tejo.[20]

A preocupação de Portugal em manter sua neutralidade era evidente. Nessa ocasião, foi capaz de demonstrar que os rumores de que um exército de 30 mil homens havia sido reunido em Bayonne, pronto para atravessar a Espanha e invadi-la, não passavam mesmo de rumores; de fato, tratava-se de um pequeno destacamento de 1.700 italianos.[21]

O embaixador português junto à corte francesa, d. Lourenço de Lima,[22] tampouco acreditava que as intenções de Bonaparte em relação a Portugal poderiam conduzir à hostilidade. Em 2 de dezembro de 1806, escreveu ao príncipe regente um relatório detalhado de sua audiência com Bonaparte. Após se queixar de que Portugal havia permitido que um esquadrão comandado por lorde S. Vincent, transportando tropas, entrasse no Tejo, e de assegurar-se de que o número de navios estava dentro dos tratados estabelecidos, Bonaparte declarou que Portugal nada tinha a temer, desde que continuasse neutro. Talleyrand, o ministro todo-poderoso, expressou a mesma opinião.[23]

Em Portugal, no final de 1805 e início de 1806, d. João, que passava por uma séria depressão, permanecia em Mafra. Em sua ausência, sua esposa, d. Carlota Joaquina,[24] tentou tomar seu lugar e assumir o controle do Estado, alegando que, assim como sua mãe, o príncipe regente tinha enlouquecido e não poderia mais reinar. Seus planos, de acordo com o historiador Octávio Tarqüíno de Sousa,[25] eram apoiados pelos marqueses d'Alorna[26] e de Ponte do Lima,[27] e pelos condes de Sarzedas[28] e de Sabugal.[29] Suas tentativas de induzir seu pai, d. Carlos IV da Espanha,[30] a pegar em armas contra Portugal, a fim de fazer valer seus direitos, não tiveram êxito.

A descoberta da trama serviu para pôr fim a qualquer esperança de melhoria em suas relações com o marido. D. Carlota expressava a sua insatisfação por meio de sua língua ferina; d. João o fazia com o seu silêncio e o isolamento em Mafra.[31]

O casamento de d. João com d. Carlota Joaquina tinha sido negociado, por razões de Estado: ajudaria a consolidar o relacionamento entre Portugal e Espanha. Era mais um dos muitos casamentos arranjados entre os infantes das duas nações. Foi celebrado em 8 de março de 1782, quando d. João tinha 18 anos e d. Carlota Joaquina, dez. Entretanto, só foram morar juntos quando ela completou 16 anos.

A guerra de Napoleão contra a Prússia e a Rússia, ocorrida no final de 1806, permanecera indecisa, mas em meados de junho havia ficado claro que, mais uma vez, Bonaparte tinha sido vitorioso, com a Prússia destruída e os exércitos russos em retirada. Napoleão e Alexandre I procuraram um entendimento.

> O bom senso prevaleceu e a decisão de dialogar encontrou amplo respaldo naquelas forças exaustas. Como o protocolo mandava que o encontro tinha que ser em campo neutro, o meio do rio Niemen foi escolhido, numa balsa construída para este propósito. Após este primeiro encontro, decidiu-se continuar as discussões em local mais cômodo: a cidade de Tilsit.
>
> O tratado assinado deixou ambos satisfeitos; as possessões da Rússia continuariam intactas, mas ela não mais cooperaria com a Grã-Bretanha; se juntaria à França para manter a paz no continente. A Rússia tentaria conciliar uma paz entre a França e a Inglaterra e, caso não tivesse sucesso, se aliaria à França. Um outro tratado "secreto" permitiria à Rússia se apoderar da Finlândia (pertencia à Suécia), enquanto Bonaparte tomaria Portugal.[32]

O tratado foi assinado em 25 de junho de 1807.

A Espanha, como Portugal, também estava passando por momentos difíceis. Seu fraco rei, d. Carlos IV, o que havia sido coroado com a idade de 40 anos em 1788, tinha, em 1807, entregue seu poder a d. Maria Luísa, sua esposa, e ao amante desta, d. Manuel de Godoy.[33] Este fora promovido de oficial da Guarda Real para ministro de Estado e capitão-general dos exércitos e grande almirante da Espanha e das Índias; na esperança de vir a governar seu próprio território no futuro, ele buscava ativamente a ajuda de Bonaparte. O Tratado de Fontainebleau,[34] assinado pelo general Miguel Duroc, por parte da França, e d. Eugenio Isquierdo de Ribeira e Lezaun, por parte da Espanha, estava em consonância com tais idéias. Napoleão ratificou-o em 29 de outubro de 1807.

O tratado previa a invasão de Portugal e a sua divisão em três partes: Entre-Douro e Minho seriam dados à rainha da Etrúria, em troca da Toscana; Alentejo e Algarves pertenceriam a Godoy; e Beira, Trás-os-Montes e Estremadura seriam mantidos pelos Bragança, se certas condições fossem cumpridas (inclusive a improvável devolução de Gibraltar à Espanha), senão reverteria para a soberania da França. As colônias portuguesas seriam divididas entre a França e a Espanha.

Era o instrumento necessário para o acordo sobre a passagem através da Espanha de um Exército francês, agora reunido em Bayonne. A marcha por terra, embora mais difícil e demorada, era necessária, pois não havia a possibilidade de transportar o Exército por mar sem o risco de perdê-lo, diante da superior Marinha britânica. A Espanha forneceria 8 mil homens de infantaria e 3 mil de cavalaria como reforço; além disso, invadiria Entre-Douro com uma força de 10 mil e tomaria o Porto; outra força, com um efetivo de 6 mil homens, tomaria Alentejo e Algarves.

Apesar desse tratado, Bonaparte não renunciou à duplicidade de negociações;[35] durante os próximos dois meses, enquanto estava na Itália, repetidamente ofereceu o reino de Portugal a seu irmão Lucien.[36] Nenhum dos irmãos de Napoleão, porém, estava interessado em Portugal, pelo fato de que o Brasil não estava sendo oferecido.

Com o passar do tempo, o Decreto de Berlim foi gradualmente sendo imposto ou aceito na Europa, até que apenas a Dinamarca e Portugal permaneciam fora do sistema.

Estabelecida a paz com a Rússia, Bonaparte voltou-se em primeiro lugar para a Dinamarca, a fim de que esta aderisse ao Bloqueio Continental. A reação da Grã-Bretanha foi imediata e brutal. Muitos historiadores acreditam que a reação da Grã-Bretanha foi prematura e que ela foi excessivamente severa com a Dinamarca. Um esquadrão comandado pelo almirante Gambier, transportando 27 mil homens, rumou para águas dinamarquesas em 26 de julho de 1807 e emitiu um ultimato ao príncipe real: a Dinamarca deveria aliar-se à Grã-Bretanha e colocar a sua Marinha à disposição desta. Com a recusa do príncipe, Copenhague foi bombardeada por terra e por mar, mas não por muito tempo; no quinto dia, a Dinamarca entregou sua esquadra.[37] Um total de 13 naus de linha, 14 fragatas e 42 navios menores foram capturados.

Bonaparte não perdeu tempo: passou a concentrar sua atenção em Portugal.

A posição de Portugal era, no mínimo, muito delicada; se este se aliasse à Grã-Bretanha ou à França, esta aliança lhe traria conseqüências imediatas. Com a Grã-Bretanha dominando os mares, Portugal perderia suas colônias; 70% da sua riqueza era o seu comércio marítimo com o Brasil, Oriente, África e Norte da Europa.

Por outro lado, se Portugal se aliasse à Grã-Bretanha, o Exército de Bonaparte logo estaria em sua fronteira terrestre e seu interior seria transformado num campo de batalha, com a ajuda militar espanhola e a impossível ajuda do Exército britânico. Além disso, Portugal temia, quase com a mesma intensidade, a nova filosofia introduzida pela revolução.

Desde a invasão do território português pela Espanha em 1801, com a perda muito sentida de Olivença, a política de d. João tinha sido a de jogar para ganhar tempo. Era sua esperança que as potências em guerra chegassem a um acordo; até mesmo que, de algum modo milagroso, o cenário se modificasse, fazendo cessar a pressão sobre o país e, entretanto, permitir a continuação da bonança econômica e mercantil de Portugal. Se tudo o mais falhasse, e como último recurso, ele poderia transferir a capital de seu reino para o Brasil.

Essa idéia tinha amadurecido ao longo dos séculos, sempre em épocas em que crises extremas afetavam Portugal.[38] A discussão havia ocorrido na época em que o Prior do Crato não teve sucesso em defender Portugal contra o Exército, comandado pelo duque de Alba em 1580, e resultou em que Filipe II, III e IV também fossem reis de Portugal durante os 60 anos subseqüentes. D. João IV (1604-56), o primeiro dos reis da dinastia bragantina, então duque de Bragança, aceitou chefiar uma rebelião em 1640 e liderou Portugal à independência da monarquia espanhola.

Mais recentemente, d. Pedro, 3º marquês d'Alorna, tinha escrito ao príncipe regente (maio de 1801):

> Em todo o caso, o que é preciso é que V.A.R. continue a reinar, e que não suceda à sua coroa o que sucedeu à de Sardenha, à de Nápoles e o que talvez entre no projeto das grandes potências que suceda a todas as coroas de segunda ordem na Europa. V.A.R. tem um grande império no Brasil, e o mesmo inimigo que ataca agora com vantagem, talvez que trema, e mude de projeto, se V.A.R. o ameaçar de que dispõe a ir ser imperador n'aquele vasto território adonde pode facilmente conquistar as colônias espanholas e aterrar em pouco tempo as de todas as potências da Europa. Portanto é preciso que V.A.R. mande armar com toda a pressa todos os seus navios de guerra, e todos os transportes que se acharem na praça de Lisboa.[39]

Naquele mesmo ano, d. Rodrigo de Sousa Coutinho também tinha escrito ao príncipe regente e de novo em 1803:

> Quando se considera que Portugal por si mesmo muito defensável, não é a melhor, e mais essencial parte da monarquia; que depois de devastado por uma longa e sanguinolenta guerra, ainda resta ao seu soberano, e aos

seus povos, o irem criar um poderoso império no Brasil, donde se volte a conquistar o que se possa ter perdido na Europa, e donde se continue uma guerra eterna contra o fero inimigo, que recusa reconhecer a neutralidade de uma potência, que mostra desejar conservá-la. Quaisquer que sejam os perigos, que acompanhem uma tão nobre, e resoluta determinação, os mesmos são sempre muito inferiores aos que certamente hão de seguir-se da entrada dos franceses nos portos do reino, e que ou hão de trazer a abdicação de V.A.R. à sua real coroa, a abolição da monarquia, ou uma opressão fatal.[40]

Julho–agosto de 1807

Já em 25 de julho, lorde Strangford informava Londres de que havia fortes rumores, vindos da Espanha, de que Beauharnais, o embaixador francês, estava negociando a passagem de tropas francesas através da Espanha, a caminho de Portugal; o fechamento dos portos aos navios britânicos também poderia estar dentro dos planos de Bonaparte.[41]

Em 29 de julho de 1807, dois dias após o regresso de Bonaparte a Paris, vindo de Tilsit, d. Lourenço de Lima foi chamado por Hauterive – que tinha substituído Talleyrand como ministro interino dos Negócios Estrangeiros – e informado sobre as exigências da França. Esta informação foi transmitida à corte de Lisboa, aí chegando em 10 de agosto.[42] Uma nota, com a mesma informação, foi recebida do conde da Ega, embaixador português na Espanha.[43]

Os representantes francês e espanhol[44] junto à corte de Lisboa teriam recebido instruções simultâneas, pois, em 12 de agosto, uma nota assinada por ambos foi entregue a Antônio de Araújo.

Mesmo antes que a França tivesse declarado suas intenções, ordens tinham sido dadas ao Arsenal de Lisboa para aprestar para o mar os navios que já se encontravam no rio.[45] Incluíam-se as naus *Afonso de Albuquerque*, *Medusa* e *Conde D. Henrique*, as fragatas *Minerva*, *Princesa* e *Carlota*, e outros navios menores.

A França exigia que Portugal ingressasse no Bloqueio Continental, de acordo com o Decreto de Berlim: que fechasse seus portos aos navios britânicos, expulsasse o ministro britânico de Lisboa, chamasse de volta o ministro português na corte de S. James, declarasse guerra, aprisionasse os súditos britânicos e confiscasse suas propriedades; e que sua Marinha se reunisse às da França e da Espanha.[46] Além disso, Portugal deveria fornecer uma quantia não especificada em dinheiro, a fim de ajudar a financiar a guerra, e 4 mil homens. Estas medidas deveriam ser adotadas até 1º de setembro. Se as mesmas não fossem cumpridas, a França declararia guerra a Portugal.[47]

Uma das primeiras reações ao recebimento desse ultimato foi informar o governo britânico. Antônio de Araújo escreveu, num despacho a José Egídio Álvares de Almeida,[48] secretário do príncipe regente:

> É do meu dever participar ao Príncipe Regente Nosso Senhor, que ontem discuti muito com o embaixador de Espanha e com o encarregado de França sobre o grande negócio ... Tenho a satisfação de acrescentar que Strang-ford está muito bem disposto a nosso favor ... Convém muito mandar dizer à Inglaterra que se conserve aqui este ministro, porque se mandassem extraordinariamente lorde Fitzgerald seria terrível.[49]

Lorde Robert Fitzgerald era oficialmente o ministro plenipotenciário; durante este período crucial, encontrava-se ausente de Portugal.

O embaixador português em Londres já tinha então recebido esta notícia. A mesma havia chegado de Paris, via Holanda, por intermédio do agente secreto Brito, residente naquela cidade.[50] Este agente seria utilizado, durante o mês de agosto, para distribuir uma grande quantidade de diamantes em Paris, a certos indivíduos com poder.[51] Entretanto, não obteve sucesso.

Uma matéria de importância nacional tão grande devia ser discutida e decidida pelo Conselho de Estado; por tal razão, uma reunião foi marcada para 19 de agosto.

O Conselho, criado quando Portugal era governado pelo cardeal infante d. Henrique, tutor do jovem rei d. Sebastião, existia desde 1562. Agora, em 1807, era presidido pelo príncipe regente, e incluía d. José Xavier de Noronha Camões d'Albuquerque de Sousa Moniz;[52] d. Henrique José de Carvalho e Melo;[53] d. José Luís de Vasconcelos e Sousa, regedor das Justiças do Reino;[54] d. João Rodrigues de Sá e Melo, secretário de Estado para os Negócios da Marinha e Domínios Ultramarinos;[55] d. Rodrigo Domingos de Sousa Coutinho; d. João de Almeida de Melo e Castro; Antônio de Araújo de Azevedo; e d. Fernando José de Portugal e Castro, presidente do Conselho Ultramarino.[56]

Neste momento, o príncipe regente, indisposto, estava residindo no palácio barroco de Mafra, distante cerca de 50km a noroeste de Lisboa.

Do longo parecer escrito por d. João de Almeida,[57] ficamos sabendo que o Conselho, em 19 de agosto, acordou que deveriam ser enviadas cartas a Paris e a Madri rejeitando as respectivas notas. A Grã-Bretanha deveria ser oficialmente informada e instruções enviadas ao "ministro junto a S. Majestade Britânica ... habilita a tratar da importante comissão de que V.A.R. foi servido incumbi-lo".[58] Estas eram, mais provavelmente, as instruções para iniciar as negociações que resultaram na Convenção, assinada em 22 de outubro,[59] entre Portugal e Grã-Bretanha.

D. João de Almeida sugeriu que, a fim de aplacar Bonaparte e com a prévia concordância da Grã-Bretanha, os portos deveriam ser fechados.[60] Ele lembrou ao príncipe regente que este ardil, que tivera um alto custo para a nação, havia sido usado antes:

> Em tempos menos perigosos, ainda que mui difíceis (1797) prestou-se a corte de Londres a convir em que V.A.R. fechasse os seus portos à Marinha britânica assim naval como mercante, e ajustasse a sua paz com a França ainda quando sofresse os Tratados existentes entre Portugal e a Grã-Bretanha. Incumbiu-me V.A.R. desta escabrosa comissão no ano de 1801, último de minha residência em Londres, e nas Augustas Mãos de V.A.R. deve achar-se a carta original escrita do próprio punho de lorde Hankesburgh, então secretário de Estado dos Negócios Estrangeiros ... Mas serão bastantes, Augustíssimo Senhor, os terríveis golpes que vamos dar ao nosso comércio pela clausura dos portos, e escassez de gêneros de primeira necessidade que vamos experimentar; o retardo da correspondência com nossas colônias, que vamos sofrer; a baixa de que ressentir-se-á o nosso papel-moeda e as conseqüências que disso devem necessariamente resultar ainda quando a guerra com a Inglaterra não seja mais do que de aparência; serão bastantes, Augustíssimo Senhor, este e outros danos que por brevidade e por serem óbvios deixo de enumerar, para saciar a ambição e animosidade da França?[61]

Havia rumores de que um embaixador extraordinário seria enviado a Londres para negociar essa estratégia aparentemente guerreira da parte de Portugal, em troca de vantagens comerciais quando a paz retornasse.[62] Posteriormente, foi acordado que d. Domingos de Sousa Coutinho era perfeitamente capaz de conduzir esta negociação.[63] Lorde Strangford reportou-se a uma conversa recente:

> Tudo que necessitamos, disse M. de Araújo em nossa última conferência, é que a Inglaterra não destrua nossas colônias e comércio. É do seu interesse

> que sejamos independentes da França, mesmo às expensas de algum sacrifício temporário. A mesma não tem nada a temer da guerra simulada em que possamos vir a nos envolver.[64]

Em princípio, o Conselho acordou que Portugal deveria fechar seus portos à Grã-Bretanha e ingressar no Bloqueio Continental, mas não aceitou o confisco de propriedade ou o aprisionamento de súditos britânicos. D. Rodrigo de Sousa Coutinho deu o único voto contrário. Em sua opinião, Portugal deveria reunir um exército de 70 mil homens e 40 milhões de cruzados e declarar guerra à França e à Espanha. Caso o país não fosse capaz de se defender, a família real deveria transferir-se para o Brasil.[65]

Outras medidas acordadas incluíam fortalecer as defesas do porto de Lisboa, mandar avisar as colônias e chamar de volta o esquadrão que estava patrulhando o estreito de Gibraltar à procura de piratas.[66] Em 3 de outubro, o *Rainha de Portugal* largou para Lisboa (de Gibraltar) com o *Vasco da Gama*, as fragatas *Minerva* e *Golfinho* e o brigue *Vingança*. Fundearam no Tejo em 8 de outubro de 1807.

Enquanto agosto se aproximava do final, os representantes francês e espanhol ameaçavam romper relações diplomáticas e partir de Portugal.

Araújo escreveu ao secretário do príncipe regente, José Egídio, de Belém:

> Escrevo em casa do S. Visconde de Anadia ... Hoje veio falar-me o embaixador e Rayneval depois de mandarem as secas notas; disse-lhes foram muito mal em partir porque era mais que provável que Bonaparte assentisse a proposição que S.A.R. lhe fizesse; que eu responderia às notas depois de tomar as ordens do meu amo, e que definitivamente eles julgassem que deviam partir S.A.R. lhes não avia de negar os passaportes.[67]

Na reunião do Conselho de 26 de agosto, realizada no palácio de Mafra, o envio de d. Pedro[68] ao Brasil foi debatido e aprovado, mais uma vez com o voto contrário de d. Rodrigo. Foi decidido que uma das senhoras infantas, d. Maria Benedita,[69] irmã da rainha, deveria acompanhar o jovem príncipe. Ela era viúva do seu sobrinho e herdeiro do trono de Portugal, príncipe da Beira d. José, irmão de d. João e filho primogênito de d. Maria I.

Setembro de 1807

Em 1º de setembro, o prazo estipulado foi ultrapassado, sem qualquer resposta às notas; em 4 de setembro, Rayneval solicitou seu passaporte.[70] Como Rayneval e Campo-Alange estavam cientes de que cartas haviam sido enviadas aos respectivos governos, e como ainda nenhuma resposta havia sido recebida, Antônio de Araújo conseguiu persuadi-los a retirar seus pedidos. Por sua própria conta, eles decidiram prorrogar o prazo até 1º de outubro. Esta foi uma vitória para Antônio de Araújo, responsável pela política de procrastinação.

Parecia improvável que o plano de enviar d. Pedro ao Brasil fosse executado, em virtude da afeição que d. João sentia por sua família. O plano, porém, foi útil a d. João; a preparação de quatro naus de linha para a viagem, ficando os demais prontos para defender o porto, podia ser executada com pressa, mas sem comentários inoportunos. Os navios serviriam tanto para transportar o príncipe da Beira como para transportar toda a família real.

Antônio de Araújo, repetindo sentimentos do chamado "partido francês" ou aristocrático, era da opinião que as exigências de Bonaparte, se não fossem atendidas, não resultariam numa invasão de Portugal; que o perigo mais provável e imediato de ataque vinha da Grã-Bretanha, apreensiva ao ver as frotas portuguesas de guerra e mercante, voluntariamente ou forçadas, unirem-se às da França e às da Espanha. Apesar disso, ele apoiou a estratégia de recuo, de enviar o príncipe da Beira ao Brasil; ele sabia que o príncipe regente dificilmente deixaria seu filho ir, sem segui-lo logo depois. Na reunião seguinte do Conselho, em 2 de setembro, foi discutido se o infante d. Miguel[71] deveria ir em lugar de d. Pedro, o herdeiro presuntivo; o Conselho confirmou o príncipe da Beira. Nesta reunião, uma proposta foi apresentada por Antônio de Araújo: que o príncipe deveria receber o título de Condestável do Brasil e que a colônia deveria ser administrada por um Conselho, presidido pelo príncipe, e constituído pelo vice-rei e por um ou mais generais. Isto foi rejeitado, em continuação do sistema de administração então em vigor. Na reunião foi também acordada a rejeição de eventuais propostas para receber tropas francesas ou espanholas em território português, por qualquer razão.

Lorde Strangford escreveu que nesta reunião:

"Ficou resolvido em Conselho que, caso o inimigo entrasse em Portugal, Sua Alteza Real, acompanhado por sua família e corte, se retiraria para a fortaleza do Peniche, um lugar não muito distante de Lisboa, o qual é quase inacessível exceto por mar."[72]

A situação tinha agora se agravado a tal ponto que, em 7 de setembro, o *Gavião*, um bergantim de 22 peças e tripulação de 118 homens, comandado pelo primeiro-tenente Desidério Manuel da Costa, foi enviado ao Rio de Janeiro com ordens ao vice-rei para suspender a partida de todos os navios mercantes até notificação posterior. Este foi avisado da possibilidade de que a família real poderia, em futuro próximo, partir para o Brasil.[73]

Durante o mês de setembro, as esperadas respostas de Paris, Madri e Londres chegaram. Bonaparte insistia em suas exigências, ao mesmo tempo em que tornava claro que não toleraria, por muito mais tempo, a indecisão de Portugal. De Madri, d. Manuel de Godoy, o Príncipe da Paz, respondia que Portugal deveria se unir à França e à Espanha e, de modo algum, considerar a idéia da transferência da corte para o Brasil. Dizia ter um grande apreço por Portugal, pois, de outro modo, durante a guerra de 1801, ele o teria invadido e conquistado. A resposta da Espanha refletia sua apreensão em relação às suas colônias americanas. Se a corte se transferisse para o Brasil, qualquer invasão de Portugal pela Espanha seria respondida por ato semelhante da parte de Portugal, no rio da Prata espanhol.[74]

Jorge III estava agradecido pela consideração com que seus súditos sempre tinham sido tratados, e recomendava com urgência que d. João transferisse sua corte para o Brasil, oferecendo-se para prover, se necessário, uma escolta.[75] Jorge III, nesta época, era o rei da Grã-Bretanha, o duque de Portland era o seu primeiro-ministro e lorde Mulgrave era o primeiro lorde do Almirantado.

O marquês d'Angeja, conhecendo bem os sentimentos do príncipe regente por seu filho, persuadiu o marquês de Belas e o marquês d'Aguiar a mudarem seus votos. Na reunião seguinte, realizada em 23 de setembro, os oito conselheiros presentes estavam divididos igualmente sobre se o príncipe da Beira deveria ou não ser enviado ao Brasil.[76] O quarto voto era provavelmente de d. Rodrigo, que desde o início era a favor de declarar guerra contra a França e a Espanha e, caso fosse necessário, a família real teria sempre a opção de se transferir para o Brasil. Nesta reunião ficou decidido também que Antônio de Araújo deveria continuar a negociar com a França.

Lorde Strangford percebeu que o membro mais influente do Conselho era Antônio de Araújo e, embora o conselheiro d. Rodrigo fosse sabidamente um anglófilo e talvez a sua principal fonte de informação confidencial, informou à corte que d. Rodrigo tinha passado informações detalhadas sobre assuntos do Conselho a seu irmão d. Domingos, em Londres, e acusara Antônio de Araújo de ser francófilo.[77] A reação do príncipe regente foi excluir d. Rodrigo de quaisquer reuniões posteriores do Conselho. Lorde Strangford agora tinha confirmado o que de há muito suspeitava: a estratégia encenada pelo Conselho tinha por objetivo a transferência da família real para o Brasil. Ele discutiu isso com Antônio de Araújo, o qual concordou que este era também o seu ponto de vista; acreditava-se que Rayneval e Campo-Alange, embora tivessem seus informantes, haviam ambos sido informados tão categoricamente de que não existiam quaisquer planos de viagem para a família real, que acreditavam firmemente que o príncipe regente sob nenhuma circunstância deixaria o país.[78] No dia 20 de setembro e, de novo no dia 24, Rayneval mostrou-se preocupado com a possível partida da família real; d. Araújo insistiu que os preparativos eram para a viagem do príncipe da Beira, sobre a qual ele já tinha se comunicado com as cortes de Londres, Paris e Madri. Esta crença baseava-se também, em parte, no perigo e no desconforto que tal jornada causaria.

No final do mês de setembro, com a aproximação do limite do prazo, ficou cada vez mais claro que a política de negociar para ganhar tempo estava para sofrer um revés; os representantes da França e da Espanha declararam que, como as medidas exigidas contra a Grã-Bretanha não haviam sido tomadas, eles romperiam relações diplomáticas e deixariam o país.

Em Mafra, ainda se recuperando de sua doença, d. João estava sendo aconselhado, especialmente por Thomas Antônio Vilanova Portugal, a regressar a Lisboa para mostrar à população que estava atuando para salvaguardar os interesses desta e receber em audiência os representantes da França e da Espanha, antes que eles deixassem o país.

A reunião seguinte do Conselho, aquela de 30 de setembro, acordou em fechar os portos portugueses aos navios britânicos, mas não foi além em ceder às exigências de Bonaparte. Uma das razões dadas para não tomar medidas contra os cidadãos e as propriedades britânicas em Portugal foi o temor da retaliação contra as propriedades e os cidadãos portugueses que viviam na Grã-Bretanha.

Antônio de Araújo julgava que as meias-medidas na verdade desagradariam a Bonaparte. Além disso, as exigências contra os cidadãos britânicos, um segredo cuidadosamente mantido, agora se tornariam de conhecimento público. Por outro lado, a Grã Bretanha poderia muito bem considerar o fechamento dos portos como indicação da adesão ao Bloqueio Continental e do abandono da idéia de transferir o herdeiro e a corte para o Brasil, com duas conseqüências imediatas: a captura de quaisquer navios de guerra portugueses que ainda cruzassem o oceano em busca de piratas berberes no estreito de Gibraltar; e a invasão do porto de Lisboa para apreender ou destruir as frotas de guerra e mercante. O exemplo do que tinha acontecido em Copenhague era ainda recente.

D. João de Almeida de Melo e Castro temia que Bonaparte não ficasse satisfeito com a resposta, nem tampouco a Grã-Bretanha, de modo que Portugal corria o risco de encontrar-se ao mesmo tempo em guerra contra dois inimigos. Além disso, sob a influência da Grã-Bretanha, suas colônias, em pouco tempo, se tornariam independentes, ficando com isto abertas ao comércio. Ele propunha que deviam ser feitos, com a máxima urgência, os preparativos para transferir a corte e aqueles que quisessem seguir, juntamente com as propriedades públicas e privadas, para o Brasil.[79]

De fato, o príncipe regente já tinha tomado várias decisões, como informa lorde Strangford. Em 25 de setembro, este fora a Mafra, a fim de entregar a resposta que havia chegado de Sua Majestade Jorge III. O príncipe regente concede-lhe uma longa audiência:

> O príncipe, em resposta, disse que todos os sentimentos de religião e dever proibiam-no de abandonar seu povo até o último momento, e até que alguns esforços tivessem sido feitos para salvá-los e para justificar-se perante Deus e o mundo; que em caso extremo ele tinha decidido retirar-se para seus domínios transatlânticos.[80]

Lorde Strangford tentou persuadir o príncipe a adotar a estratégia sugerida pela Grã-Bretanha:

> Durante uma audiência de aproximadamente uma hora e meia, utilizei todos os argumentos que possuía para induzir Sua Alteza Real a consentir na única medida que agora lhe oferece uma chance de continuar a existir como soberano independente.[81]

Ele alegaria, mais tarde, quando criticado, que seus atos tinham sido decisivos para persuadir o príncipe regente a partir rumo ao Brasil.

O encarregado de Negócios da França havia, no dia anterior, entregue a resposta de Bonaparte, mas tinha sido recebido por apenas alguns momentos: "Em conseqüência da timidez e da dificuldade experimentadas pelo príncipe quando obrigado a expressar-se em qualquer língua que não a sua."[82]

Em setembro havia ficado claro para d. Carlota Joaquina que seu marido planejava transferir a corte para o Brasil. Suas relações com o príncipe regente pareciam seguir o mesmo padrão daqueles existentes entre seus países. Como a Espanha agora se preparava para ir à guerra contra Portugal, o relacionamento do casal deteriorou-se ainda mais. A última coisa que ela queria era ser levada para outro continente, onde a influência de seu país natal seria virtualmente inexistente. Desesperadamente, escreveu numerosas cartas a seus pais, pedindo-lhes que inventassem qualquer desculpa a fim de chamá-la de volta a Madri.[83]

Em 29 de setembro, o visconde d'Anadia informou ao príncipe regente que as naus de linha *Afonso de Albuquerque* e *D. João de Castro*, assim como a fragata *Urânia* e o bergantim *Voador* estavam prontos, e levantariam vela tão logo ele desse a ordem.[84]

Prevendo que a situação se encaminhava rapidamente para o confronto, o príncipe regente, em 30 de setembro, transferiu-se para o palácio de N.S. da Ajuda em Lisboa.[85]

Em 1º de outubro, o encarregado de Negócios da França, François Maximilien Gérard, conde de Rayneval, e o embaixador espanhol, d. Manuel José Antônio Hilário, 2º conde de Campo-Alange, deixaram Portugal após receberem seus passaportes.

Capítulo Dois

A situação em Portugal torna-se mais crítica à medida que a tensão aumenta. A contínua insistência de Bonaparte força o Conselho de Estado a tomar as medidas exigidas contra a Grã-Bretanha, ainda que para adiar a inevitável invasão. A situação torna-se insustentável quando Junot invade Portugal e, ao mesmo tempo, sir Sidney Smith bloqueia o porto de Lisboa. O tempo se esgota, e leva d. João a tomar a decisão de partir com a corte em viagem rumo ao Brasil. Preparativos finais e embarque.

Outubro de 1807

A partida dos representantes francês e espanhol teve o efeito de tornar público o que até então tinha se mantido em segredo: a seriedade da situação.

A população estava agora começando a mostrar sinais de desespero diante das perspectivas:

> Houve uma procissão no domingo, para afastar os perigos que rondavam Portugal, e fui informado de que muitas senhoras de classe caminharam descalças na mesma – que é de se esperar de um povo que recorre a tais meios em tal momento.[1]

Os conselheiros de Estado iriam se reunir em 12 de outubro, na residência de d. Araújo em Belém, e novamente em 14 de outubro; em ambas as ocasiões sem a presença do príncipe regente. A decisão de enviar d. Pedro foi mais uma vez discutida e acordada, com o voto contrário do marquês de Belas. Sua opinião era que esta decisão apenas servia para apressar uma invasão francesa. A revelação gradual, ao público geral, da jornada do jovem príncipe pode muito bem ter sido a maneira de fazer com que o povo se acostumasse à idéia da partida da família real de Portugal.[2]

Mercadores britânicos em Portugal, esperando pelo pior, também estavam reagindo às notícias:

> Então se principiarão a retirar os negociantes ingleses; e o povo de Lisboa viu com sentimento e mágoa esta despedida; foi o primeiro movimento geral de ódio contra a injustiça francesa; e deu de si grande louvor ao monarca que com tanto perigo seu, não quisera violar os direitos da hospitalidade para com eles.[3]

Em *História do império*, Tobias Monteiro descreve a situação:

> Procurando iludir a situação e querendo deixar compreender aos ingleses a inconsistência das garantias que lhes dava, o príncipe regente punha quatro comboios à disposição dos que quisessem abandonar Portugal, levando os seus bens.[4]

De acordo com Monteiro, o ministro dos Estados Unidos calculava que cerca de 2 mil ingleses aceitaram o transporte. O embarque foi marcado para o dia 12 e a partida definitiva para 15 ou 17. Ficaram alguns irlandeses. Era imenso o valor dos bens que levavam. O cônsul da Dinamarca reportou que o comboio só saiu dia 20 e era composto mais ou menos de 30 navios ingleses e norte-americanos.

No sábado, 17 de outubro, um comboio de 64 velas, sob o encargo da fragata de S.M. *Lively*, partiu para a Inglaterra.[5]

Os preparativos para a jornada prosseguiram, com a nomeação dos que acompanhariam o príncipe. O aio principal e a camareira-mor seriam o conde e a condessa de Belmonte.[6] Ficou decidido que não seriam enviadas tropas do Exército, a Brigada da Marinha seria suficiente, e que o Rio de Janeiro, e não São Paulo, seria seu domicílio.[7] Ordens foram dadas ao conde de Redondo[8] para embarcar os víveres necessários à jornada.[9]

De acordo com um certo H. Chamberlim, escrevendo de Lisboa em 20 de outubro, os navios portugueses, exceto por suas guarnições, estavam agora prontos para partir.[10]

O visconde d'Anadia, como secretário de Estado para os Negócios da Marinha, era o responsável pelos preparativos. Diariamente visitava o Arsenal da Ribeira para se assegurar de que suas ordens estavam sendo executadas. A nau *Afonso de Albuquerque* estava sendo aprontada para transportar o príncipe da Beira. Durante o mês de outubro, o príncipe regente fez uma visita ao navio para ver as acomodações, que então estavam prontas.[11]

Quando, em 22 de outubro, o príncipe regente assinou o decreto fechando todos os portos aos navios britânicos,[12] decisão aprovada pelo Conselho de Estado em 30 de setembro, tornou-se altamente improvável que a Grã-Bretanha permitisse a partida dos navios portugueses sem que estes fossem molestados. Algum arranjo prévio teria de ser feito ou a jornada do herdeiro já não era uma proposta viável.

Precauções também tinham de ser tomadas a respeito da ilha da Madeira. O fechamento dos portos não se aplicava a ela. Tropas britânicas seriam autorizadas a desembarcar lá com a condição de que, ao serem reabertos os portos do continente, estas partiriam; além disso, as propriedades privadas e públicas, o culto religioso e as autoridades civil e eclesiástica deveriam ser respeitados.[13]

Foi enorme a repercussão dessas medidas tomadas em Lisboa. Um brigue que havia partido de Lisboa em 1º de novembro levava uma cópia da proclamação que fechava os portos a navios britânicos. De Funchal, um certo Hartford Jones escreveu ao hon. Robert Dundas dando esta notícia, acrescentando que ele a comunicaria aos governadores no cabo da Boa Esperança e em Bombaim.[14]

As comunicações eram relativamente lentas no começo do século XIX. Os comissários dos Assuntos da Índia só reagiram à notícia em 10 de dezembro, quando um despacho foi enviado ao governador-geral em Conselho, em Bengala, por intermédio do Comitê Secreto. Ordens foram dadas para capturar os assentamentos e as possessões portuguesas na Índia, de preferência por meio de arranjos prévios com o capitão-geral em Goa. Entretanto, caso se tornasse necessário, pelo uso da força.[15]

Macau era politicamente mais delicada. Nenhum passo devia ser dado sem antes consultar o Comitê Selecionado, em Cantão. Era importante que o governo chinês estivesse totalmente de acordo com qualquer ação empreendida.[16]

Essas ordens foram revogadas em 21 de dezembro, com o recebimento da notícia de que o príncipe regente havia partido para o Brasil com uma escolta de navios de guerra britânicos. O *Foreign Office* enviou ordens ao governador em Conselho, em Bombaim, para cancelar as instruções anteriormente enviadas com relação às possessões portuguesas em Goa e Macau.[17]

Em Lisboa, a apreensão de que a Grã-Bretanha pudesse desferir um ataque estava evidente, na nota de d. Araújo ao secretário do príncipe regente: "Toda aceleração no preparo para a defesa do Porto é pouca, e receio a vizinhança da esquadra de Collingwood."[18] Após a morte de lorde Nelson, em Trafalgar, o comando da frota do Mediterrâneo passou para lorde Collingwood. No dia 18, o príncipe regente tinha novamente solicitado a presença de lorde Strangford na Ajuda. Ao recebê-lo, mostrava muita apreensão com a notícia recebida na Inglaterra, pelo paquete recém-chegado, de que uma expedição tinha-se feito ao mar da Inglaterra destinada a capturar o porto de Lisboa e os navios de guerra portugueses. Argumentando que necessitava dos navios, a fim de remover sua família e seus tesouros para o Brasil, ele sugeriu que a Inglaterra bloqueasse o porto:

> Desse modo, a Inglaterra efetivamente impedirá que nossa Marinha caia nas mãos da França; o modo que empregará com tal finalidade será justo e honrado, enquanto que uma tentativa de capturar nossa esquadra pela força certamente macularia a reputação ilibada de que a Inglaterra tem desfrutado entre as nações.[19]

Mesmo enquanto se preocupava por um lado com uma possível invasão pela França e, por outro, com a resposta da Inglaterra, o príncipe regente pedia a intervenção daquela para obter a devolução de Olivença, tomada pela Espanha em 1801, se uma paz geral pudesse ser negociada. Esta preocupação com a perda de território voltaria a se manifestar anos depois, quando o príncipe regente, já então d. João VI, insistiria em manter por toda a vida o título de Imperador Titular do Brasil, quando a independência deste país foi finalmente reconhecida em 1825. De fato, o Brasil teve três indivíduos com o título de imperador (d. João, d. Pedro I e d. Pedro II) e quatro imperatrizes (d. Carlota Joaquina, d. Leopoldina, d. Amélia e d. Teresa Cristina).

D. Araújo continuava a se preocupar com as reações provocadas pelas decisões tomadas pelo Conselho de Estado; uma semana depois, no dia 27, ele escrevia novamente: "É necessário, e muito necessário, acelerar a defesa do porto, porque há notícias da Inglaterra de que vem com efeito uma esquadra."[20]

Apesar da probabilidade muito reduzida de vir a conduzir o príncipe da Beira ao Brasil, a esquadra portuguesa fundeada no Tejo estava sendo desembaraçada, continuando a aumentar em número de navios; em conseqüência, crescia o desconforto sentido pela Grã-Bretanha diante da possibilidade de que a esquadra viesse a se unir com a da França.

Maior evidência dos preparativos consta da seguinte nota: "A proclamação está impressa, e mando o caixão com os impressos para o S. Visconde; é preciso que ele dê ordem para a distribuição."[21] Tobias Monteiro escreveu que a notícia se refere à jornada da família real; é mais provável que se refira à viagem do herdeiro d. Pedro,[22] a qual estava destinada a não ocorrer.

Um dos problemas causados pela partida dos representantes francês e espanhol foi a interrupção das comunicações, que se agravou ainda mais pela inevitável expulsão, em seguida, dos representantes portugueses naqueles países.

Enquanto isso, em 15 de outubro, numa reunião diplomática em Fontainebleau, e à distância da audição de d. Lourenço de Lima, Bonaparte tinha dito: "Se Portugal não fizer o que eu quero, a Casa de Bragança não reinará mais dentro de dois meses."[23]

D. Lourenço relatou esta conversa numa nota escrita no dia 17 e, sem consultar seu governo, imediatamente partiu para Lisboa a fim de relatar pessoalmente o que estava acontecendo. O meio de viagem terrestre era, naquela época, por carruagem particular acompanhada de criados e guardas pessoais. D. Lourenço escolheu a "posta" regular.[24] Ele levaria cerca de 15 dias, chegando em 1º de novembro.

Em 22 de outubro, o diplomata francês Fernando José Antônio Álvares, encarregado da embaixada na ausência de d. Lourenço, recebeu a seguinte carta:[25]

Fontainebleau
22 Octobre 1807

Monsieur: La Légation Française n'est plus à Lisbonne. Le Régent Votre Souverain a mieux aimé la laisser partir que d'adhérer aux justes propositions que lui faisoit L'Empereur et Roi. Ainsi il a rompu toutes ses relations avec l'Empereur, et les liens de Paix qui l'unissoient à la France: ainsi il se met en guerre avec l'Empereur. Sa Majesté n'a pu voir qu'avec regret cette détermination qu'elle a cherché à prévenir; mais elle n'est point accoutumée à se laisser braver impunément. Le Portugal veut la guerre: Le Portugal aura la guerre. L'Empereur la lui déclare dans ce moment, et m'ordonne de vous faire connoître que son intention est que vous et toute la Légation Portugoise, quit-

tiez Paris dans les vingt quatre heures, et la France dans les quinze jours, qui suivront la date de la Lettre et des Passeports que j'ai l' honneur de vous adresser.

Mr. Le Chevalier Alvares. *Champagny*[26*]

Dois dias depois, Fernando José deixou Paris com destino a Bayonne, próximo à fronteira espanhola, onde ele receberia o seu passaporte.[27]

O conde da Ega também chegava a Lisboa:

> Por este tempo também chegou inesperadamente o conde da Ega, embaixador de Portugal na corte de Madri. Veio, como d. Lourenço de Lima, sem ser chamado e sem permissão do seu governo. Fez as maiores instâncias, e rogativas, e mesmo empregou todos os meios persuasivos, a que de nenhum modo se viesse para o Brasil. Assegurava a boa vontade do Príncipe da Paz, e a retidão do general Bournouville (embaixador francês): empenhou parentes, e amigos; fez promessas, e ameaças; mas nada disso fez mudar, nem alterar as resoluções já tomadas.
>
> Os ministros diplomáticos de Portugal viam somente as cortes, onde estavam acreditados: cuidavam mais dos interesses delas do que do seu país, ou antes sacrificava, estes, àqueles. O prestígio de Napoleão podia deslumbrar a razão, e pôr em perigo a fidelidade daqueles homens, e será melhor atribuir-lhes este erro, do que crimes mais nefandos.[28]

Mesmo naquele momento, o Conselho não sabia que d. Lourenço tinha sido expulso da França e a guerra declarada: "... Já de Paris pela posta Ordin. Ou talvez pelo expresso que veio a Madri se avisou que d. Lourenço partira, e a atribuam a fugir dos credores ...".[29]

Na reunião seguinte do Conselho, que teve lugar em 30 de outubro na residência do visconde d'Anadia, decidiu-se que, em vista das notícias

---

[*] Fontainebleau, 22 de outubro de1807. Senhor, a legação francesa não está mais em Lisboa. O regente vosso soberano preferiu deixá-la partir a aderir às justas propostas que lhe fazem o imperador e rei. Destarte, rompeu todas as suas relações com o imperador e os laços de paz que o uniam à França: por conseguinte, põe-se em guerra contra o imperador. Sua Majestade não pôde ver senão com pesar essa determinação, a qual buscou prevenir, mas não está em absoluto acostumada a receber afrontas impunemente. Portugal quer a guerra: Portugal terá a guerra. O imperador lha declara neste momento, ordenando-me que lhe participe que sua intenção é que o senhor e toda a legação portuguesa saiam de Paris nas próximas vinte e quatro horas e da França dentro de 15 dias, a contar da data da carta e dos passaportes que tenho a honra de lhe dirigir. (N.E.)

inquietantes contidas na nota de d. Lourenço do dia 17, recebida em Lisboa no dia 27, era importante para o príncipe regente reabrir o canal de negociação com a França.

Um embaixador extraordinário, o marquês de Marialva, estribeiro-mor,[30] foi nomeado, sendo seu ato de nomeação pré-datado a fim de não ofender d. Lourenço, e despachado para Paris, "Se d. Lourenço vier, S.A.R. pode dizer-lhe que tinha há pouco tempo participado esta embaixada ao Imperador para o cumprimentar, e não para ser sucessor dele, d. Lourenço".[31]

Novembro de 1807

O marquês de Marialva, um dos homens mais ricos de Portugal, partiu pontualmente, em 16 de novembro, com uma quantidade não revelada de diamantes, que, de acordo com o ministro norte-americano, valiam um milhão de dólares,[32] e uma espada de ouro guarnecida de brilhantes.[33] Além disso, d. João deu-lhe instruções para negociar o casamento de d. Pedro, quando este chegasse à idade, com a sobrinha de Bonaparte, filha de sua irmã Carolina com o general Murat.[34] Sua missão era informar Bonaparte de que as exigências feitas por ele tinham sido cumpridas e que, portanto, não havia razão para agir contra Portugal.

O marquês de Marialva era um singular na corte. O campo de seu brasão de armas dividia-se em quatro partes, duas das quais ostentavam as armas reais de Portugal, o que mostrava sua proximidade com o trono. William Beckford, que fizera amizade com a família de Marialva quando visitou Portugal em 1787, escreveu:

> Os favores da coroa têm chovido sobre ele aos montões, no presente e nos anteriores reinados, uma corrente de prosperidades não interrompidas mesmo durante o grão-viziato de Pombal! *Proceda como julgar mais acertado com o resto da minha nobreza* – costumava dizer o rei d. José ao seu temido ministro –, *mas guarde-se de intrometer com o marquês de Marialva.*[35]

O marquês teve uma jornada frustrante; sua primeira parada, no dia 21, foi em Elvas, a cerca de 10 milhas de Badajoz, mas ainda em Portugal. De lá, escreveu a d. Araújo:

> Cheguei ontem de tarde a esta Praça, e imediatamente pedi ao governador interino dela que escrevesse ao governador de Badajoz a fim de saber

deste se o passaporte, que para mim tinha sido solicitado, se achava em seu poder.

Sua intenção, se não lhe fosse permitido ir a Paris, era pelo menos informar o governo francês dos passos dados por Portugal contra Grã-Bretanha: "Hoje ao meio de este dia conto de estar em Badajoz, e logo que ali chegue expedirei o correio com cartas para M. Champagny, Beauharnais, Strognoff[36] &c." A resposta da Espanha não foi encorajadora: "... Companheiro e amigo. Aqui no han llegado pasaportes para S. Exa., el Caballeiro Mayor, Pero S. Exª. puede continuar su marcha, como un Caballeiro particular, que viajava ala Corte Del Rey mi amo ...".[37] Ele aceitou este conselho por estar creditado junto à corte de Paris, mas foi malsucedido em sua missão, pois não conseguiu ir além de Madri.

Os preparativos para uma possível invasão e uma eventual viagem prosseguiram:

> O Geral dos Bentos hoje me falou dizendo que lhe faz violência mandar a prata para Coimbra, e, como os Bentos têm muitos conventos no Minho, estimaram que o depósito se fizesse no Porto, onde me parece mais conveniente. Porque dali se pode exportar, e não de Coimbra.[38]

Embora as políticas e as decisões estivessem sendo concentradas em d. Araújo e coordenadas por este, na prática o príncipe regente era o único administrador de seu reino. Seu regresso a Mafra, por causa da saúde abalada, criou problemas de comunicação para d. Araújo e adiou decisões importantes, como escreveu este ao príncipe regente:

> Estimarei muito por todos os princípios que S.A.R. se ache melhor, e um deles é para que possa voltar a Ajuda porque a todo o instante é preciso receber as ordens para mil disposições; tudo afim o exige porque eu não posso considerar a situação mais perigosa que aquela em que estamos, se não entrarem os franceses na fronteira, ou os ingleses no Tejo; algumas destas coisas podem suceder em pouco tempo. Em momento menos crítico partiu o marquês de Pombal para Salvaterra a fim de representar ao rei d. José a necessidade de voltar para Lisboa.[39]

Um dos episódios mais estranhos que ocorreram durante este período turbulento foi a chegada ao Tejo, entre 10 e 12 de novembro, de vários navios de guerra russos sob o comando do almirante Siniavin. Este esquadrão tinha recebido ordens de zarpar de Corfu (ao largo da costa grega), com direito ao seu porto de destino no Báltico. Os ventos fortes do oeste, mortais para qualquer navio redondo velejando costa acima e a pouca distância da terra, forçaram o esquadrão a mudar de rumo e entrar no Tejo, o único refúgio naquela costa. O almirante Siniavin preferiu ignorar os tratados que limitavam a seis o número de belonaves estrangeiras que poderiam entrar no porto de uma só vez. Além disso, não desembarcou sua pólvora. Mesmo assim, o príncipe regente recebeu-o em audiência. O príncipe percebeu que os russos não poderiam ser considerados amistosos, pelos efeitos do Tratado de Tilsit; por outro lado, ele já tinha problemas suficientes com a Grã-Bretanha e a França, para querer abrir mais uma frente. A esquadra russa, contrariando convites de Napoleão, não quis acolher-se em portos franceses ou espanhóis, e invocara o Tratado de Amizade existente com Portugal. Mas não queria prosseguir, pois receava o encontro com a Royal Navy.

Ao chegar à barra do Tejo, alguns dias depois, sir Sidney Smith iria encontrar as circunstâncias igualmente confusas.[40]

Entre as várias linhas de ação em desenvolvimento, estava uma convenção com a Grã-Bretanha. Não há menção específica, nas atas das reuniões do Conselho de Estado, de delegação de autoridade a d. Domingos para negociar em nome de seu país. Embora d. Domingos pareça não ter retornado a Portugal durante a crise de 1807, a convenção que serviria de base para o relacionamento entre os dois países, durante e após a crise chegou a d. João, que a assinou em 8 de novembro com certas restrições:[41]

> Sobre o mais que veio de Domingos, que deve existir no maior segredo, porque qualquer coisa que se souber nos seria funesto ... a resposta ao que veio da Inglaterra também é urgente porque d. Domingos não vem sem ela.[42]

A notícia trazida por d. Lourenço, de que ele havia sido informado por Talleyrand que Bonaparte não tinha intenções maldosas em relação a Portugal e que, dentro de três dias, as retaliações seriam suspensas, não foi aceita em Lisboa; particularmente porque d. Lourenço não havia trazido nada por escrito. O exército de 25 mil homens sob o comando de Junot, reunido em Bayonne, conhecido como "o Exército de Portugal" (*L'Armée du Portugal*), e a presença de tropas espanholas em Badajoz eram claras indicações das intenções de Bonaparte.[43]

Os círculos governamentais em Lisboa acreditavam que a razão pela qual Junot havia sido posto em comando não era o fato de conhecer Portugal, por ter estado lá antes como embaixador, mas o de se ter envolvido num caso com a esposa do general Murat, durante a ausência deste de Paris. Ao regressar, Murat havia exigido que Bonaparte aprisionasse ou banisse Junot.[44]

No final de outubro, chegou em Lisboa a informação de que o Exército espanhol havia deixado a fronteira e retornado a Madri. Por um momento, d. Araújo acreditou que as medidas tomadas pelo Conselho tinham conseguido impedir a invasão; tudo em vão, porque, alguns dias depois os Exércitos francês e espanhol marchavam para a fronteira.[45]

Em 1º de novembro foi recebida a notícia inquietante de que, na Espanha, o provável herdeiro, d. Ferdinando, príncipe de Astúrias,[46] tinha sido aprisionado por ordem de Godoy – que, junto com a rainha, sua amante, era quem de fato reinava – quando se descobriu a existência de um complô. A origem dessa conspiração estava no temor do príncipe de que Godoy não lhe permitisse suceder ao seu enfraquecido pai. Este fato pode explicar por que as tropas retornaram temporariamente a Madri.

O passo seguinte do príncipe regente foi solicitar a cada um de seus conselheiros que preparasse um parecer escrito sobre o que deveria ser feito, particularmente em vista das últimas ocorrências. Enéas Martins Filho transcreve estas notas.[47] Eles concordam, sem exceção, que, embora tudo tenha sido feito para conciliar as exigências da França com o mínimo de agressão à Grã-Bretanha, Bonaparte demonstrara que não estava preparado para aceitar menos que suas exigências originais. As desastrosas conseqüências para a população, que resultariam de uma invasão francesa, tinham de ser consideradas antes de quaisquer efeitos comerciais negativos que a Grã-Bretanha viesse a sentir. Neste caso, como escreveu o marquês de Belas, deviam ceder às exigências de Bonaparte, mas tratando a Grã-Bretanha do modo menos ofensivo possível:

> Que mande fazer o seqüestro e detenção das pessoas com os termos mais suaves: que para isso escolha ministros os mais prudentes, por comissão, a quem possa dar instruções mais particulares, para não ofender quanto for possível a causa dos ingleses ...

No mesmo sentido, d. Fernando José de Portugal escreveu:

> Esta medida violenta, mas atualmente necessária, já a não reputo tão danosa à Inglaterra, como se fosse tomada ao princípio, porque os comerciantes ingleses mais grossos já se retiraram daqui ajustando as suas contas, e apurando seus efeitos.

Em sua opinião o representante britânico, lorde Strangford, devia deixar Portugal de imediato; sua presença era embaraçosa e poderia dar à França a falsa impressão de amizade com a Grã-Bretanha. Em 30 de outubro d. Araújo escreveu: "... Hoje abaixou as armas o enviado da Inglaterra ...".[48]

Ao tomar conhecimento do fechamento dos portos, lorde Strangford escreveu a d. Araújo em 4 de novembro, exigindo saber que outras medidas estavam sendo planejadas; a Grã-Bretanha ameaçava empregar a força se qualquer de seus súditos fosse molestado.[49] D. Araújo escreveu ao secretário do príncipe:

> Chegou enfim a nota de lorde Strangford que significa muito, e tanto quanto eu esperava; hei de mostrá-la aos conselheiros, mas hoje não tenho tempo, e somente a mostrarei ao marquês de Belas, e que diga depois se ainda está pelo seu último voto, porque ontem parecia não se persuadir de que os ingleses tentassem fazer uma irrupção no Tejo para queimar ou levar a esquadra. Este golpe seria horroroso.[50]

Em 5 de novembro, o príncipe regente assinou o decreto que atendia ao restante das exigências de Bonaparte contra a Grã-Bretanha.

No dia 9, o Conselho de Estado, presidido pelo príncipe regente, reuniu-se no palácio de N.S. da Ajuda. A ata mostra que as declarações oficiais de guerra da França e da Espanha foram formalmente registradas. Mesmo assim, o Conselho aprovou o imediato retorno de d. Lourenço a Paris,[51] além do envio do marquês de Marialva. Ficou decidido que a esquadra deveria ser prontificada, caso fosse necessária para transportar a família real para o Brasil; enquanto isso, tropas deveriam ser enviadas para guardar as fronteiras do país. Deveria ser solicitado que o representante britânico partisse: "Por todos os modos polidos se devia procurar conseguir que o enviado da Inglaterra partisse desta capital, porque a sua assistência aqui nos comprometeria com a França."[52]

Em Lisboa, na noite de 17, lorde Strangford recebeu uma carta de d. Araújo, insistindo para que deixasse Lisboa a qualquer custo, "por terra ou por mar". Na opinião de sir Sidney, a carta era "uma clara admissão, da parte do governo português, de abandono da neutralidade". Era a segunda comunicação importante que ele tinha recebido naquele dia, pois, mais cedo, despachos da Inglaterra e de sir Sidney Smith a algumas léguas, fora da barra do Tejo, tinham chegado com o secretário de sir Sidney. Este teve uma viagem agitada, primeiro transferindo-se da nau capitânia de S.M. *London* para o *Active*, um brigue armado que possuía uma carta de corso,[53] que o levou até a barra, e depois para um barco de pesca português. Lorde Strangford decidiu seguir o conselho de d. Araújo e, na manhã seguinte, acompanhado por seu pessoal e levando os arquivos da legação, deixou Lisboa pelo mesmo caminho utilizado pelo secretário de sir Sidney na véspera; e, às 17h30, aproximadamente, foi recebido a bordo da *London*.[54]

A marcha do Exército francês através da Espanha e o incremento da massa do Exército espanhol, pronto para cruzar a fronteira portuguesa, eram acompanhados atentamente de Lisboa.[55] A única dúvida que permanecia é se o príncipe regente tinha pleno acesso às informações. O quartel-general francês seria em Alcântara, como escreveu o ex-cônsul francês em Lisboa, François Antoine Hermann, em 11 de novembro. Durante a ocupação, ele foi comissário do governo francês junto ao Conselho da Regência e administrador geral das Finanças.

Durante os meses de setembro e outubro, as forças militares francesas tinham se concentrado em Bayonne; estas notícias foram recebidas em Lisboa, intermitentemente. Informes sobre movimentos de tropas espanholas, através da fronteira em Badajoz, também foram recebidos. Entre 19 de outubro e 3 de novembro,[56] tropas francesas passaram por Irun e atravessaram para a Espanha. A longa marcha rumo à fronteira portuguesa tinha começado. A narrativa da travessia para Portugal e do posterior avanço para Lisboa origina-se de um relatório anônimo escrito por um dos oficiais de Junot.[57]

A marcha através da Espanha para Alcântara foi sem eventos, exceto pelo fato de que os suprimentos para alimentar as forças eram escassos – já que nenhum aviso prévio tinha sido dado às autoridades espanholas. Em 14 de novembro, o primeiro destacamento de 8 mil homens alcançou Alcântara, tendo o restante chegado durante os dias que se seguiram.[58]

No início de novembro, o marquês d'Alorna, governador do Alentejo, recebeu ordens para manter as tropas de Junot, que estavam bivaqueadas em Alcântara, sob observação.

A invasão de Portugal foi marcada para a noite de 20 de novembro. O Tejo e seu afluente, o Erges, marcavam a fronteira mais próxima de Alcântara. A primeira idéia foi evitar quaisquer pontes existentes, as quais, imaginava-se incorretamente (como ficaria demonstrado), estariam fortemente guardadas. O rio Erges, em frente a Salvaterra, foi escolhido; mas a combinação de uma grande cheia do rio, provocada pelas recentes chuvas fortes, e a falta de materiais com os quais construir uma ponte logo fez o destacamento de reconhecimento desistir. A ponte existente em Segura seria usada como alternativa. Embora as pequenas aldeias – como Penacor, Rosmaninhal e Monsanto – tivessem defesas, estas não foram empregadas contra os franceses.

Em Lisboa, a invasão iminente pelas forças francesas fez o marquês d'Angeja recomendar ao príncipe regente que este enviasse um emissário para indagar a Junot quais eram as suas intenções; Oliveira Barreto[59] foi escolhido. Em 21 de novembro, d. Araújo escreveu:

> Executarei, como devo, as ordens de V.A.R. fazendo partir Barreto, que talvez poderá sair amanhã à tarde. O que eu desejava que V.A.R. lhe dissesse, ou a qualquer outra pessoa que fosse, era a determinação firme de retirar-se para o Brasil, e que somente não entrando tropas deixaria de o fazer.

Barreto partiu no dia 22.

D. Araújo considerou enviar d. Lourenço para se reunir com François Hermann, em Alcântara. A falta de transporte foi a desculpa dada por d. Lourenço para não viajar.[60]

O mau tempo e a extrema pobreza da região escassamente povoada, com falta quase total de alimento, tornou a etapa seguinte da marcha, até Castelo Branco, difícil de completar. Entretanto, a região era bem suprida de vinho; a bebedeira e a desordem tornaram-se comuns, forçando Junot a aplicar severas punições a fim de manter a disciplina.[61]

Divididas em pequenos destacamentos, as forças militares prosseguiram lentamente até Abrantes. Posições fortificadas, em São Domingos e Mação, poderiam tê-las detido facilmente, na opinião do oficial francês que escreveu o relatório. Além de Abrantes, seu próximo obstáculo era o rio Zêzere, correndo a grande velocidade e com volume de água aumentado pela cheia. As tropas faltavam respeito à igreja, causando algum dano na igreja paroquial de Santa Maria do Castello e, em Abrantes, na igreja de Santo Antônio e no convento dos Capuchinhos.

Uma ponte de barcos foi construída, e a população local ajudou a atravessar as bagagens. Tomar, Santarém e Vila França, as próximas vilas em seu percurso, eram bem providas de alimentos, tornando a jornada mais fácil.

Barreto escreveu que esperava encontrar-se com Junot no dia 26 à noite, em Punhete ou em Trancos; surpreendentemente, Junot estava mal informado:

> Posso já segurar a V. Ex. que aquele general ignorava inteiramente que os ingleses tivessem partido de Portugal, e que os portos se lhe fixassem; além disto, também ignoravam da entrada no Tejo da esquadra russiana.[62]

Ele prossegue comentando sobre o estado das tropas:

> Também digo mais a V. Ex. que a tropa vem miserável, e falta de tudo, mas não comete desordem maior exceto as de contribuições para o sustento que em parte lhe tem faltado, dos sapatos que exigem, pouco tem obtido.

Tobias Monteiro[63] confirma as más condições em que se encontravam as forças combatentes francesas, após um mês de marcha forçada sob condições de tempo adversas e com pouca comida:

> Descalços, sem um cartucho, reuniram os soldados os sapatos que encontraram, transformaram em bucha a papelada dos arquivos de Alcântara, apossaram-se da pólvora ali existente e alcançaram Abrantes sem auxílio algum das tropas espanholas, consideradas de péssima qualidade e por tal razão mandadas voltar. Dos 23 mil homens partidos de Bayonne, só 15 mil, apesar de enfraquecidos, puderam aí chegar; os outros tinham-se tornado incapazes de prosseguir. Reparando às pressas as armas aproveitáveis e escolhendo a melhor gente, livre dos perigos da passagem da Beira, continuou Junot a caminho de Lisboa, e ainda perdeu dois dias, 26 e 27, diante do Zêzere em plena enchente, sem meios para atravessá-lo.

Enquanto isso, no mar, a nau de S.M. *Plantagenet* e a chalupa de S.M. *Confiance*, que tinham zarpado de Plymouth a 15 de novembro trazendo despachos para lorde Strangford e sir Sidney Smith, com toda a certeza trouxeram um exemplar do diário francês *Le Moniteur*, de 11 de novembro. Este publicava um artigo que não deixava dúvidas sobre as intenções da França:

> O príncipe regente de Portugal perde o seu trono; perde-o por causa das intrigas dos ingleses ... Que faz, pois, a Inglaterra, essa aliada poderosa? Olha com indiferença o que se passa em Portugal. Que fará quando Portugal for tomado? Irá apossar-se do Brasil? ... A queda da Casa de Bragança constituirá mais uma prova de ser inevitável a perda de todos quantos se unirem aos ingleses.[64]

Em 24 de novembro, a chalupa de S.M. *Confiance* fez-se de vela rumo a Lisboa, sob uma bandeira de trégua, levando despachos da Inglaterra e cartas de sir Sidney Smith e lorde Strangford. É provável que *Le Moniteur* estivesse entre os papéis transportados. A *Confiance* fundeou em frente à torre de Belém às 17 horas; o encarregado da correspondência foi conduzido para terra por uma embarcação a remos.

A notícia recebida no dia anterior, de que tropas francesas estavam em território forçando a marcha para chegar a Lisboa, somada à informação exibida no *Le Moniteur*, sobre o destino que Bonaparte reservara para Portugal e sua família real, fechava quaisquer opções que, até então, esta pudesse ter tido.

Em 24 de novembro, no palácio de N.S. da Ajuda, teve lugar a última reunião do Conselho, antes do embarque.

O Conselho reconheceu que a situação era tal que todas as alternativas tinham-se esgotado e que, nesse caso, a família real deveria partir para o Brasil. O porto seria aberto aos navios britânicos, tanto os de guerra como os mercantes; e as tropas guarnecendo a frente na margem do rio seriam deslocadas para outras posições. Uma nota recebida de sir Sidney foi respondida, e o pedido de lorde Strangford para uma audiência com o príncipe regente foi concedido. Ficou também decidido que, na ausência do príncipe regente, enquanto este estivesse no Brasil, seria instituído um Conselho de Regência[65] com poderes delegados por ele.

Os conselheiros nomeados foram: d. Pedro de Lancastre da Silveira Castelo Branco Sá e Meneses (1763-1828), 5º marquês d'Abrantes; os tenentes-generais d. Francisco Xavier de Noronha e Francisco da Cunha Meneses; d. Francisco Rafael de Castro, principal da Igreja patriarcal; Pedro de Melo Breyner; d. Manuel Antônio de Sampaio Melo e Castro Muniz e Torres Lusignano, conde de Sampaio; suplentes, d. Miguel Forjaz e d. Francisco de Melo da Cunha Mendonça e Meneses (1761-1821), 1º conde de Castro Marim e 1º marquês de Olhão.

No começo da tarde de 27 de novembro, conforme descrito pelo visconde do Rio Seco,[66] a família real subiu a bordo dos navios que a conduziriam em sua longa viagem. A cena registrada por L'Evêque – um gravador italiano que tinha trabalhado na Inglaterra antes de se transferir para Portugal – e, mais tarde, reproduzida por Bartollozi – um pintor e gravador da escola suíça – evoca organização e tranqüilidade, em contraste com a realidade da ocasião.[67]

Em 1821, o visconde do Rio Seco escreveu suas memórias,[68] e, como ele tomou parte ativa nos preparativos para o embarque, as mesmas são um registro valioso desses últimos dias atribulados, antes da partida:

> No dia 25 de novembro, pela meia-noite, se lhe intimou por ordem, que fosse falar a El Rey ... na Ajuda. Sem demorar um só instante, partiu acompanhado do portador da ordem ... ali escutou o visconde de Rio Seco, com respeitosa submissão, as ordens que Sua Majestade de viva voz lhe intimava, relativas aos arranjamentos do seu embarque, que se havia de executar impreterivelmente na tarde de 27 ...
>
> ... começou ele as disposições, passando no quarto do Exmo. gentil homem da Câmara marquês de Vagos,[69] para que se convocasse os Exmos. conde de Redondo, vedor da Ucharia, Manoel da Cunha, almirante da Esquadra, para conjuntamente tratarem dos objetos relativos às suas repartições, enquanto ele fosse ao palácio das Necessidades pôr em ação o embarque do que ali se achava, e combinar com o padre José Eloi todas as remessas dos pertences à santa Igreja patriarcal ... foi ele assentar barraca no cais de Belém, para d'ali repartir as famílias pelas embarcações, segundo a escala dos seus cômodos, assim como enviar todos os volumes do Tesouro, que chegavam ... continuou até as três horas da tarde do dia 27, em que Sua Majestade chegou ao cais, para se embarcar, vindo sucessivamente em seu seguimento todas as outras pessoas da real família ... arranjados já quase todos os volumes, e famílias, ele se dispunha a tratar de si, de sua mulher e filhos para seguir o mesmo destino dos que embarcavam; isto é, na noite do dia 27 pelas nove horas, foi chamado ao governo, que Sua Majestade havia eleito para governar o reino, em sua ausência, o qual lhe declarou estar ele nomeado para quarteleiro do general Junot: medida que desconfortava seu plano.

Após um dia de muitas aventuras, o visconde de Rio Seco, em retribuição pelo envio de algumas cabeças de gado a bordo da fragata *Urânia*, que no dia 27 fundeara em frente à fortaleza de Belém, por solicitação de d. João d'Almeida, conseguiu embarcar com sua família na *Príncipe do Bra-*

sil: "Eram nove para dez horas do dia, quando as diligências do mestre alfaiate do Tesouro lhe descobriram um bote, em que se transportou, deixando na barraca dinheiro, chapéu e alguns papéis."[70]

Além da família real, viajaram os seguintes membros da corte com suas famílias: os duques de Cadaval; os marqueses de Alegrete, Angeja, Belas, Lavradio, Pombal, Torres Novas e Vagos; as marquesas de S. Miguel e Lumiares; os condes de Belmonte, Caparica, Cavaleiros, Pombeiro e Redondo; o visconde d'Anadia, d. Antônio de Araújo Azevedo, d. Fernando José de Portugal, d. João de Almeida, d. Rodrigo de Sousa Coutinho, desembargador Tomas Antônio Vilanova Portugal e vários outros.

Os preparativos para tal jornada não são feitos de um momento para outro, como observou Oliveira Lima:

> Para depois do anúncio da entrada de tropas francesas no território nacional, embarcar n'uma esquadra de oito naus, quatro fragatas, três brigues, uma escuna e quantidade de charruas e outros navios mercantes, uma corte inteira, com suas alfaias, baixelas, quadros, livros e jóias ... mas que mesmo com maior rapidez de processos de hoje se enfardam e carregam de um momento para outro.[71]
>
> Um Christiano Muller que poucos meses tinha sido encarregado de fazer o inventário dos papéis, livros, mapas e estampas de Antônio de Araújo, escrevendo de Lisboa para Londres a d. Domingos Coutinho, conta-lhe que na noite de 25 para 26 de novembro o foram acordar para mandar encaixotar imediatamente todo o pertencente à secretaria de Estado, ao que ele procedeu, remetendo no dia imediato 37 caixotes grandes para bordo da *Meduza*, debaixo de copiosa chuva.[72]

Não havia mais razão para manter em segredo a partida nem isso era mais possível. Não houve surpresa, portanto, quando o anúncio público formal foi feito pelo príncipe regente, a 28 de novembro, quando já se encontrava embarcado.[73]

Tão logo soube da intenção da partida o núncio apostólico, monsenhor Caleppi,[74] preparou-se para a jornada. No dia 26, numa audiência com o príncipe regente, lembrou-lhe que deveria tentar levar consigo o ouro, a prata e as jóias da Igreja patriarcal, e das capelas reais, a fim de preservá-los da pilhagem habitualmente praticada pelos franceses. O príncipe, contente com o desejo expresso pelo núncio de seguir com ele, apesar de sua idade, e do fato de que, naquele momento, o mesmo encontrava-se enfermo, disse para fazer seus arranjos com os capitães da *Medusa* e da *Martim de Freitas*. Após vários contatos, ficou claro que não havia espaço suficiente para transportar todos os que queriam acompanhar a família real. Camilo Luís de Rossi escreve:[75]

> De fato, foram tais a desordem e confusão naqueles dias, que nem o monsenhor bispo do Rio de Janeiro,[76] apesar de obrigado pelos deveres do seu ministério, e munido de ordem expressa do príncipe regente para ser recebido a bordo da esquadra portuguesa, nem mesmo ele pode conseguir alojamento nela, e foi forçado a permanecer em Lisboa, assim como foi obrigado a voltar a terra, depois de embarcar, d. Pedro de Sousa Holstein,[77] se bem fosse capitão da Guarda Real, chegando a acontecer o mesmo com várias caixas de prata e ricas alfaias sagradas, já prontas e com os coches da corte, já acondicionados, além de quantidade considerável de outras coisas preciosas não encaixotadas ainda, que ficaram esquecidas e abandonadas em terra, em vez de serem embarcadas.

A confusão deste último momento foi tal que as ordens do príncipe regente, datadas de 28 de novembro a bordo da *Príncipe Real*, autorizando os gastos indispensáveis para completar a aguada e os estoques de lenha e outras necessidades, só foram entregues ao visconde d'Anadia um ano depois, em 11 de dezembro de 1808![78]

Existem várias narrativas do embarque, todas descrevendo, com grau variável, a total confusão. Isto não é difícil de entender; por um lado, uma multidão de civis, a maioria dos quais nunca tinha estado a bordo de um navio, obrigada a fechar e abandonar seus lares com um exército estrangeiro pronto a invadir sua cidade a qualquer momento, tendo que embarcar com seus pertences em navios fundeados no meio do rio Tejo, naqueles dias de inverno com chuva, vento e frio. Por outro lado, tudo isto acontecendo em meio a parentes, amigos e estranhos que ficariam para trás, para enfrentar as conseqüências futuras desconhecidas, sob um exército de ocupação. O visconde do Rio Seco, em suas memórias, escreveu:

> O muito nobre e sempre leal povo de Lisboa não podia familiarizar-se com a idéia da saída d'El Rey para os domínios d'ultramarinos ... Vagando tumultuariamente pelas praças, e ruas, sem acreditar o mesmo, que via,

desafogava em lágrimas, e imprecações a opressão dolorosa, que lhe abafava na arca do peito o coração inchado de suspirar; tudo para ele era horror; tudo mágoa; tudo saudade; e aquele nobre caráter de sofrimento, em que tanto tem realçado acima dos povos, quase degenerava em desesperação![79]

Eusébio Gomes, almoxarife do palácio de Mafra, escreveu em seu diário:

> É impossível descrever o que se passou no cais de Belém na ocasião do embarque da real família que saiu de Mafra a toda pressa para embarcar, porque à mesma hora se soube que os franceses estavam a chegar a Lisboa. Que grande confusão houve então no cais de Belém! Todos a quererem embarcar, o cais amontoado de caixas, caixotes, baús, malas, malotões e 30 mil coisas, que muitas ficaram no cais tendo os seus donos embarcado, outras foram para bordo e seus donos não puderam ir. Que desordem e que confusão; a rainha sem querer embarcar por forma alguma, o príncipe aflito por este motivo!!! Foi o Laranja (Francisco Laranja, capitão-de-fragata e patrão-mor das galeotas reais) quem fez com que a rainha embarcasse. E então o príncipe deu beija-mão às pessoas que ali estavam e entre lágrimas e suspiros começaram a embarcar, e não se pode descrever o que aqui se passou.[80]

Marcus Cheke, embora não identificasse suas fontes, concordou com esta completa confusão:

> Entrementes, Lisboa caíra num estado de pandemônio sem paralelo desde o grande terremoto. Os padres de São Roque apressaram-se em esconder suas famosas relíquias. Emparedaram o crânio de são Crisanto de Basle, o fêmur de são Procópio, o braço de são Josipa, os crânios autenticados de várias das 11 mil virgens e (oh, assombro!) a cabeça intacta de são Gregório Taumaturgo ... o cais de Lisboa, coalhado de carruagens e entupido de móveis, objetos de arte e canastras, oferecia um aspecto de indescritível confusão. Os livros e os manuscritos das bibliotecas reais, os arquivos do Ministério do Exterior, a prataria do palácio da Ajuda e os fabulosos paramentos do Patriarcado jaziam espalhados sob uma chuva torrencial.[81]

As conseqüências da aproximação do Exército francês, sob o comando de Junot, agora começavam a ser sentidas. O tenente conde

Thomas O'Neil, um fuzileiro naval a bordo da nau de S.M. *London*, descreve em detalhes, inclusive os diálogos, uma reunião que supostamente teria ocorrido no dia 28 a bordo da *Príncipe Real*, entre o príncipe regente e Junot.[82]

A chegada de Junot a Lisboa, nas primeiras horas do dia 30, está tão bem documentada que podemos descartar a versão de O'Neil para o evento. Na data em questão, O'Neil estava distante ao largo, em mar aberto. Entretanto, é possível que ele tenha ouvido um rumor de que tinha ocorrido um encontro com um francês importante, o qual ele presumiu ser Junot.

Camilo Luís de Rossi, secretário do núncio apostólico, escreveu que o núncio, ao voltar para casa após abandonar qualquer esperança de embarcar, encontrou uma mensagem de François Hermann solicitando encontrar-se com ele na residência particular em que estava. De Santarém, acompanhado por José de Oliveira Barreto, ele tinha descido o Tejo[83] até Lisboa e, agora, tendo chegado secretamente estava muito apreensivo por saber que a família real tinha embarcado. O núncio, prevendo que sua intenção era tentar impedir a partida, foi ao seu encontro e recomendou-lhe que tentasse obter permissão do chefe de polícia para subir a bordo.[84] Imediatamente após esta conversação, o núncio seguiu para a residência do chefe de polícia e, tirando-o de seu leito, alertou-o da intenção de François Hermann. A visita deste ao chefe de polícia foi frustrada, quando este lhe disse que não tinha autoridade para permitir uma visita ao navio do príncipe regente.[85]

O historiador Soriano[86] alega que Hermann conseguiu ver o príncipe regente naquela noite; ainda assim, isso parece improvável.

A pessoa mais apropriada a ser contatada por um diplomata, a fim de obter a permissão necessária, teria sido d. Araújo,[87] como secretário de Estado dos Negócios Estrangeiros, que estava, então, a bordo da *Medusa*. Naquela noite, quando escreveu ao príncipe regente sobre a audiência de lorde Strangford, d. Araújo certamente o teria mencionado, caso Hermann tivesse vindo a bordo. Como será visto, mais tarde, naquela mesma noite, lorde Strangford subiu a bordo da *Medusa* para combinar com d. Araújo o horário de sua audiência, no dia seguinte, com o príncipe regente.

A família real e a corte, a bordo de seus navios, esperavam para completar os preparativos finais e, mais importante, para o vento mudar do quadrante oeste para este, sem o que os navios continuariam prisioneiros no Tejo imponente, aguardando a qualquer momento a chegada das tropas francesas.

Capítulo Três

Portugal e Grã-Bretanha negociam uma Convenção. Um esquadrão britânico, sob o comando de sir William Sidney Smith, faz-se ao mar e navega para Lisboa. O tempo permanece frio e ventoso. Sir Sidney encontra considerável dificuldade em manter o esquadrão ao largo da costa portuguesa. Os eventos o levam a instituir um bloqueio do porto.

A assinatura da Convenção em 22 de outubro[1] levou o Gabinete a se concentrar nos principais objetivos que, esperava-se, poderiam ser atingidos dentro do quadro da situação que piorava rapidamente e no contexto das relações políticas e comerciais de longa data com Portugal.

Em primeiro lugar, e acima de tudo, de modo algum a esquadra portuguesa deveria cair em mãos francesas. Embora não fosse grande, em comparação com as da Grã-Bretanha, França ou Espanha, ainda assim era substancial: 23 naus de linha (13 a 14 na Europa, as restantes no Atlântico, Brasil e Oriente), 18 fragatas e uma dúzia de corvetas, bergantins e escunas;[2] um útil acréscimo à esquadra inimiga, pois constituía então a quinta esquadra em nível mundial, a seguir às da Grã-Bretanha, França, Espanha e Rússia, mais importante que as da Dinamarca, Suécia, Holanda etc., sendo a qualidade da sua construção naval e treino de equipamentos reconhecidos por todos. Os oficiais portugueses eram um recurso adicional, o que era do interesse da Grã-Bretanha, pois, durante o meio século anterior, um grande contingente de oficiais britânicos havia sido recrutado para o serviço da Marinha portuguesa.[3] Durante as duas décadas anteriores a 1807, pelo menos 35 oficiais tinham servido na Marinha portuguesa; vários deles, como Philip Hancorn, Thomaz Stone e Donald Cambell, atingiram as mais altas patentes. Como resultado, as duas marinhas tinham uma certa uniformidade de treinamento, disciplina e arte marinheira.

Interesses comerciais estavam em jogo, pois Portugal era um importante parceiro no comércio. Ainda mais agora, desde a introdução, por Bonaparte, do Sistema Continental. Até o outono de 1807, seguindo-se à capitulação da Dinamarca, o comércio da Grã-Bretanha com a Europa tinha sido, com a exceção de Portugal, virtualmente interrompido; alguma mercadoria que conseguia chegar ao seu destino, desembarcada em Gibraltar, era transferida para navios neutros.[4] Caso Portugal se tornasse, como parecia provável no futuro próximo, parte do Sistema Continental, a Grã-Bretanha teria que procurar em outro lugar um substituto para esta perda. Nada poderia ser mais natural, então, do que compensar tal perda pelo comércio com sua colônia, o Brasil.

Na ocasião, a oportunidade de forçar uma mudança num dos pilares da política comercial portuguesa constituía, para a Grã-Bretanha, um momento importante. A ajuda substancial que a Grã-Bretanha podia oferecer, por meio de seu domínio dos mares, proporcionaria à monarquia portuguesa uma artéria vital para a sobrevivência e, em sua colônia ultramarina, até mesmo para a prosperidade. Em troca do salvo-conduto da família real para o Brasil e da defesa da nação recém-formada contra um ataque pelo mar, Portugal concordou em abrir pelo menos um de seus portos, possivelmente o de Santa Catarina, à Grã-Bretanha. Esta mudança de política não era difícil de racionalizar.[5] De fato, com a monarquia firmemente estabelecida no Brasil e Portugal ocupado pela França, com quem iria o Brasil comerciar senão com a Grã-Bretanha e outras nações amigas ou neutras?

Por oferecer ajuda agora, no momento de necessidade de Portugal, a Grã-Bretanha poderia no futuro estabelecer e manter uma base, a partir da qual uma cabeça-de-ponte seria construída e onde, eventualmente, forças seriam estacionadas e treinadas para combater Bonaparte. A base, em território português, seria primeiro na ilha da Madeira e depois no continente; em todos os lugares, os britânicos seriam saudados com amizade e cooperação, um valioso recurso para qualquer força de ocupação. Wellington[6] utilizaria no seu exército aliado peninsular um número considerável de unidades portuguesas, para combater ao lado de suas próprias tropas. Uma vez treinados, sob o comando de seu marechal, o visconde Beresford,[7] o mesmo considerava que os portugueses não eram inferiores a nenhuma tropa.[8] A partir de uma posição de barganha inferior, Portugal estava lutando por sua própria sobrevivência como nação. Pelos termos da

Convenção foi estipulado que a Grã-Bretanha, com o vácuo deixado em Portugal pela ausência da monarquia, não reconheceria no futuro quaisquer outros príncipes como tendo direito àquela coroa. D. João temia a imposição de parentes de Bonaparte, como tinha ocorrido em outros lugares; nisto ele estava certo, como o Tratado de Fontainebleau, assinado logo após essa Convenção, iria mostrar.

A Convenção, preliminarmente acordada por d. Domingos Antônio de Sousa Coutinho, ministro plenipotenciário, em nome do príncipe regente, e pelo hon. George Canning,[9] principal secretário de Estado para os Negócios Estrangeiros, em nome do rei, progrediu com dificuldade, até que um acordo final foi obtido. Em 22 de outubro, d. Domingos, ao assinar, declarou que não fora instruído quanto aos dois artigos adicionais e que, portanto, estes estavam fora dos seus poderes.[10] O príncipe regente ratificou a convenção sujeita a modificações no preâmbulo, no primeiro e no segundo artigos, e no primeiro dos artigos adicionais,[11] que d. Domingos também tinha excluído. O hon. George Canning discordou das mudanças e suspendeu a assinatura da Convenção.[12] A ratificação finalmente ocorreu em 4 de janeiro de 1808, após ter ficado evidente, por suas ações, que Portugal pretendia seguir os termos da Convenção.

O tempo estava se esgotando, tanto para Portugal quanto para a Grã-Bretanha, já que ambos deviam tomar medidas para evitar que a esquadra portuguesa caísse em mãos francesas. A Convenção, a qual estabelecia que a Grã-Bretanha deveria fornecer navios e forças, foi o instrumento que lançou o hon. George Canning no Ministério do Exterior e os lordes do Almirantado em plena atividade.

Organizar um esquadrão sem aviso prévio era uma tarefa monumental. Navios tinham de ser escolhidos e prontificados para o mar, talvez a fim de passar vários meses sem entrar em qualquer porto e vários anos sem retornar à Grã-Bretanha.

O abastecimento era muito organizado e constituía um problema menor do que prover as guarnições completas e necessárias – 600 homens ou mais, num típico navio de linha de batalha de 74 canhões. As dificuldades eram tantas que ocorriam casos em que um navio que acabara de regressar à sede transferia parte de sua guarnição para outro, que estivesse de partida para uma viagem, antes de docar ou atracar – a fim de evitar perder qualquer dos homens treinados. Muitas vezes os navios não atracavam no cais de um porto; dizia-se que o Almirantado não encorajava os homens a aprender a nadar, para que não desertassem do navio quando este estivesse amarrado a uma bóia. Mesmo os navios mercantes estavam em perigo, pois estes eram habitualmente parados em alto-mar e, de acordo com certas regras, podiam perder parte de sua tripulação para um navio de guerra.

O comandante escolhido para liderar esta missão foi o contra-almirante sir William Smith,[13] recém-retornado de uma ação bem-sucedida contra um esquadrão turco.

A Grã-Bretanha dispunha de várias bases navais, das quais as mais importantes eram Chatham e Portsmouth. Entretanto, Plymouth foi a escolhida, por ser o ponto de partida natural para um esquadrão cujo destino era Lisboa. Apesar de estar situada a uma distância maior de Whitehall, onde o Conselho do Almirantado estava sediado, as ordens podiam ser enviadas num curto espaço de tempo pelo telégrafo, uma moldura de madeira com portinholas móveis. No caso de Plymouth, isso envolvia 28 estações ao longo de uma linha, inaugurada no ano anterior. Fogueiras podiam ser acesas para que a linha, se necessário, operasse também à noite; a neblina e o nevoeiro, porém, tornavam o sistema pouco confiável.

As ordens de natureza mais complexa ou que deviam ser mantidas secretas, como neste caso, tinham de ser entregues em mão. Desse modo, às três horas da tarde, no sábado 7 de novembro, o estafeta George Lilburne partiu do Almirantado em Whitehall com as ordens secretas para sir Sidney Smith; viajando sem escalas via Bath, alcançou Plymouth às cinco horas da manhã do dia 9.[14]

Segunda-feira, 9 de novembro

As ordens do Conselho do Almirantado para sir Sidney Smith eram concisas e claras. Tomar sob seu comando as naus de S.M. *London*, *Elizabeth*, *Marlborough*, *Monarch* e *Bedford*, e a fragata de S.M. *Solebay*; partir sem demora para o mar e permanecer ao largo da foz do Tejo até novas ordens. Lá chegando, estabelecer comunicações com lorde Strangford ou, em sua ausência, com o tenente-general sir John Moore, com quem deveria manter a mais estreita cooperação.[15]

Os navios, fundeados em Cawsand Bay, Plymouth, estavam sendo preparados para o mar. O movimento no porto era intenso, com o vai-evem de barcaças e a chegada de outros vasos de guerra; as naus de S.M. *Foudroyant* e *Plantagenet*, que deveriam se unir ao esquadrão mais tarde, entraram no porto no dia 8; do mesmo modo, a fragata de S.M. *Solebay* fundeou no dia 9. A *London* registrou haver recebido 2.727 libras de carne de boi fresca, parte dela destinada ao esquadrão que bloqueava Ferrol, com o qual se encontrariam durante a viagem. No preparo para zarpar, a armação tinha de ser entesada; isto envolvia endireitar os vários mastros e antenas, verificar se todos os cabos estavam em posição e se todas as velas, inclusive sobressalentes e lonas, estavam a bordo.

Sir Sidney Smith escreveu que a nau *London* não estava aparelhada para servir como navio capitânia.[16] O navio de segunda classe, de três cobertas com 98 canhões, tinha sido lançado em Chatham em 1766, 41 anos antes, e já se aproximava do fim de sua vida útil.[17] A nau de S.M. *Hibernia*,[18] que seria o navio capitânia, estava nas proximidades, em Torbay, e, em 7 de novembro, fez-se ao mar para unir-se ao esquadrão em Cawsand Bay.[19] A julgar pela força e direção do vento, era improvável que chegasse antes de o esquadrão zarpar; prevendo isso, a *Marlborough* embarcou provisões destinadas a isso.

Os navios de linha eram classificados de acordo com o número de canhões com que estavam armados. Um navio de primeira classe era armado com mais de 100 canhões; de segunda classe, com 90 e 98 canhões; de terceira classe, com 64 a 80 canhões; de quarta classe, com 50 a 60 canhões; de quinta classe, com 32 a 48 canhões; e de sexta classe, de 20 a 32 canhões. Nesta classificação, a caronada, com seu tubo curto e sua munição pesada, eficaz a curta distância, não era contada como canhão. O peso da munição que todos os canhões de um bordo podiam disparar era o fator determinante para decidir se a embarcação era de porte suficiente para integrar a linha e enfrentar o inimigo; na prática, os navios de terceira classe eram os de menor tamanho empregados numa linha. Considerando o número em que eram construídos, na Marinha britânica os navios de terceira classe constituíam um tipo popular: em 1807, havia 145, comparados aos oito de primeira classe, 15 de segunda e 20 de quarta.[20] Entre os navios da terceira classe, o navio de linha de batalha de 74 canhões era de longe o mais numeroso, como resultado de muitas décadas de experiência. Em 1796 a Royal Navy totalizava 460 navios, sendo 128 naus de linha. Em 1807 a Marinha britânica era composta de 850 vasos e 120 mil homens, mais da metade de todas as marinhas de guerra existentes!

Num navio de combate, suas qualidades navais e o porte e a localização de seus canhões eram de fundamental importância. Requisitos conflitantes tinham de ser administrados; se localizados muito baixo, próximos à linha d'água, as suas portinholas não podiam ser abertas com tempo áspero ou navegando com vento forte que ocasionasse uma banda permanente, e o alcance era limitado. Se posicionados muito alto, tornavam necessários conveses reforçados, construídos em madeira muito mais cara, e provocavam uma elevação do centro de gravidade – uma consideração importante para a segurança do navio, quando este navegasse com ventos de tempestade e mar pesado. Para construir um navio semelhante, eram necessárias duas mil árvores de carvalho ocupando uma área de 25 hectares de floresta. O projeto de um navio de 74 canhões tinha evoluído para o de um navio com aproximadamente 175 pés de comprimento, 50 pés de boca e 20 pés de calado, com três cobertas: o convés de coberta ou porão (*orlop deck*); o convés inferior ou segunda coberta (*lower* ou *gun deck*); e a coberta superior (*upper deck*). Havia também o tombadilho (*quarter deck*), aberto ao tempo a meia-nau e fechado na popa e na proa.[21] A segunda coberta e a coberta superior eram as principais plataformas dos canhões, porém as peças mais leves eram montadas na popa, e canhões de caça ou cachorros (*bow chasers*) podiam ser montados no castelo da proa, para que fossem capazes de disparar naquela direção.

O espaço a bordo de um navio de guerra era extremamente limitado. Um navio de 74 canhões, por exemplo, tinha de carregar canhões, pólvora e projéteis, uma guarnição de 600 marinheiros, além de 150 fuzileiros navais, provisões para vários meses e água; no caso do *Bedford*, cerca de 224 toneladas. Além disso, cinco embarcações, cada uma com 25 ou 30 pés de comprimento, meia dúzia de âncoras, velas para todos os tipos de tempo, cabos, macas e uma quantidade indescritível de outros equipamentos essenciais.

O lastro, na forma de ferro fundido, preenchia o fundo do porão; depois vinham os barris de água e as provisões secas em recipientes de diversos tamanhos. O pão seco ou biscoito, como era geralmente conhecido, era mantido em compartimentos separados, assim como a bebida alcoólica. A pólvora também era mantida no porão, tendo ao lado um pequeno compartimento conhecido como "*light room*" (sala de luzes), para fornecer iluminação e, ao mesmo tempo, evitar o risco de contato e explosão. A bebida e a pólvora eram mantidas sob guarda permanente.

O convés de coberta tinha camarotes para o cirurgião e os oficiais de menor graduação, depósitos de materiais mais leves, tais como fardamento, e uma área central onde o cabo principal era estivado. Era neste local que, durante uma batalha, haveria espaço disponível para improvisar um hospital temporário.

Os conveses de bateria eram os alojamentos da guarnição; onde esta armava suas macas e dormia. A área disponível, dividida de acordo com o tamanho da guarnição, só permitia uma largura de 14 polegadas para cada homem; na prática, no mar. O pé-direito nos conveses de bateria era de cinco pés; no convés de coberta era um pouco menor. Os oficiais tinham cubículos, feitos com divisórias removíveis, nas cobertas superiores. O capitão ocupava a tolda a ré; a câmara era uma área relativamente grande, com janelas, convenientemente dividida para trabalhar durante o dia, comer e dormir.

Às 10h30 da manhã do mesmo dia, tendo recebido suas ordens, sir Sidney Smith e seu Estado-Maior embarcaram na nau de S.M. *London*, seu navio capitânia temporário. O capitão Thomas Western disparou a salva regulamentar de 13 tiros de canhão, em continência ao almirante Bertie Young,[22] o comandante-em-chefe da base de Plymouth; o mesmo número de tiros respondeu à salva de terra. A salva reconhecia formalmente que o comando do navio estava sendo transferido de um almirante para outro. O pavilhão azul de contra-almirante foi içado no terceiro mastro ou mastro da gata. Os observadores a bordo dos navios próximos não tinham dúvidas sobre o que estava acontecendo; suas únicas dúvidas eram a respeito de seu destino, o qual, por razões de segurança, só seria revelado a seus capitães quando estivessem a caminho no mar. A imprensa na Inglaterra especulava que o esquadrão iria para os Estados Unidos.[23]

A hierarquia superior do Almirantado era formada por oficiais-generais (*officers of flag rank*), que tinham direito de arvorar seu pavilhão como distintivo de comando quando estivessem a bordo de seu navio. Este navio, do qual eram emitidas todas as ordens, era conhecido como nau capitânia (*flag ship*).

A estrutura de postos na Marinha britânica tinha, no seu ápice, o posto de almirante-da-frota (*admiral of the fleet*); abaixo deste, vinham os de almirante, vice-almirante e contra-almirante, divididos por antigüidade em vermelho, branco e azul. Um almirante tinha o direito a arvorar seu pavilhão no mastro grande, um vice-almirante no mastro do traquete, e um contra-almirante no mastro da gata.

O esquadrão estava em perfeito estado de prontidão, mas o vento de sudoeste, com mar grosso ao largo,[24] tornou a saída do porto impraticável, assim informou sir Sidney Smith[25] ao secretário do Almirantado, o hon. William Wellesley-Pole.[26] O mesmo vento impediu que a *Hibernia* se juntasse a eles em Cawsand Bay.

Terça-feira, 10 de novembro

O vento, ainda soprando do sudoeste, refrescou e transformou-se numa tormenta com grandes vagas. Os navios permaneciam fundeados com seu ferro maior, o ferro de serviço ou de amura (uma das duas âncoras idênticas da proa), e com bastante amarra; a *Marlborough* largou 900 pés, a fim de compensar a tensão; a maioria dos navios largou um segundo ferro, por medida de segurança. Os mastaréus de joanetes e de gáveas e suas vergas foram abatidos, a fim de reduzir a resistência à forte ventania, e as vergas remanescentes apontadas ao vento. Sob tais condições, não havia nada que pudesse ser feito; até mesmo as ordens do Almirantado não podiam ser obedecidas.

Quarta-feira, 11 de novembro

O vento começou a amainar e a mudar de direção, passando a soprar do nordeste; os mastros e vergas foram novamente erguidos em posição. Às duas horas da tarde, sir Sidney Smith retornou a seu navio capitânia; este suspendeu, recolhendo um de seus ferros e virando ao cabrestante a amarra do segundo, o ferro de serviço. A *Marlborough* recebeu um prático a bordo, e os vários navios do esquadrão começaram a levantar ferro, prontos para partir. Foi a viagem inicial da *Marlborough*, pois esta havia sido lançada ao mar havia apenas alguns meses, em 22 de junho.

A faina de suspender necessitava de muita força bruta. O peso maior não era o do ferro – de três toneladas e meia –, ou a espia encharcada – com 25 polegadas de circunferência e 300 metros de comprimento –, mas sim puxar a nau de até duas mil toneladas para que a mesma ficasse em cima do ferro, pois só assim este se desprenderia do fundo do mar. O cabrestante era usado para recolher a espia, cujas ranhuras na parte superior permitiam que fossem inseridas barras, giradas por turmas de 90 marinheiros e fuzileiros navais, o que gerava uma grande força. À medida que a metiam para dentro, a espia era estivada por outra turma, no convés da coberta (o porão do navio). O ferro, suspendido com cuidado para não esbarrar no casco, era então firmemente amarrado, a fim de impedi-lo de se mover, mesmo nas piores condições de mar. Em um navio de grande porte, mais de 350 homens eram ocupados na importante tarefa de suspender.

Além dessa labuta de levantar o ferro do fundo do mar, um navio necessitava ainda que algum pano já tivesse sido largado, a fim de poder manter o controle. Esta tarefa era simultânea àquela de suspender o ferro, e exigia mais um outro contingente de tripulantes para desempenhá-la. Essa é uma das razões pelas quais um navio era obrigado a levar uma guarnição tão numerosa.

Ao final da tarde do dia 11, o esquadrão estava a vela. Após montarem Penlee Point, o prático foi dispensado. Enquanto a noite caía, o Eddystone foi ultrapassado, com seu farol brilhando a cinco ou seis milhas marítimas de distância. O vento, embora borrascoso, voltou à força de tempestade; o esquadrão aproou ao sudoeste sob velas baixas, com gáveas rizadas, distanciando-se da terra.

Antes da meia-noite, as avarias da tempestade, parte integrante da vida de bordo e em geral reparadas rapidamente pelos carpinteiros e outros tripulantes especialistas, começou a cobrar seu preço; a *London* perdeu no mar seu pau de cutelo. Sir Sidney Smith teria de pressionar muito, após o atraso de dois dias, para chegar ao Tejo.

Quinta-feira, 12 de novembro

A alvorada encontrou o esquadrão ainda se deslocando rapidamente. Se o vento permanecesse firme e não mudasse de direção, o esquadrão faria uma rápida travessia da baía de Biscaia.

Se o tempo permitisse, todos os dias a latitude era verificada ao meio-dia, medindo-se o ângulo entre o Sol e o horizonte. A longitude, outra importante coordenada, era mais difícil de determinar; tradicionalmente, era calculada medindo-se a altura da Lua e de uma estrela, e o ângulo entre elas; o resultado era então verificado no almanaque.

Mesmo após a introdução de um relógio de precisão, o cronômetro, o método mais antigo continuava em uso.[27] O cronômetro, que podia manter a precisão mesmo sob as condições mais adversas, foi aceito pela Marinha em 1774, quando seu inventor, John Harrison (1693-1776), recebeu a maior parte do prêmio de 20 mil libras do Conselho de Longitude. Se o mau tempo impedisse a realização desses procedimentos, a única alternativa era colher as informações obtidas durante o dia pela barquinha e os rumos navegados, e, após descontar os efeitos de vento e da corrente, plotar na carta a posição estimada.

A vida a bordo dos navios do esquadrão começara a se estabilizar. A bordo da nau de S.M. *Elizabeth*, após um curto serviço religioso, o corpo de um certo Benjamin Gallop, que morrera no dia anterior, foi lançado às profundezas. Os calafates estavam em atividade, calafetando a coberta inferior. Um barril de água e cinco de cerveja foram abertos, assim como um de manteiga e dois de queijo.

A comida típica a bordo consistia de pão, carne de boi e de porco salgadas, ervilhas secas, farinha de aveia, açúcar, manteiga e queijo. Bois de corte, porco e galinhas eram, às vezes, mantidos vivos no convés, e consumidos ao longo da viagem. No porto, carne de boi, frutas, verduras e legumes frescos seriam trazidos a bordo diariamente. Suco de lima era servido regularmente, para prevenir o escorbuto. Além de água, cada tripulante tinha direito a uma ração diária de bebida alcoólica; a cerveja, quando disponível, era servida à razão de um galão por homem, ou então um quartilho de vinho ou meio quartilho de rum, diluído em duas partes de água para uma da bebida.

No início da noite uma vela estranha foi avistada na direção boreste. As ordens permanentes exigiam que todos os navios fossem interceptados e identificados. A *London* alterou seu rumo para interceptar o estranho e, às 8h30 da noite, disparou um canhão carregado com bala. O navio desconhecido imediatamente respondeu, içando seu indicativo e identificando-se como o navio de S.M. *Niobee.*

Os pavilhões arvorados por navios não significavam, necessariamente, que estes fossem daquela nacionalidade; todo navio levava um suprimento de bandeiras inimigas e neutras. Havia mesmo um sinal, o de n.130, que dizia: "Hastear pavilhão estrangeiro e exibir jeque no momento certo." O sinal indicativo, seguido pelo respectivo número, identificava os navios da Marinha britânica. Se uma confrontação estava para acontecer, a honra exigia que o verdadeiro pavilhão fosse exibido, ainda que apenas no último momento, antes de dar a ordem de abrir fogo. Enquanto o pavilhão estivesse içado, o combate continuaria; caso ficasse claro que a derrota era inevitável, a honra permitia que o mesmo fosse arriado, em sinal de rendição, a fim de evitar uma carnificina desnecessária. Como precaução contra a perda, durante a batalha, da verga em que o pavilhão estivesse içado, pavilhões podiam ser içados em diversas vergas e desfraldados em caso de necessidade. Na Marinha britânica, se um navio fosse perdido, por qualquer razão, seu capitão seria automaticamente submetido ao Conselho de Guerra.

Sexta-feira, 13 de novembro

Os fortes ventos e a borrasca continuaram sem amainar. Navegando próximos, com os sobrejoanetes e, sempre que as condições de tempo permitissem, com cutelos em ambos os bordos, seus cascos corriam contra os mares turbulentos. Apenas a *Monarch* navegava escoteiro, pois ao amanhecer recebera um sinal para tomar uma estação destacada a sudoeste, a fim de estender o alcance de visão do esquadrão; nesta direção, sir Sidney esperava avistar o esquadrão de Ferrol ou mesmo a costa. As barquinhas indicavam que o esquadrão estava navegando a uma velocidade média de sete a oito nós.

A velocidade era medida pela barquinha, que consistia de um pedaço de madeira conhecido como batel da barquinha, amarrado a uma linha na qual tinham sido dados nós a intervalos regulares. Quando o batel era lançado pela borda, após passar pela turbulência causada pela esteira do navio, era deixado à deriva de sete a 14 segundos, medidos por uma pequena ampulheta. O comprimento de linha que saía com a barquinha permitia que se calculasse a velocidade do navio.

Nesse meio tempo, a fragata de S.M. *Solebay*, que tinha partido de Cawsand Bay com o esquadrão, navegava separada, com um atraso de aproximadamente 24 horas. Apesar disso, ela se encontrava plenamente ocupada. Às 2h30 da tarde largou pano e deu caça a um brigue, mas já eram cinco horas da tarde quando se aproximou o suficiente para disparar um canhão de seis libras carregado com bala, a fim de fazê-lo parar. Os documentos do brigue demonstraram que era um mercante proveniente de Amsterdã, com destino ao Porto. Às 9h45 da noite, outro navio foi avistado, desta vez claramente uma belonave. A guarnição irrompeu em atividade, com a ordem de tocar postos de combate e aprontar o navio para a ação: mais duas horas se passaram até que a *Niobee* estivesse próxima o suficiente para que seu sinal indicado fosse reconhecido. Os navios trocaram notícias e navegaram juntos até às três horas da manhã, quando a *Niobee* se separou, em perseguição a uma vela na marcação norte.

O toque de tambores, geralmente ao som da melodia "Heart of Oak", chamava as guarnições dos canhões a seus postos. A fim de aprontar o navio para a batalha, os conveses de bateria tinham que ser desembaraçados de quaisquer obstruções; estas incluíam as divisórias que formavam os camarotes, as mesas e cadeiras, os pertences pessoais, as macas etc. Não raro, se a batalha fosse iminente e o tempo curto, era preciso desembaraçar os conveses lançando tudo pela borda, em vez de estivar cobertas abaixo, como era mais comum. Os canhões seriam desamarrados e aprontados, a pólvora e os projéteis trazidos para cima e fogos acendidos ao lado de cada canhão. As guarnições das peças, adestradas pela prática regular, guarneciam seus postos e se preparavam para apontar e disparar. A supremacia numa batalha muitas vezes era decidida tanto pela rapidez com que as bordadas eram disparadas como pela precisão do tiro.

Os oficiais e guarnições do esquadrão ainda não conheciam oficialmente seu destino. Mas agora, longe de seu porto de partida, o risco de vazamento da informação desaparecera; à tarde, o navio capitânia sinalizou com o n.151: "Abrir carta de prego n.1."

Sábado, 14 de novembro

À luz da aurora, o sinal n.161 foi içado no topo do mastro do navio capitânia: "O almirante descobriu terra"; o vigia tinha avistado o cabo Belém, um dos muitos cabos da costa noroeste da Espanha; a travessia da baía de Biscaia, famosa pelo seu mau tempo, estava terminada.

Às dez horas da manhã, após a troca de sinais privativos para identificação mútua, parte do esquadrão que bloqueava o porto de Ferrol juntou-se à formação.

Bloquear um porto inimigo era uma tarefa muitas vezes considerada difícil, por causa das condições do tempo e do tédio, uma vez que as tentativas de atrair o inimigo para fora do porto eram, quase sempre, frustradas. A cada três ou quatro meses, um navio de bloqueio tinha de ser rendido, para que este pudesse recompletar a sua aguada e as suas provisões. O esquadrão de Ferrol, composto pelas naus de S.M. *Achilles*, *Audacious* e *Theseus* e pelas fragatas de S.M. *Amazon*, *Iris* e *Penelope*, não era exceção.

O encontro dos dois esquadrões não demorou muito. A nau de S.M. *London* recebeu a bordo o capitão sir Richard King,[28] da *Achilles*, para um resumo da situação. Então, após transferir 527 libras de carne, verduras e legumes frescos, trazidos de Plymouth, o esquadrão continuou o seu caminho.

A fama e as honrarias chegaram para o capitão King em Trafalgar, quando, integrando a Coluna Britânica de sotavento e no comando desta mesma *Achilles*, ele entrara na batalha dando caça ao navio espanhol *Montañes*, de 74 canhões, sob o comando do capitão Francisco Alcedo, o qual saiu de alcance, recusando-se a aceitar combate. Então, fazendo-se de vela em socorro à nau de 74 canhões *Belleisle*, comandada pelo capitão William Hargood, que, sob ataque de três navios inimigos já tinha perdido sua mastreação, interceptou outra nau de 74 canhões, a *Argonauta*. Após uma troca de bordadas que durou uma hora, o navio espanhol – depois de tentar, sem sucesso, içar sua vela grande e escapar – pareceu estar desistindo da luta, pois recolheu seus canhões situados em nível mais baixo e fechou suas portinholas. Quando o capitão King se preparava para a abordagem, a nau francesa *Achille* passou por perto, forçando-o a trocar bordadas e, ao mesmo tempo, outra nau francesa de 74 canhões, a *Berwick*, do capitão Jean Camas, atravessou entre a *Achilles* e a sua presa. A francesa *Achille* moveu-se rumo à *Belleisle*, já excedida em número, deixando a *Achilles* e a *Berwick* em combate singular. Após outra hora de bordadas, a *Berwick* arriou seu pavilhão e foi capturada pela *Achilles*. O capitão King relatou apenas 74 baixas, um número milagrosamente pequeno, pois seu navio tinha perdido os três mastros e o gurupés, e o seu casco estava seriamente perfurado. A francesa *Berwick*, que já fora um navio de terceira classe da Marinha inglesa, estava em pior estado, tendo sofrido 250 baixas, inclusive seu capitão. A espanhola *Argonauta*, muito avariada, perdeu 300 homens, e também seu capitão, Antônio Pareja. A francesa *Achille*, mais tarde na batalha, explodiu e foi a pique; apesar de todos os esforços para resgatar os sobreviventes, perdeu mais de 500 homens.[29]

Após quatro dias de tempestade incessante, era inevitável que a umidade invadisse cada canto. Os oficiais dos diferentes navios tentavam lidar com o problema de vários modos; na *Elizabeth* foram acesos fogões Brodies entre as cobertas, ao passo que na *London* foi ordenado que a roupa de cama fosse arejada e que macas limpas fossem armadas.

Outro aspecto importante da vida de bordo era a disciplina. Uma disciplina severa, porém justa, era de importância fundamental a bordo de um navio de guerra. As linhas mestras eram definidas pelos Artigos de Guerra, regularmente lidos para a guarnição, geralmente quando esta se reunia em forma para o serviço religioso, aos domingos. A pena para a violação de muitos dos Artigos de Guerra era a morte. A punição mais comum para as transgressões menores, como bebedeira, briga, furto e dormir em serviço, era o açoite, executado com o calabrote (*cat-o'-nine-tails*): nove pedaços de corda, cada um com três nós cegos atados em intervalos. Os culpados por transgressões mais graves eram conduzidos por uma embarcação de navio a navio, e açoitados diante da guarnição de cada navio. Os oficiais não estavam imunes a punições: o almirante John Byng, submetido a conselho de guerra por não ter impedido que os franceses tomassem Minorca em 1756, foi fuzilado no tombadilho do navio de S.M *Monarch*, homônimo anterior deste navio.

Domingo, 15 de novembro

A borrasca finalmente amainou e a brisa fresca permitiu largar mais pano; os rizes foram retirados das velas. Como resultado, as barquinhas da *Elizabeth*, da *Marlborough* e da *Monarch* puderam registrar velocidade de nove a dez nós. A tais velocidades, algum dano era inevitável: a *London* perdeu a bandeira de chamada do topo de seu mastro, a *Marlborough* partiu a verga de gávea e a *Monarch* rasgou uma bujarrona. A *Solebay*, ainda com atraso, então demandado ao cabo Finisterra, estava pior. De manhã cedo, perdeu seu mastaréu da sobregata, mas como seus carpinteiros se lançaram logo ao trabalho, antes da meia-noite tinham feito outro, e o original foi logo substituído.

Um navio de três mastros, se as condições do tempo permitissem, carregava velas no mastro do traquete, no mastro grande e no da gata. As velas quadrangulares, carregadas em vergas, eram denominadas pelo mastro e pela posição da vela no mastro: a mais baixa era a vela baixa ou papa-figo (traquete e vela grande); em seguida, a vela de gávea (velacho, gávea e gata); a vela de joanete (joanete de proa, joanete grande e sobregata); o sobrejoanete (sobrejoanete de proa, sobrejoanete grande e sobregatinha); e a vela alta ou sobrinho. Uma pequena vela era algumas vezes carregada acima do sobrinho, sem verga, fixada ao próprio mastro. O mastro da gata não carregava vela baixa; em seu lugar, uma retranca carregava uma mezena, carangueja ou vela ré. Os cutelos eram carregados em paus que podiam ser estendidos das vergas dos mastros do traquete e grande, ficando suspensos sobre o mar. As velas de estai eram triangulares ou quadrangulares, suspensas entre mastros e também por anteavante do mastro do traquete, fixadas ao gurupés; as mesmas eram denominadas de acordo com o mastro e a verga em que sua extremidade superior estava amarrada. O pau do gurupés carregava a giba e as bujarronas de dentro e de fora, todas triangulares. As cevadeiras eram carregadas por vergas, suspensas sob o gurupés.

Enquanto o esquadrão, em duas colunas e mantendo ordem-unida como os sinais de n.72 e 56 exigiam, varria em descida à costa portuguesa, vários marcos de terra foram avistados, começando pelas elevações do terreno acima do Porto, logo depois do amanhecer. Ao chegar aos rochedos de Berlenga, próximo à cidade fortificada de Peniche, no fim da tarde, o esquadrão parou e os capitães foram a bordo da *London* para uma reunião com seu comandante. O próximo ponto de reunião foi comunicado.

A necessidade de um ponto de reunião era uma medida de precaução, de modo que, se qualquer navio, por causa do tempo ou qualquer outra razão, perdesse de vista o resto do esquadrão, o mesmo teria uma posição à qual se dirigir. Ocasionalmente, um navio poderia ser destacado para desempenhar tarefas especiais, após o quê, deveria se reunir ao esquadrão. Como o esquadrão provavelmente teria se movido adiante, o navio necessitava de um ou mais pontos de reunião, a fim de saber onde encontrá-lo.

Segunda-feira, 16 de novembro

Finalmente o estuário do Tejo fora alcançado. Sir Sidney Smith, em seu despacho ao secretário do conselho do Almirantado,[30] explica as dificuldades em executar a parte seguinte das ordens: fazer contato em terra com lorde Strangford, ministro interino junto à corte de Portugal.

Enquanto a brisa fresca, algumas vezes atingindo força de tempestade, estivesse soprando da direção geral oeste, era impossível demandar aquela parte da costa de Portugal, inclusive a foz do Tejo, com navios de linha de batalha cuja manobrabilidade, em tais circunstâncias, era limitada. O esquadrão não trazia consigo nenhum navio menor, nem vinham tão longe os barcos de pesca que eventualmente poderiam ser alugados.

Um navio de velas quadradas estava limitado em sua capacidade de navegar na direção geral do vento. Os cabos que sustentavam os mastros limitavam o movimento das vergas. Nesta posição mais favorável, depois de descontar o movimento transversal do casco deslizando através da água, o navio podia navegar, na melhor hipótese, a cerca de 57º em relação ao vento. A fim de parar, ou atravessar o navio, era preciso dispor as velas em equilíbrio exato, de modo que algumas empurrassem o navio para a frente, enquanto outras o fizessem recuar. O mesmo tomaria novo rumo, navegando na direção do vento, virando de bordo para a frente; se estivesse com pouco andamento, viraria em roda, dando a popa e correndo com o tempo.

Sir Sidney prossegue, comparando, desfavoravelmente, a presente situação com aquela do bloqueio de Cádiz, onde os navios tinham o recurso de passar através do estreito de Gibraltar, caso soprasse uma rajada de vento do oeste; ou de Brest, diante do canal; e em Ferrol, onde a baía é aberta, se ventos do sudoeste têm de ser enfrentados, e os navios podem cair para sotavento ao longo da costa rumo ao sul, com vento do noroeste. Em períodos normais, quando sopra uma ventania do oeste, os navios podem navegar diretamente rumo ao Tejo, a fim de buscar refúgio em suas margens altas; naquelas circunstâncias, isto não era possível.

O Tejo, que corre através de Portugal, nasce na serra de Albaracin, além e a leste de Madri. Ao se aproximar de Lisboa, corre de nordeste para sudoeste, mas, depois do forte de Belém, alarga-se e faz uma volta brusca correndo de leste para oeste rumo ao Atlântico. Sua embocadura, embora larga, é enganosa na aparência, pois sua maior parte é muito rasa; o canal de água profunda com, no máximo, dois mil metros de largura torna impossível a um navio entrar sem ser atingido pelos canhões das fortificações guardando a barra: o forte da ilha de Bugio e, no continente, o de São Julião. Após cruzar a barra, o acesso a Lisboa é bem protegido pelos fortes de Arieiro, Maias, Gibirita, São Bruno e depois Belém, ao longo da margem do rio. Santo Antônio da Barra, Santa Maria[31] e São Braz[32] completam as fortificações da costa.

Ao amanhecer, a *Marlborough* tinha partido em perseguição a uma vela estranha e agora, às duas horas da tarde, após a troca de sinais, a nau de S.M. *Hibernia* identificava-se. Tinha chegado a Cawsand Bay tarde demais para se juntar ao esquadrão de sir Sidney, mas, sem perda de tempo, tinha-se feito ao mar e agora estava dando o melhor de si para unir-se ao esquadrão; demoraria ainda dois dias.

Terça-feira, 17 de novembro

O problema de encontrar um navio pequeno, capaz de navegar próximo à costa e levar uma mensagem a lorde Strangford, foi resolvido na manhã seguinte. Ao amanhecer, o navio capitânia sinalizou ao *Bedford* para que investigasse uma vela na quarta de sudoeste. Às oito horas da manhã, o mesmo disparou um tiro para obrigá-lo a parar; este mostrou ser o navio corsário *Active*, um brigue armado que possuía uma carta de corso de Londres. Naquela mesma tarde, o *Active* partiu para Lisboa.[33]

Os navios corsários eram navios de propriedade de comerciantes, que os armavam e pagavam pela sua manutenção. Assim que tivessem obtido uma carta de corso, dos lordes do Almirantado, estavam livres para atacar e capturar navios inimigos. Em caso de sucesso, a presa seria vendida e o produto da venda distribuído entre os armadores e a tripulação.

O esquadrão perseverou em manter sua posição, em estação a umas sete ou oito léguas ao largo do cabo Raso. O vento do sudoeste continuava, porém mais moderado, agora acompanhado de pesados aguaceiros. Todos os navios mercantes avistados eram perseguidos e parados; a *Monarch* fez parar um brigue norte-americano procedente de Dublin, com destino a Lisboa, e a *Marlborough* uma escuna portuguesa de Lisboa, com destino a Figueiras.

Quarta-feira, 18 de novembro

De manhã cedo, o *Active* partiu em sua jornada de regresso ao esquadrão, transportando os membros da legação britânica. Às 5h30 da tarde, lorde Strangford foi recepcionado por sir Sidney Smith, a bordo da *London*.[34]

As notícias de lorde Strangford eram, no mínimo, extremamente inquietantes. Em 20 de outubro, após a reunião do Conselho de Estado, tinha sido tomada a decisão de embargar os navios de guerra e mercantes britânicos e, em 5 de novembro, tinha sido dada a ordem de deter os súditos britânicos e confiscar suas propriedades. Como resultado, três navios mercantes e um certo número de súditos permaneciam detidos. O cônsul-geral de S.M., Gambier, ficara para trás a fim de pressionar por sua libertação. Além disso, o *Active* tinha sido posicionado na barra do Tejo, com o propósito de alertar quaisquer navios britânicos que se aproximassem de Lisboa.[35] Tanto a França quanto a Espanha haviam declarado guerra a Portugal, por volta do dia 24 de outubro, e a legação portuguesa tinha deixado Paris no dia 25; além disso, uma tropa francesa, composta de três divisões com nove mil homens cada uma, sob o comando dos generais Junot, Laborde e Kellerman, estava em Salamanca, a menos de 150 milhas da fronteira portuguesa, desde o dia 11 daquele mês. Como se verá adiante, as informações de lorde Strangford, com alguma diferença nas datas, estavam corretas.

Outra informação inquietante, para a qual eram necessárias instruções precisas, era a presença no Tejo de um esquadrão russo, chegado entre os dias 8 e 12, com toda a intenção de invernar naquele porto; era composto de nove navios de linha de batalha e duas fragatas. Três navios adicionais, um turco de 80 canhões (sua presa), uma fragata e uma chalupa eram esperados a qualquer momento, vindos pelo estreito de Gibraltar. Como a Rússia se aliara à França, após o Tratado de Tilsit, assinado em julho de 1807,[36] sir Sidney temia que estes navios pudessem se unir aos de Portugal contra a Grã-Bretanha.[37]

Lorde Strangford e sir Sidney Smith decidiram, então, que, em vista das evidências inequívocas de hostilidades, um bloqueio devia ser declarado, ainda que imperfeito, como escreveu mais tarde lorde Strangford ao hon. George Canning.[38]

Capítulo Quatro

O efetivo aumenta, quando a verdadeira extensão dos problemas enfrentados é revelada. Considerações sobre a tomada do porto. Sir Sidney Smith e lorde Strangford estão ambos preocupados com a necessidade de persuadir S.A.R. a partir para o Brasil, ou entregar sua esquadra em consignação à Grã-Bretanha. Em 29 de novembro de 1807, S.A.R. finalmente parte de Lisboa, com as frotas militares e mercantes portuguesas.

Quinta-feira, 19 de novembro

Em Londres, havia sido tomada a decisão de reforçar o esquadrão. Os navios de S.M. *Plantagenet* e *Conqueror*,[1] e a chalupa de S.M. *Confiance*, que tinham deixado Plymouth no dia 15, já estavam demandando o cabo Finisterra; o navio de S.M. *Foudroyant* era outro navio de linha de batalha que tinha levantado ferro e zarpado da Inglaterra naquela manhã. Um navio menor, a chalupa de S.M. *Redwing*, atendendo a uma requisição feita por lorde Strangford ao contra-almirante Purvis – o comandante do esquadrão que bloqueava Cádiz – de um transporte a fim de levá-lo para a Inglaterra com o cônsul-geral Gambier,[2] estava montando o cabo de São Vicente ao sul. A fragata de S.M. *Solebay*, que havia partido com o esquadrão de sir Sidney, estava agora nas proximidades.

Sir Sidney estava feliz por ver a *Hibernia* se aproximando, pois, como escreveu mais tarde ao Almirantado,[3] ele temia que os esquadrões inimigos de Rochefort, Ferrol ou Cádiz conseguissem passar através dos bloqueios e, antes que reforços pudessem chegar, fizessem sua aparição. Não seria surpresa para ele se o esquadrão abrigado em Cádiz saísse, caso os navios de bloqueio se movessem de sua estação para se opor aos russos, no momento em que estes atravessassem o estreito de Gibraltar.

O tempo continuava tempestuoso, com rabanadas de vento, o que tendia a provocar ainda mais avarias do que um vento firme soprando mais forte. Logo após a meia-noite, a *Elizabeth* foi apanhada por uma rajada repentina, que lhe arrebatou o mastaréu de gávea, o mastaréu da sobregata, a verga do joanete de proa e o pau de cutelo; mais tarde, informou que durante a remoção dos destroços verificou-se que o sobrejoanete e os cutelos do joanete grande haviam sido perdidos, assim como boa parte do aparelho restante. Os outros navios não permaneceram ilesos: a *Foudroyant* rasgou a sua vela de estai do velacho e a *Bedford* rachou seu mastaréu do velacho. O esquadrão estava começando a sentir a necessidade de mastros e antenas sobressalentes; portanto, antes do final do mês, sir Sidney escreveu ao almirante solicitando sobressalentes.[4]

O mau tempo não impediu um aumento de atividade, agora que o bloqueio já fora decidido. Bem cedo nesse dia, a *Hibernia* finalmente alcançou a *London*; seu primeiro escaler foi arriado e o capitão John Conn foi a bordo. À tarde, a *Marlborough* abordou outro navio corsário: era a escuna *Trafalgar* de Gibraltar, procedente de Lisboa, com despachos para o primeiro navio de guerra britânico que pudesse encontrar. A *Solebay*, ainda a cerca de 20 léguas de distância, abordou mais um navio corsário, desta vez um cúter.

Sexta-feira, 20 de novembro

De manhã cedo, a *Hibernia* e a *London* arriaram suas embarcações; os apestos pertencentes a sir Sidney e a lorde Strangford foram transferidos. À uma hora da tarde, sir Sidney deixou a *London* e hasteou seu pavilhão na *Hibernia*; uma hora depois, foi seguido por lorde Strangford. Ambos tinham direito a uma salva de 13 tiros, do navio que estavam deixando e do que os estava recebendo.

Ao anoitecer, os navios de S.M. *Plantagenet* e *Conqueror* e a chalupa de S.M. *Confiance* tinham varado o estuário do Douro e estavam se aproximando dos rochedos de Berlenga, à espreita, à procura do esquadrão de sir Sidney.

A *London*, que estivera em capa morta desde o início da tarde, largou a vela do traquete em perseguição a um brigue. Às 11 horas da noite alcançou-o, e este comprovou ser de bandeira norte-americana, com destino a Lisboa.

Sábado, 21 de novembro

Outro dia atarefado para o esquadrão. Os ventos muito duros do dia anterior tinham amainado, mas uma brisa fresca, com rabanadas de vento ocasionais, continuava a soprar; o tempo estava nublado e chuvoso. Ao romper do dia, várias velas estranhas, que durante a noite tinham surgido acima do horizonte, estavam agora à vista. O esquadrão partiu para investigar e identificar. A *Foudroyant* aproximou-se de dois vasos de guerra, que se identificaram como os navios de S.M. *Revolution* e *Rose*. No início da tarde, a *Bedford* abordou um brigue norte-americano de Copenhague, com destino a Rhode Island. A *London*, após uma perseguição, fez parar, com um disparo de canhão, um brigue norte-americano sob lastro, com destino a Lisboa.

A *Solebay*, recém-chegada do Sul, abordou um navio após uma perseguição, deixando um oficial e marinheiros a bordo; seguiu, então, em perseguição a outro navio, o qual se revelou ser o *Monarch*. Seu capitão veio a bordo a fim de receber as ordens do esquadrão. Após recuperar o oficial e os homens do navio abordado anteriormente naquele dia, a *Solebay* conseguiu se comunicar com o *Hibernia* e, às cinco horas da tarde, o capitão Sproule subiu a bordo para se apresentar a seu comandante, sir Sidney Smith.

Como tantos navios britânicos estivessem nesse momento ao largo do Tejo, não havia mais qualquer necessidade de que o *Active* permanecesse na barra; como o brigue agora não poderia regressar a Lisboa, juntou-se com a *Trafalgar* e ambos se reuniram ao esquadrão.

A chalupa *Confiance*, ex-corsário francês *La Confidence*, de Bordéus, apresado em 1805, que navegava pela proa da *Plantagenet* e da *Conqueror*, de manhã cedo, bordejando ocasionalmente, pois o vento estava soprando do nordeste, abriu caminho rumo ao Tejo. Pela proa, fundeados no rio, relatou ter avistado vários navios de linha de batalha arvorando o pavilhão russo. À uma hora da tarde, com todo o pano, tentou cruzar a barra, mas foi alvejada pelas baterias portuguesas e imediatamente parou. Sem ser dissuadida, moveu-se para fora de alcance e foi dar caça a dois navios que tinham acabado de sair do Tejo. Um deles mostrou ser veneziano, e o outro um brigue português, que levava Gambier, o cônsul-geral de S.M., e várias famílias inglesas a bordo.

Após apelar insistentemente, por intermédio de John Bell, pela libertação de todos os prisioneiros, sem obter sucesso, Gambier decidira partir. Desde o dia 9, o príncipe regente havia confirmado a nomeação, por lorde Strangford, de John Bell, para desempenhar as funções de: "agente para prisioneiros de guerra britânicos".[5]

Em Londres, a notícia do embargo dos navios britânicos havia chegado ao hon. George Canning no Ministério do Exterior. Em 11 de novembro, ele escreveu aos lordes comissários do Almirantado com as ordens que deviam ser dadas a sir Sidney Smith:[6]

> Ao chegar ao Tejo, inquirir junto a lorde Strangford ou, se este já tiver deixado Lisboa, diretamente se o governo português ratificou a Convenção assinada em 22 de outubro. Se tal ocorreu, declarar-se pronto a cooperar. Se não ou se tiver sido ratificada, mas os preparativos para pôr em prática os termos da convenção não estiverem evidentes, então medidas devem ser tomadas para assegurar que as Marinhas de guerra e mercante não caiam em mãos francesas ou espanholas, no caso de hostilidades, seja comboiando o príncipe regente para o Brasil, seja se unindo ao esquadrão britânico a fim de serem tomados sob custódia pela Grã-Bretanha. Se tal for o caso e, a menos que em seu julgamento haja razões para não levar as coisas a tal extremo, estabelecer o mais rigoroso bloqueio, tornando claro ao governo português que este não tinha autoridade para levantá-lo, sob outras condições que não a rendição dos navios de guerra portugueses e dos navios do Brasil fundeados no Tejo. Diante da recusa destas exigências, apresar, capturar ou destruir qualquer navio português que cruze seu caminho. Caso lhe pareça praticável, com as forças sob seu comando, forçar seu caminho Tejo acima e capturar todos os navios portugueses ou destruir os que considerar impossíveis de remover. Se não fosse aconselhável empreender a operação com forças sob seu comando, ele deveria, após coletar informes, dar ciência ao Almirantado da qualidade de força que seria necessária para empreender tal operação, com perspectiva de sucesso. Enquanto isso, manter o bloqueio até novas ordens.

Domingo, 22 de novembro

O secretário do Almirantado, hon. William Pole, emitiu a ordem no dia seguinte e enviou-a pelo estafeta Sylvester, pois estava classificada como secretíssima (*most secret*), para Plymouth.[7] Uma cópia, em poder do capitão Bradley da *Plantagenet*, foi a primeira a chegar. Na manhã do dia 22, às seis horas da manhã, este navio avistou o esquadrão e, uma hora depois, reuniu-se com ele. O estafeta estava a bordo da corveta *Confiance* com o original; após exibir o seu número indicativo, a corveta reuniu-se ao esquadrão às 11 horas da mesma manhã.

Era muito comum o envio de várias cópias de um despacho importante, pois a prática demonstrara que o original poderia demorar a chegar por causa das condições de tempo adversas que afetassem um navio em particular, ou até mesmo se perder, se o navio fosse capturado pelo inimigo. Neste último caso, documentos importantes, tais como despachos secretos e livros de códigos, seriam lançados pela borda em sacos lastreados com pesos.

As instruções de Londres para um bloqueio muito mais rigoroso do que aquele que vinha sendo imposto até agora foram postas em execução, tanto para o Tejo como para o porto vizinho de Setúbal.[8]

Entre os oficiais e tripulantes do esquadrão em bloqueio, essa decisão deve ter sido recebida com satisfação; agora que o fato era oficial, não haveria discussão sobre se os navios portugueses capturados deveriam ou não ser classificados como presas.

Nesta época, o pagamento recebido pelos marinheiros era de 15 libras por ano, menos os descontos – uma remuneração muito baixa, mesmo para aquela época; os pagamentos quase sempre chegavam com vários meses de atraso. Portanto, a possibilidade de participar da divisão de uma presa era atraente. Em 1762, para citar um exemplo extremo, marinheiros que participaram da captura do navio espanhol *Hermione* receberam o equivalente a 36 anos de serviço, em dinheiro! Após a perseguição, o navio seria abordado e apresado; seria então posta a bordo uma guarnição de presa, constituída de um oficial e de um certo número de marinheiros. A presa navegaria com o esquadrão até que pudesse ser enviada sob escolta, a fim de desencorajar a retomada do navio, a um porto da metrópole. O tribunal de presas confirmaria então a captura como presa de guerra e determinaria quem tinha direito a participação; isto seguia um conjunto de regras bem estabelecidas. As etapas finais eram a venda e a repartição da quantia arrecadada. Se a presa fosse um navio de guerra, a probabilidade seria que este fosse adquirido pelo Almirantado e, após sofrer reparos e ser convenientemente rebatizado, incorporado à Marinha.

Escrevendo ao secretário do Almirantado, sir Sidney Smith descreve a dificuldade de um bloqueio cerrado desta costa:

> Sopra tão forte do oeste, no momento, que sou obrigado a fazer força de vela para manter os navios ao largo de terra. Tão logo o tempo fique mais moderado, o bloqueio que instituí, em conseqüência da carta de lorde Strangford desta data, se tornará mais cerrado, por causa do fato de os navios serem capazes de manter-se mais próximos da costa. Mas para tal fim, estou na mais absoluta falta de mais fragatas, a classe a qual pode aventurar-se e permanecer próximo à barra sem ser cometida, como o seriam navios de linha de batalha, pela maré de enchente, quando o vento sopra forte a seu favor. No momento, o vento está direto sobre a costa e soprando forte, o mar tão pesado que, se chegasse a ponto de obrigar-nos navegar com mais pano, ou se algo material falhasse em qualquer navio, o abatimento seria naturalmente muito maior que duas quartas da agulha; nesse caso, não preciso dizer que, numa costa tão reta como esta, não haveria como safar-se de terra em ambos os bordos, e tenho razão em estar contente por ter tomado a decisão antecipada de fazer-me ao largo.[9]

Ponderando a respeito das ordens recebidas de Whitehall, para atacar e capturar a esquadra portuguesa, sir Sidney era de opinião que apenas o esquadrão, não importa quão superior, não poderia se incumbir da operação com sucesso. O esquadrão poderia percorrer todo o caminho até a cidade, mais ou menos incapacitado, sob considerável fogo cruzado dos fortes na entrada e daqueles ao longo da costa. Uma vez dentro do rio, e ao contrário do Malmo em Copenhague, não havia ancoradouro seguro fora do alcance dos canhões; a passagem para fora, com os navios capturados, seria novamente sob fogo pesado.[10]

Portanto, o emprego de uma força terrestre era um requisito essencial. Um plano detalhado só poderia ser preparado após um reconhecimento adicional da costa. Os riscos de uma costa de sotavento para os navios de S.M.,[11] bem como a dificuldade de se manter um bloqueio cerrado durante o inverno, tornavam imperativo que a operação fosse concluída o mais cedo possível. Sir Sidney sentia que uma tropa britânica, igual em número à francesa, mas com disciplina e valor superiores, abastecida de suprimentos por um rio navegável, compensaria com vantagem a influência decisiva de Bonaparte.

A mesma opinião era defendida por Gambier, que, em 20 de outubro, preparara um relato detalhado das forças militares portuguesas; esse documento estava em poder do Ministério do Exterior britânico.[12] Sir Sidney enviou uma cópia desse mesmo relatório ao tenente-general sir John Moore, comandante de uma força que deveria passar pelo estreito de Gibraltar a qualquer momento.[13]

O relatório detalhado de Gambier sobre as forças portuguesas tornou claro que um ataque era esperado do mar, e não dos Exércitos francês e espanhol. Uma força de aproximadamente seis mil homens, sob o comando de um tenente-general, recebera ordem de permanecer estacionada na costa ao norte de Lisboa, em Ericeira, Mafra e Peniche. Uma segunda força, de igual valor, ocuparia Almada, Setúbal e Alcácer, ao sul. Esta força ficaria sob o comando do marquês d'Alorna, embora houvesse dúvida quanto ao seu estado de saúde física e mental. A guarnição de Lisboa estaria sob o comando do general Gomes Freire, um oficial que havia servido no Exército russo. Batalhões adicionais estavam sendo recrutados no interior.[14]

Na opinião de lorde Strangford, cerca de nove a dez mil soldados seriam necessários, desde que o esquadrão russo não tomasse parte, e que a ação acontecesse antes da chegada do Exército francês. As tropas do general Moore deveriam somar-se às que eram aguardadas para breve, procedentes da Inglaterra. Lorde Strangford escreveu que – em vista do perigo resultante para os navios-transporte de tropas, da falta de abrigo contra um vento do oeste que soprasse sobre aquela costa – era o plano de sir Sidney, à chegada da primeira força, desembarcá-la pela tomada de uma posição na costa onde pudesse permanecer em segurança, até ser reforçada pelo restante. Peniche, uma pequena península fortificada ao norte de Lisboa, em frente aos rochedos de Berlenga, tinha sido escolhida.[15]

Fragatas adicionais continuavam a ser uma necessidade urgente. Naquele momento, apenas a *Solebay* integrava o esquadrão e, portanto, não podia ser destacada para seguir rumo à Inglaterra com despachos; em vez disso, teria que ser empregada a escuna corsária *Trafalgar*. O cenário em mutação exigia que o Ministério do Exterior e o Almirantado fossem constantemente abastecidos de informações atualizadas e – como a amplitude para a tomada de iniciativas no local, por sir Sidney Smith ou lorde Strangford, era limitada – novas instruções e ordens tinham de vir de Londres.

A bordo da *Hibernia*, sir Sidney e lorde Strangford discutiam a situação, enquanto esta se desenrolava, e estavam em total acordo.[16] Cada decisão tomada era apoiada em uma carta de confirmação de lorde Strangford. Ambos escreviam quase diariamente a seus superiores. O hon. George Canning no Ministério do Exterior, no caso de lorde Strangford, e os lordes do Almirantado, no caso de sir Sidney; apesar do fato de que as cartas seriam enviadas todas juntas. Contudo, Londres permanecia ignorando o desenrolar dos acontecimentos, já que suas ordens tinham sido emitidas em 11 de novembro. O tempo, escreveu sir Sidney em 22 de novembro, impedira que os despachos fossem transferidos para a escuna *Trafalgar*, resultando daí o atraso em enviá-los na jornada rumo à Inglaterra.[17]

Pelas suas cartas é possível notar que ambos reconheciam a posição difícil em que o príncipe regente tinha sido colocado, por circunstâncias inteiramente fora de seu controle: "O medo de um lado e a corrupção de outro pareciam haver pressionado e forçado o príncipe regente (muito a contragosto da parte deste) a seguir seu atual rumo fatal de política", escreveu sir Sidney.[18] "Um soberano desorientado e desafortunado", escreveu lorde Strangford.[19]

De modos distintos, ambos tentavam forçar a mão do príncipe para que este tomasse a difícil decisão de deixar seu reino, na iminência de uma invasão, a fim de salvar a instituição da monarquia e resguardar a sua pessoa. Sir Sidney considerava que, como o Gabinete português tinha agido por temor de um ataque terrestre do Exército francês, então a apreensão maior em relação a um ataque do lado oposto poderia ter o efeito de produzir uma decisão e uma conduta em contrário.[20]

Sobre essa suposição, escreveu sir Sidney a d. Araújo, confirmando que tinha vindo como amigo, para cooperar na execução dos artigos da Convenção. Entretanto, descobrindo que a Convenção não havia sido posta em vigor, e que lorde Strangford fora obrigado a abandonar Lisboa, ele não tivera alternativa senão instituir um rigoroso bloqueio; sem ter autoridade para levantá-lo, exceto em troca da rendição dos navios de guerra portugueses e dos navios do Brasil no momento fundeados no Tejo. Estes navios deveriam ser tomados em consignação até que uma paz definitiva tivesse sido concluída entre a França e a Grã-Bretanha. Ele continuou, declarando que, embora não fosse sua intenção ameaçar, era óbvio que a esquadra e o Exército britânicos, destinados a agir contra as operações do inimigo, quando e onde este fosse encontrado, não poderiam ter sido reunidos com o objetivo de mera demonstração ou simples bloqueio. Citou o recente exemplo de Copenhague, onde a alternativa oferecida pelo governo de S.M. não fora aceita e as cenas de horror resultantes disso. Prosseguiu, conclamando o príncipe regente a reconsiderar a linha política que tinha adotado, enquanto ainda havia tempo, e poupar-se do arrependimento, agora sentido em Copenhague, por não ter sido aceita a alternativa oferecida, visto que o resultado não poderia ser senão similar. Concluiu, declarando que lorde Strangford, tendo algumas importantes comunicações a fazer ao governo português em conseqüência de instruções recentes, ofereceu-se para desembarcar sob a proteção de uma bandeira de paz, desde que Sua Excelência (Antônio de Araújo) concordasse que ele seria admitido numa audiência imediata com Sua Alteza Real o príncipe regente, e lhe seria permitido partir e retornar ao esquadrão.[21]

Lorde Strangford escreveu que estava convencido de que, se ao menos pudesse encontrar-se com o príncipe regente, ele poderia persuadi-lo a seguir o melhor rumo para si e para seu país: a transferência de sua família e corte para o Brasil, levando consigo suas frotas militar e mercante, ou a transferência das frotas para a Grã-Bretanha. Ele vivera em Lisboa tempo suficiente e, por causa de sua posição, mantido contato próximo e relações valiosas com o príncipe, o qual mostrara ter por ele a maior consideração; tinha até mesmo feito estreita amizade com alguns de seus ministros. Ele conhecia o caráter do príncipe, suas virtudes e fraquezas, e as pressões às quais ele tinha sido submetido. Conhecia as ambições e os interesses de cada ministro; os efeitos da corrupção e da intriga, que muitas vezes afetavam os melhores interesses de Portugal. Por causa da estrutura da corte, ele também sabia que o príncipe regente tinha de depender, quase que exclusivamente, das informações e, em grande parte, das recomendações oferecidas por seu Conselho de Estado. Desde a sua partida de Lisboa, o aparecimento de duas forças inimigas de Portugal, em suas fronteiras terrestre e marítima, devem ter conferido ao príncipe o poder de empreender ações que, em circunstâncias normais, não seriam possíveis. Ações que, sob condições normais, não seriam necessariamente aprovadas ou mesmo toleradas pela população geral.[22]

Sua razão para desejar estabelecer um diálogo pessoal com o príncipe era:

> Mostrar a Ele, na linguagem direta e simples da Verdade, o único meio de Segurança que ainda detém. Não posso deixar de pensar que alguma coisa

foi causada pelas circunstâncias em que o príncipe regente está colocado; que ele não tem sido um agente livre na conduta que foi aconselhado a adotar.[23]

Lorde Strangford argumentou, em seu comunicado ao hon. George Canning, que a Grã-Bretanha e Portugal estavam em guerra, e, como ele tinha recebido de volta o seu passaporte e deixado Portugal, qualquer ação empreendida por ele agora podia ser considerada como sendo de um representante oficial da Grã-Bretanha. Ele estava agindo como um indivíduo privado. Esta separação de identidades era importante, para que não parecesse que a Grã-Bretanha estava, de algum modo, enfraquecendo sua posição, oficialmente buscando uma negociação. Um segundo perigo, o de sua captura e detenção, pela influência francesa dominante que agora deveria existir na corte, seria neutralizada pela obtenção, da parte do príncipe regente, antes do embarque, das mais completas garantias de proteção e segurança. Durante a sua permanência em Lisboa, não ocorreria qualquer cessação de hostilidades, o bloqueio continuaria como antes.[24]

Os despachos para lorde Strangford, recebidos da Inglaterra no dia 22, incluíam uma carta de d. Domingos para o príncipe regente, na qual aquele diplomata lhe solicita: "transmitir em segurança". O fato de que o despacho era uma comunicação oficial entre um embaixador e o seu soberano não deteve lorde Strangford; este escreveu:

> Considerei ser meu dever tomar conhecimento do conteúdo desta; e a mesma parece-me calculada de modo a atuar tão decisivamente sobre a opinião de S.A.R., que estou muito desejoso de apresentá-la a Ele tão rapidamente quanto possível.[25]

Esta era, provavelmente, a cópia do *Le Moniteur* de 11 de novembro.

Um aviso sobre o bloqueio, assinado por sir Sidney Smith em 22 de novembro, e destinado aos cônsules das nações neutras, foi preparado para ser conduzido a Lisboa. Essa advertência alerta que o rio Tejo tinha sido declarado sob estado de bloqueio e que, nesta ocasião, todas as medidas autorizadas pela lei das nações, e pelos respectivos tratados entre Sua Majestade britânica e as diferentes potências neutras, seriam adotadas e executadas, com relação a quaisquer navios que tentassem violar o dito bloqueio.[26]

Outra carta, para John Bell, o agente para prisioneiros de guerra britânicos, urgia que ele solicitasse a libertação de todos os civis, particularmente mulheres e crianças, visto que a detenção de tais pessoas era uma grosseira violação do princípio de humanidade: "que o exemplo da França devia permanecer único, sem imitação".[27] A respeito do bloqueio, todos os navios estavam proibidos de entrar no Tejo. Em relação às partidas, particularmente de neutros que quisessem, com razão, retirar-se de um lugar que poderia em breve se tornar um teatro de operações de guerra, semelhantes às ocorridas em Copenhague, os mesmos deveriam apresentar requerimento ao oficial-comandante do bloqueio, por intermédio dos respectivos cônsules, apoiados por documentos autênticos. Não havia intenção de interferir com os práticos que estivessem conduzindo navios para o mar, nem com os pescadores no exercício legítimo de ocupação em sua área de pesca habitual – ainda que esta estivesse ocupada pelo esquadrão –, desde que os mesmos estivessem desarmados.

O vento, que no dia anterior soprara do leste, agora virava novamente para o oeste, porém mais moderado. O esquadrão continuava interceptando todos os navios que fossem avistados.

Logo após a meia-noite a *Solebay* enviou seus escaleres, "guarnecidos e armados" (*mann'd and arm'd*), em perseguição a quatro navios que avistara perto da costa. À luz do dia, informou ter avistado dois navios com seus escaleres a reboque. Um deles era o *Redwing*, e o outro o *Alegro Constant*, uma presa. Às 2h30 da tarde, 15 prisioneiros subiram a bordo; a *Solebay* abasteceu a presa com $31^1/_2$ galões de bebida, 40 libras cada de carne de boi e de porco, 30 libras de farinha, nove libras de sebo, $7^1/_2$ libras de manteiga, 15 libras de queijo e $7^1/_2$ libras de açúcar para seus próprios homens. Às 6h30 da manhã seguinte, a mesma virou em roda e partiu rumo à presa; pouco depois, a presa abalroou a *Solebay* e perdeu seu gurupés e mastaréu de velacho. A *Solebay* pôs carpinteiros e marinheiros a bordo para executar reparos, e tomou-a a reboque.

Na manhã de 22 de novembro, a *Elizabeth* abordou a *Minerva*, procedente de Londres com destino a Lisboa; a *Bedford* parou um brigue norte-americano e chegou à fala com o mesmo; a *London* abordou um brigue inglês de North Yarmouth, com destino a Gibraltar, carregado com arenques e, mais tarde, uma galeota de Bremen, com destino a Lisboa. A *Plantagenet* abordou um navio norte-americano de Baltimore demandando a Lisboa; seu comandante foi levado ao almirante, que o alertou a não entrar no porto e endossou seus papéis com aquela finalidade. O número de navios mencionados dá uma indicação do movimento intenso do tráfego, próximo ao estuário do Tejo. Vários navios eram de bandeira norte-americana.

Segunda-feira, 23 de novembro

O esquadrão era agora composto de 11 navios de S.M., dois corsários e uma presa, e, embora durante o dia um ou outro navio pudesse ser destacado para dar caça a uma vela não identificada, a ordem ainda prevalecia. Na manhã do dia 23, ainda que um vento duro estivesse novamente soprando, a *Bedford* relatou ter recebido um sinal para formar na ordem de cruzeiro em duas colunas; o navio virou por davante e depois em roda, a fim de assumir sua posição.

Durante o dia, a chalupa de S.M. *Electra*, escoltando um comboio de navios mercantes de Falmouth para Gibraltar, passou pelo meio do esquadrão navegando no rumo sudoeste; várias vezes teve de mostrar seu sinal indicativo para diferentes navios que a interpelavam. A *Marlborough*, após uma perseguição, abordou e tomou como presa o *Balsimas*, procedente do Brasil e de regresso a Lisboa. Pôs a bordo dois suboficiais e 20 marinheiros e retirou 13 prisioneiros. À tarde, a *Redwing* abordou o *Mentoo*, procedente de Londres, navegando com outros mercantes dos quais havia se separado.

Terça-feira, 24 de novembro

Finalmente o tempo melhorara. A borrasca dos dias anteriores havia moderado para uma brisa fresca e o vento que tinha estado, por vários dias, soprando noroeste a norte-noroeste, à tarde mudara para sudoeste. A *Confiance*, sob o comando do capitão James Yeo,[28] e tendo hasteado uma bandeira de paz, seguiu para Lisboa de manhã cedo; o tenente Smith,[29] acompanhado por um mensageiro português, levou os despachos de sir Sidney para Antônio de Araújo e John Bell, assim como a nota oficial do bloqueio. Seu livro de quartos registra: "(Dia 24) 6h30 virei em roda e larguei todo pano para Lisboa. Borrascoso com chuva, içada bandeira de paz." Mais uma vez foi alvo de disparos das baterias da barra, mas por mal-entendido: estas não haviam notado sua bandeira de paz. A *Confiance* recebeu então permissão para penetrar no rio; felizmente sem ter sido atingida pelos disparos:

> 9h. Brisa ligeira, fundeei na altura de Castelo com ferro de serviço em 15 braças, enviei uma bandeira de paz rio acima ... 3h. Suspendi e dei a vela Tejo acima pela proa da esquadra russa ... 4h. Suspendi e virei no cabrestante mais acima do porto ... 7h. Fundeei na altura do castelo de Belém com ferro de serviço em dez braças.

Fora da barra, em mar aberto, a *Marlborough* estava ocupada transferindo provisões para os 20 homens que tinha, no dia anterior, posto a bordo da presa *Balsimas*. A *Bedford*, em resposta a um sinal, estava sem sucesso perseguindo uma vela no rumo leste-nordeste. A *Plantagenet* teve melhor sorte: após uma curta perseguição, fez parar e abordou um navio inglês vindo de Montevidéu, com destino a Lisboa; este foi então enviado ao almirante para receber instruções. A *Redwing*, o pequeno brigue-chalupa que tinha chegado de Gibraltar no dia 22, obedeceu ao sinal n.108: "Aproximar-se do almirante." Às 2h30 da tarde, o capitão Thomas Ulsher apresentou-se a bordo do navio capitânia; ele trazia a notícia que, ao partir de Gibraltar no dia 18, o general Moore, vindo da Sicília, ainda não havia chegado.[30] Também ainda não tinham passado os navios russos.

O conhecimento do Ministério do Exterior neste momento era incompleto, porque quando o último despacho fora enviado apenas cinco navios russos tinham entrado no Tejo. As várias mudanças influenciariam o governo britânico, de modo que seria desejável enviar à Inglaterra um relatório da situação dos assuntos em Lisboa.[31]

Quarta-feira, 25 de novembro

A manhã começou com leves ventos e tempo nublado; com o passar do dia, o vento mudou, retornando a uma direção mais a oeste e aumentando de intensidade. À noite, uma forte borrasca estava soprando, forçando todos os navios a ferrar suas gatas e rizar, nos últimos, suas gáveas e seus velachos.

Pela manhã, a *Elizabeth* abordou uma escuna procedente de St. Johns, com destino a Lisboa, e o *Collins* de Londres, procedente do rio da

Prata, com destino a Londres. A *Redwing* chegou à fala com uma escuna norte-americana procedente de Lisboa, com destino a Londres. A *Bedford* manteve sob vigilância a presa capturada pela *Marlborough* no dia anterior; à tarde, disparou vários tiros de mosquete para fazê-la parar, a fim de se comunicar. O brigue de S.M. *Rennywood*, que se reunira ao esquadrão, navegava em conserva com a *Bedford*.

A *Solebay*, navegando com a *Plantagenet*, estava a certa distância do esquadrão, de modo que os sinais do navio capitânia tinham de ser retransmitidos pela *Monarch*. Esta passou a manhã dando caça a um lugre, o qual, tentando evadir-se, perdeu seu mastro grande, que foi lançado pela borda; este provou ser espanhol, procedente de Vigo, há oito dias no mar, mas que naquele período tinha capturado um brigue inglês de Londres, com destino a Providence. A *Solebay* recebeu a bordo 30 homens retirados do lugre, entre prisioneiros e ingleses. A presa estava muito avariada e em perigo, de modo que, no dia seguinte, a *Hibernia* enviou a bordo o tenente Killwick com mais 20 homens, a fim de encarregar-se dela, e também material para executarem os reparos: uma vela mestra e quatro antenas. A presa, um lugre corsário, reuniu-se ao esquadrão. Mais tarde, durante o dia, a *Plantagenet* fez parar uma fragata, arvorando pavilhão português, que a *Solebay* deveria abordar, mas, como estava escurecendo, esta a perdeu. Uma fragata novamente reapareceu, mas, após se aproximar, a *Plantagenet* descobriu que era a *Solebay*. Ambos os navios então viraram de bordo, um para bombordo e outro para boreste; logo depois, a presa, *Conceição S. José Fama*, foi capturada pela *Solebay*.

Em Londres, o governo de S.M. reconheceu as circunstâncias especiais e incomuns que tinham forçado Portugal a fechar seus portos. O sentimento em relação a Portugal, longe de ser beligerante, era compreensivo e condescendente; como resultado, as ordens dadas na primeira reação às notícias recebidas de Portugal foram canceladas; os navios e bens pertencentes a mercadores portugueses na Grã-Bretanha foram liberados.[32]

A *Confiance*, ainda fundeada, estava agora pronta para retornar ao esquadrão. Enquanto estivera no rio, tinha tirado proveito das águas abrigadas, entre as altas margens, para executar várias fainas: limpeza e pintura do navio, impossíveis de realizar em mar aberto. Recebeu a bordo cinco toneladas de água, a fim de completar sua capacidade de armazenamento de 42 toneladas, e 532 libras de carne bovina fresca. Seu capitão – embora júnior em comparação aos capitães dos navios de linha, pois tinha sido promovido do posto de capitão-de-fragata (*commander*) ao de capitão-de-mar-e-guerra (*captain*) naquele ano – era ativo e cheio de recursos, e tinha talvez uma das missões de maior responsabilidade no bloqueio. Sir Sidney certamente reconheceu isto, pois escreveu ao Almirantado ao enviá-lo de volta com despachos:

> Este despacho será entregue pelo capitão Yeo, da chalupa de S.M. *Confiance*, que demonstrou maneiras corretas e grande zelo em abrir as comunicações por meio de bandeira de paz, o que seria do interesse daqueles no poder, que eram contra a medida da emigração, obstruir. Lorde Strangford fala sobre sua conduta com calorosa aprovação; fundamentado nisto, peço vênia para recomendá-lo aos senhores lordes, de quem os seus méritos gerais como oficial já são bem conhecidos. Tendo permanecido em Lisboa sem embaraços, durante as conversações, ele está bem qualificado para responder a quaisquer perguntas que suas Excelências queiram fazer-lhe.[33]

Quinta-feira, 26 de novembro

A *Confiance* passou a manhã à espera de um prático; a intervalos regulares, disparava um canhão de sinalização. Finalmente, ao meio-dia, um prático veio a bordo; a *Confiance* suspendeu e moveu-se rio abaixo, numa brisa fresca, ocasionalmente tempestuosa com chuva. Na barra, o vento variava, com tendência a acalmar, tornando o governo da chalupa muito difícil. A *Confiance* foi apanhada em um mar grosso de través, que arrebatou o escaler do turco da popa. A fim de recuperar um certo grau de manobrabilidade, largou o ferro de serviço e afastou-se à distância de meio quartel de amarra. Porém, o mar de través na barra era tão forte que não pôde levantar ferro, apesar de todos os seus esforços. Foi forçada a cortar a amarra, e assim perdeu seu ferro de serviço. Partiu no rumo oeste para se reunir ao esquadrão.

O despacho de sir Sidney para Antônio de Araújo tinha sido recebido por este, conforme já mencionamos e está registrado na reunião do Conselho de Estado no palácio de N.S. d'Ajuda, na presença do príncipe regente em 24 de novembro. Agora, em seu regresso, a *Confiance* levava a resposta de Antônio de Araújo.[34] Tanto sir Sidney como lorde Strangford, à chegada da mesma, ficariam cientes de que a decisão de empreender a viagem tinha sido tomada; apenas a data permanecia em aberto.

Durante a tarde, a *Plantagenet*, navegando entre o corpo do esquadrão e a barra do Tejo, abordou um dos navios russos que estavam sendo aguardados, a fragata *Frattog Geofin*, procedente de Gibraltar. No começo da noite, a mesma informou ter avistado um navio saindo de Lisboa, que era a *Confiance*, navegando a todo pano, retornando do Tejo.

A presença de um esquadrão russo no Tejo era uma situação imprevista que deixava todos confusos a respeito de como agir. As instruções de sir Sidney não estavam dirigidas especificamente aos navios de guerra russos, mas era certo que um bloqueio rigoroso também se aplicava a estes.[35]

A *Solebay*, após uma perseguição de quatro horas, fez parar um navio arvorando um pavilhão português, procedente de Janurs, com destino a Lisboa. O primeiro-tenente (imediato de navio) liderou um destacamento armado, que tomou posse da presa.

A escuna afretada *Trafalgar* estava agora sendo aprontada para a sua jornada rumo à Inglaterra, conduzindo despachos. A *Hibernia* transferiu para a escuna dois sacos de pão e 35 quartilhos de rum.

Sexta-feira, 27 de novembro

Durante toda a noite, a *Confiance*, tendo-se safado da barra do Tejo, lentamente se aproximou do esquadrão que, ao nascer do dia, encontrava-se para oeste e ao sul. Agora, todo o pano foi largado, enquanto ela corria para interceptar a nau capitânia *Hibernia*. Quando se aproximou, arriou uma de suas embarcações e entregou os despachos que havia trazido de Lisboa. A solicitação para uma entrevista com o príncipe regente, com garantias completas de regresso seguro para lorde Strangford, havia sido atendida.

Outro despacho, datado de 25 de novembro, trazido pela *Confiance,* era de John Bell. Ele informava que o navio mercante *Diana*, sob o comando de John Tomkin, com cerca de 60 súditos ingleses a bordo aguardando serem repatriados, ainda estava detido. Ele havia falado duas vezes com Antônio de Araújo, que prometera uma decisão para aquele dia. Posteriormente, tinha notado que o navio suspendera e movera-se a sotavento para Belém; ele presumia que isso se devia por alguma ordem recebida. Nenhum outro embaraço ocorrera em relação aos súditos britânicos, que foram notificados para não deixar Portugal.

Ele relatou, ainda, que a notificação sobre o bloqueio cerrado havia sido devidamente entregue aos cônsules russo, austríaco, sueco, siciliano e norte-americano, e que: "tinha causado a maior consternação nesta cidade"; as respostas dos cônsules sueco e norte-americano foram remetidas com o capitão Yeo.

A *Confiance* manteve-se próxima, aguardando ordens adicionais, mas não por muito tempo. Ao sinal de "aproxime-se do almirante", ela se aproximou do navio capitânia; às duas horas da tarde, lorde Strangford subiu a bordo e, mais uma vez, a corveta seguiu para Lisboa. O tempo borrascoso, com chuva ocasional e vento soprando do nordeste, favorável para deixar o Tejo, mas não para entrar no mesmo, tornaria longa a jornada.

Lorde Strangford, ao deixar a *Hibernia*, não tinha meios de saber que naquele exato momento o príncipe regente e o restante da família real já estavam embarcados, e apenas esperavam o término dos preparativos e um vento favorável para começar sua viagem.

O plano original tinha sido enviar a *Confiance* de volta à Inglaterra com despachos, logo que esta saísse do Tejo, atendendo à solicitação do almirante Young, feita no dia 15. No entanto, a permanente falta de navios menores significava que sua jornada seria adiada.[36]

Sábado, 28 de novembro

Outros navios do esquadrão estavam ocupados com suas tarefas de bloqueio. Quando o dia raiou, a *Hibernia* içou o sinal n.120, "examine vela estranha", para a *Bedford*, seguido da indicação su-sueste; esta imediatamente fez-se de vela e seguiu nesse rumo. Logo alcançou a caça e, após reduzir e atravessar, enviou uma embarcação até esta. Era outro navio russo, a fragata de 20 canhões *Stigburg*, que, pela direção em que se aproximara do esquadrão, vinha de Gibraltar; quando a fragata se aproximou, a *Hibernia* içou seu pavilhão nacional.[37] À tarde, a *Bedford* novamente saiu em perseguição e, desta vez, abordou uma escuna portuguesa, trazendo-a, como presa, para o esquadrão.

Desde cedo, pela manhã, a *Redwing* estivera dando caça a um brigue próximo da costa; às 10h30 fez com que este parasse, após disparar um canhão, e enviou até ele uma embarcação "guarnecida e armada". O brigue provou ser inglês, procedente de La Caudore; um desapontamento, já que não haveria nenhum prêmio em dinheiro pela presa.

À tarde, o navio português capturado pela *Solebay* na noite anterior sinalizou à *Hibernia* que estava em perigo. Um suboficial e 11 marinheiros da *Solebay*, parte da guarnição que tinha sido deixada a bordo, trouxeram 30 prisioneiros e depois retornaram à sua presa.

Durante a noite do dia 27, o vento mudou para noroeste, porém mais moderado. Ao amanhecer, a *Confiance* largou a todo o pano, aproando rumo à barra do Tejo; o vento tinha quase cessado, fazendo com que tivesse de lutar contra a maré a fim de atravessá-la. A mesma relatou: "Moderado, todo o pano; dez horas da manhã, ar ligeiro, remos para fora, remando o navio." À uma hora da tarde:

> Brisa ligeira, todos os tripulantes empregados remando o navio Tejo adentro. 2h30, observei que o navio não pôde vencer a corrente pela proa, fundeei com segundo ferro de serviço em 14 braças, larguei meio quartel de amarra, enviei uma bandeira de trégua à terra com lorde Strangford etc. etc.

O navio deveria estar logo após a entrada da barra. A corrente devia estar puxando forte, pois relatou ter acrescentado seus ancorotes ao ferro de serviço, a fim de assegurar que não arrastaria o ferro, talvez encalhando. A *Confiance* deve ter fundeado em frente à cidade de Oeiras ou talvez de Caxias. A fim de chegar ao centro de Lisboa, lorde Strangford teria de percorrer por terra cerca de 15 quilômetros. Como já passava de 2h30 da tarde quando ele foi conduzido a terra por uma embarcação, até que encontrasse um cavalo ou carruagem e cobrisse aquela distância já seria o início da noite; portanto, deve ter chegado no escuro.

Entrementes, a *Hibernia* estava abastecendo a fragata russa com carvão, 3.300 libras de arroz, em 18 barris, e 88 sacos de pão. Obedecendo às rigorosas instruções dos lordes do Almirantado, sir Sidney advertiu o capitão do *Stigburg* para não entrar no Tejo.[38] O capitão Thomas Western, da *London*, não estava correndo risco algum; quando o navio russo se aproximou, ele preparou as pequenas embarcações para serem colocadas no mar, caso necessário.

A *Solebay* estava ocupada, transferindo todos os prisioneiros que tinham sido retirados da presa que capturara no dia 22 para os vários navios do esquadrão; a seu turno, cada um enviou uma embarcação para recebê-los; a *London*, a *Elizabeth* e a *Monarch* receberam dez cada uma; a *Conqueror*, nove; e a *Redwing*, muito menor, cinco.

Ao chegar a Lisboa, lorde Strangford descobriria que o príncipe regente, com toda a sua família e os ministros, tinha embarcado no dia anterior;[39] ele teria de tomar um barco para ir a bordo da *Medusa*, reunir-se com Araújo. Este escreveu ao príncipe regente[40] que lorde Strangford tinha vindo a bordo, e que eles haviam discutido e chegado a um acordo sobre certos aspectos da Convenção, mas sem dar qualquer detalhe.[41] Antônio de Araújo recusou-se, apesar da declaração na Convenção, a entregar os fortes, por temor que os franceses, ao chegar, buscassem vingança contra os artilheiros. O pedido de lorde Strangford para uma audiência com o príncipe regente foi acertado para a manhã seguinte, às oito horas. Portanto, lorde Strangford não se encontraria com o príncipe regente antes que a *Príncipe Real* suspendesse ferros, à primeira luz da manhã seguinte.

Há várias versões desta conversação, nenhuma das quais particularmente convincente. Um manuscrito anônimo alega que lorde Strangford tentou impor condições adicionais à Convenção, como pré-requisito para que sir Sidney Smith levantasse o bloqueio, a fim de permitir que os navios partissem. É dito que Araújo rejeitou, com energia, este argumento, e obteve a concordância de lorde Strangford que as cláusulas, acordadas de boa-fé, deviam permanecer.[42] Em outra versão, lorde Strangford solicitou a Araújo que informasse o príncipe de que a Grã-Bretanha declarara guerra a Portugal, e que a sua Marinha tinha recebido ordem de capturar a esquadra portuguesa, mesmo se esta partisse para o Brasil. O único modo de evitar isto seria se as duas Marinhas unissem forças e combatessem as tropas francesas. Se obtivessem sucesso, então o príncipe poderia partir para o Brasil.[43]

Na noite do dia 28, lorde Strangford escreveu com excitação a sir Sidney Smith, de Lisboa:

> Devo informá-lo de que uma grande e rápida mudança ocorreu na conduta do governo português ... O príncipe regente e toda a família real estão embarcados e se propõem a partir imediatamente, pois um Exército francês está a nove léguas de Lisboa ... O tempo não permitirá a sua entrada no Tejo com a finalidade de cooperar ... S.A.R. não aquiesce na rendição preliminar dos fortes de S. Julien [sic] e do Bugio ... Todos os navios pertencentes à Marinha portuguesa, tanto real como comercial, estão empenhados e preparados para acompanhar Sua Alteza Real. É totalmente inútil colocar quaisquer dificuldades desnecessárias no caminho da partida de S.A.R., ou levantar quaisquer questões que possam ser evitadas, pois estou convencido de que tão grande é o descontentamento do povo e tão forte o conseqüente alarme de S.A.R., que tudo depende do apoio que S.A.R. puder receber de nós, do qual lhe dei a mais franca e inequívoca garantia.[44]

Às dez horas daquela noite, o vento mudou de noroeste para sudeste; agora, era certo que a esquadra, ao nascer do dia, tentaria deixar o Tejo.

Domingo, 29 de novembro

Lorde Strangford retornou à *Confiance*; sua chegada a bordo foi registrada às oito horas da manhã. Não há registro, no livro de quartos da *Confiance*, de quando lorde Strangford deixou a chalupa novamente. Isto não é comum, pois cada movimento de um indivíduo tão importante é registrado no livro de quartos, mesmo dos maiores navios.

A *Confiance*, único navio de guerra britânico no Tejo, na manhã do dia 29, relatou que desde o amanhecer a esquadra portuguesa estivera levantando ferros e preparando-se para partir. Era importante que as notícias trazidas por lorde Strangford chegassem ao almirante o mais rápido possível. O capitão Yeo enviou um oficial num barco de pesca com esse "relatório de inteligência" para sir Sidney.

A *Medusa* e a *Martim de Freitas* lideraram a esquadra para fora do rio, deliberadamente passando junto ao esquadrão russo fundeado próximo à entrada da barra, a fim de avaliar suas intenções e observar possíveis reações. Em seguida, foi a vez daqueles navios de linha de batalha que transportavam membros da família real chegarem àquele trecho do rio. A *Martim de Freitas* levava o prático do rio até a barra. Como não houve como retorná-lo, o mesmo viajou até o Brasil!

Caso o almirante Siniavin soubesse que a Rússia iria declarar guerra contra a Grã-Bretanha, em 2 de dezembro, a partida da frota portuguesa poderia ter tido outro resultado.[45]

A *Confiance* sofreu breve atraso quando descobriu que seu mastaréu do joanete grande tinha rachado, e que sua bóia e o cabo de arinque tinham-se perdido. Este navio registra: "9h30, suspendemos e demos a vela." Na próxima entrada em seu livro de quartos, lê-se: "Observamos navios de guerra portugueses passando por nós, fazendo-se de vela no Tejo."

Se lorde Strangford cruzou a barra com o príncipe regente, como ele mais tarde alegou, este deve ter sido o momento em que ele se transferiu para a *Príncipe Real*. Uma carta não datada de lorde Strangford para o príncipe regente, pedindo emprego para um certo João Carlos de Azevedo, filho do 1º barão do Rio Seco, termina lembrando ao príncipe "que ele tinha tido a honra de acompanhar Sua Alteza Real ao cruzar a barra de Lisboa, ocasião em que ele quase quebrou sua melhor espada, como o príncipe bem sabe". [46]

A *Confiance*, chegando ao alcance visual do esquadrão, utilizou seu telégrafo de madeira para enviar as notícias à *Hibernia*; ela levou mais quatro horas para alcançar o esquadrão.

Cerca de nove horas da manhã, era evidente para o esquadrão de sir Sidney Smith, que se mantinha firme a distância na saída para o mar, que a esquadra portuguesa estava saindo do Tejo. As adriças de sinais mantiveram-se ocupadas, primeiro informando sobre a aparição da esquadra e, depois, do navio capitânia, transmitindo comandos de seu almirante.

Sir Sidney Smith não estava disposto a correr qualquer risco, pois ele não podia estar totalmente seguro de que a esquadra portuguesa, agora se aproximando, vinha em paz. Portugal e Grã-Bretanha tinham estado, até muito recentemente, em guerra. Outra possibilidade era que o exército francês tivesse alcançado Lisboa e estivesse, agora mesmo, a bordo dos navios à vista. Sucessivamente, a adriça da *Hibernia* içou um sinal avisando que eram "Amigos",[47] e depois o sinal n.2, "Preparar para batalha", seguido do 36, "Engajar o inimigo por boreste se à popa ou a barlavento".

Em todo o esquadrão, oficiais e tripulantes puseram-se em ação. A *Bedford* registrou em seu livro de quartos ter recebido outro sinal: "Recebi sinal de preparar para ação e formei linha de batalha pela proa da *Hibernia*." A *Elizabeth* anotou: "Preparei navio para ação ... respondi e fiz sinal previsto no diário; formei linha e preparei para ação ... arrebentei dez barris vazios para desimpedir navio e cortei seis como tinas para balas e guarda-morrões." A *Foudroyant*: "Respondi ao sinal de preparar para batalha, toquei postos de combate e safei navio para ação." A *London*: "Safei navio para ação conforme sinal." A *Marlborough*: "Respondi sinal de preparar para batalha ... respondi sinal n.9 ('Navio deve aproximar-se do almirante')." A *Monarch*: "Respondi sinal geral n.13 ('Preparar para batalha') ... toquei postos de combate e safei para ação." A *Plantagenet*: "Preparativo n.21 ('Atacar inimigo nas marcações indicadas') ... safei navio para batalha ... Cerrei distância e formei linha de batalha."

O esquadrão, uma força de combate altamente treinada e eficiente, estava agora perfeitamente pronto, caso houvesse quaisquer intenções hostis da parte da esquadra de navios de guerra portugueses, que se aproximava.

Capítulo Cinco

O príncipe regente, acompanhado de sua família e de seus ministros, deixa Portugal. Encontro com o esquadrão britânico comandado por sir Sidney Smith; reunidos, singram rumo à Madeira. Separação da esquadra em 8 de dezembro. Em Lisboa, Junot entra na cidade e começa a governar.

Domingo, 29 de novembro

Quaisquer dúvidas que sir Sidney Smith pudesse ter sobre as intenções da esquadra portuguesa, que cruzava a barra do Tejo, foram logo dissipadas: pelo pavilhão real hasteado na *Príncipe Real*, pelo capitão Yeo ao telegrafar seu "relatório de inteligência" e pelo número de navios mercantes saindo e seguindo nas águas da esquadra naval.

Thomas O'Neil escreveu que a falta de tempo para completar os preparativos era evidente, uma vez que:

> Os navios de guerra portugueses apresentavam uma aparência desleixada, por terem tido só três dias para se preparar para a fuga: andaimes ainda estavam suspensos de seus bordos e, em suma, mais pareciam destroços que navios de guerra.[1]

No início da tarde, a *Hibernia* aproximou-se da *Príncipe Real*, a embarcação do almirante foi arriada e sir Sidney foi a bordo.

Ele escreveu, naquela data:

> Quando subi a bordo da *Príncipe Reale* [sic] para fazer minha visita de respeito e congratulações a S.A.R. o príncipe do Brasil, que estava embarcado naquele navio ... Após os cumprimentos, naturais numa situação tão extraordinária das coisas que se passaram, entre o príncipe regente e eu, na

popa do navio ostentando seu pavilhão (a única parte do navio livre de entulhos e aglomeração), em tal ocasião não posso deixar de declarar que o príncipe disse tudo o que os sentimentos mais cordiais de gratidão para com a Grã-Bretanha e confiança nesta poderiam suscitar. Após eu ter solicitado e obtido garantia de que a salva que propus disparar, em homenagem à ocasião, seria respondida, Sua Alteza Real em pessoa ordenou enfaticamente que esta o fosse tiro por tiro, mas por outros navios que não o seu próprio, devido à rainha estar a bordo e ao estado de saúde de Sua Majestade.[2]

As salvas eram de tal importância que só podiam ser disparadas depois que as negociações tivessem ocorrido e houvesse certeza absoluta de que seriam respondidas com igual número de tiros (*like for like*). Além disso, essa negociação evitava, por exemplo, o perigo de que um navio entrasse num porto e, sem aviso prévio, começasse a disparar uma salva; isto poderia ser confundido com um ataque, levando os fortes que protegiam o porto a responder com a artilharia.

No seu retorno, às 4h30, a *Hibernia* arvorou o sinal n.261 – "O esquadrão salvará com o número de tiros mostrado após a resposta a este sinal; cada navio começará quando o segundo canhão for disparado a bordo do navio almirante" –, seguido pelo número 21. A esquadra portuguesa, conforme o combinado, respondeu tiro por tiro.

A família real estava assim distribuída: na *Príncipe Real* – rainha d. Maria I, príncipe regente d. João, príncipe da Beira infante d. Pedro, seu irmão infante d. Miguel e o infante da Espanha d. Pedro Carlos;[3] na *Afonso de Albuquerque* – princesa do Brasil d. Carlota Joaquina, com suas filhas,[4] infantas d. Maria Isabel Francisca, d. Maria da Assunção, d. Ana de Jesus e princesa da Beira infanta d. Maria Tereza; na *Príncipe do Brasil* – a princesa viúva d. Maria Francisca Bendita e a infanta d. Maria Ana,[5] ambas irmãs da rainha; e na *Rainha de Portugal* – as filhas de d. Carlota Joaquina, infantas d. Maria Francisca de Assis e d. Isabel Maria.

O número de portugueses que empreenderam a viagem ao Brasil tem sido estimado, por diversos historiadores, em cerca de 15 mil pessoas, incluindo tripulações de aproximadamente metade desse total. Muitos, inclusive importantes membros da corte, conforme já nos referimos, apesar de vigorosos esforços não conseguiram encontrar lugar a bordo. Parece-nos que se houvesse mais espaço disponível, o número de passageiros teria sido ainda maior.

Nenhuma lista completa de passageiros foi encontrada. Antônio Marques Esparteiro[6] relaciona, com grandes detalhes, o nome dos oficiais que faziam parte do efetivo dos diversos navios que compunham a frota, e daqueles que viajaram como passageiros; além da lotação de cada navio. Presumindo-se que todos os navios saíram com sua lotação completa, fato este muito pouco provável, então podemos calcular um total de sete mil homens. Adicionando um efetivo em torno de 40 e 50 por navio mercante, soma-se mais mil. As oito naus de linha deveriam estar levando entre 100 e 300 passageiros cada, e a esquadra britânica cerca de 100. As quatro fragatas, uns 150 cada. O restante dos navios de guerra, bem menores, entre 30 e 40 cada. Os 31 navios mercantes, cerca de 80 pessoas por navio. O número total, portanto, nos parece mais perto de 14 mil.

Os movimentos de lorde Strangford naquele dia não são mencionados, nem no livro de quartos da *Hibernia,* nem nas cartas de sir Sidney ao hon. W.W. Pole, datadas de 1º de dezembro.[7] Ele alega, numa carta ao hon. George Canning de 29 de novembro,[8] que, após cruzar a barra na companhia do príncipe regente, partiu rumo à *Hibernia*, mas imediatamente retornou com sir Sidney Smith e apresentou-o ao príncipe regente.

Thomas O'Neil, um oficial fuzileiro do navio de S.M. *London*, escreveu como tivesse testemunhado a cena,[9] com "a visão do olho de um pássaro". De fato, no início da tarde do dia 29, O'Neil estava distante; primeiro na *London* e posteriormente na muito menor *Solebay*, preparando-se para desembarcar e tomar o forte de Bugio. Os movimentos de lorde Strangford e sir Sidney foram publicados no *London Gazette* de 22 de dezembro; provavelmente a fonte utilizada por O'Neil.[10]

A afirmativa de lorde Strangford de que ele tinha sido em grande parte responsável pela decisão do príncipe regente de transferir a corte para o Brasil encontrou resistência e dúvidas consideráveis após o evento. O relatório detalhado, supostamente escrito na *Hibernia* em 29 de novembro,[11] apóia a principal base desta reivindicação. Embora estivesse indicado à margem do relatório enviado à Inglaterra pelo paquete *Townsend*, que zarpou em 3 de dezembro, há alegações de que foi composto no apartamento do hon. George Canning em Londres, em 19 de dezembro, e publicado três dias depois no *London Gazette*. A inferência inicial, em relatório, de que ele havia retornado no dia 28 de novembro a Lisboa e tinha então se encontrado com o príncipe regente e o convencido a embarcar, teve que ser mais tarde corrigida.[12] Ele admitiu que sua influência tinha sido decisiva, mas durante os muitos meses que precederam o dia 29 de novembro. De fato, lorde Strangford estava embarcado e distante no alto-mar, durante o período em que chegaram a Lisboa as notícias decisivas que influenciaram o Conselho de Estado: a invasão pelo Exército francês no dia 23 e o exemplar do *Le Moniteur*.

Sir Sidney estava ansioso e preocupado a respeito das condições dos navios, que agora embarcavam pessoas da realeza numa longa e perigosa viagem, se não contasse com condições de navegabilidade e provisões de comida e água adequadas:

> Tomei o almirante[13] em separado e perguntei-lhe sobre a eficiência e a prontidão para a longa viagem: ele franca e prontamente disse, "sem condições em ambos os aspectos"; e, de fato, parecia evidente aos olhos que não haviam sido feitos preparativos, provavelmente pela influência contrária do partido no poder, que procurava impedir que o príncipe embarcasse e tornar impossível que este prosseguisse em suas ações. Eles têm multidões de homens, mulheres e crianças, todos refugiados indefesos, e um monte de bagagem (como na evacuação de Toulon) a bordo, pouquíssimos marinheiros, e nem água nem provisões para uma viagem de duração considerável. E durante a minha explicação ao almirante, que, embora, naturalmente, eu estivesse pronto a aliviar imediatamente as dificuldades de qualquer navio, não poderia fornecer-lhes suprimentos na quantidade necessária sem deixar o esquadrão sob as minhas ordens tão ineficiente quanto ele declarava estar o seu, ele disse: "Então devemos ir para a Inglaterra, pois não temos nenhum outro lugar para onde ir." Ele não disse isto refletindo desejo algum do príncipe em desviar-se da proposta rota para o Brasil, nem eu acredito que Sua Alteza Real considerasse tal idéia.[14]

A avaliação inicial de sir Sidney e de Thomas O'Neil, de que os navios portugueses estavam em condições desesperadamente ruins, era provavelmente um exagero. Talvez o contraste entre o que a *Royal Navy* julgava ser uma "aparência de eficiência" e o que eles puderam observar dos navios que estavam de partida, assim como o caos de ter um número indeterminado de passageiros civis a bordo, tenha-os levado a adotar essa opinião. De fato, foram transferidas quantidades relativamente pequenas de víveres, e nenhuma água; tampouco há registro de quaisquer reclamações sobre escassez. Como todos os navios de S.M.

tinham de, ao retornar, prestar contas sobre o consumo e o retorno de víveres, é provável que os dados registrados estejam corretos. Quanto ao estado dos navios, embora severamente castigados pelas sucessivas tormentas de inverno que causaram avarias consideráveis, todas as embarcações chegaram ao seu destino. Isto reflete a qualidade dos oficiais e das guarnições, assim como do projeto e da construção dos navios, além da experiência de vários séculos navegando regularmente através dos oceanos, em condições de tempo variadas.

A próxima preocupação de sir Sidney foi com o bloqueio cerrado, e com o perigo para os navios mercantes que ainda estavam deixando o Tejo. Era de máxima importância, estrategicamente, que tanto o forte de São Julião como o do Bugio fossem tomados imediatamente; por causa de sua posição na foz do Tejo, podiam provocar terríveis estragos a qualquer navio entrando no rio ou saindo dele. Se fossem capturados pelo Exército francês invasor, o que devia ser quase inevitável e da mais alta prioridade, a barra não poderia mais ser cruzada. O Bugio, em particular, sendo um forte insular, poderia ser defendido contra forças consideravelmente superiores.

Na noite anterior a bordo da *Medusa*, lorde Strangford não tivera sucesso em convencer Antônio de Araújo a entregar os fortes; agora sir Sidney tentava novamente com o príncipe regente:

> Prossegui, solicitando que o forte do Bugio, na foz do Tejo, fosse dado a mim sob custódia, como uma segurança para a saída livre dos navios remanescentes; quanto a isto, Sua Alteza Real objetou, baseado em que seria injusto de sua parte para com os russos, com quem ele estava em paz e que haviam sido recebidos com base na hospitalidade. Sua Alteza Real recusou com grande delicadeza e sentimento, mas estava bastante fixo em sua determinação nesta direção, embora tenha dito que ele ficaria feliz em vê-los em minha posse, se eu pudesse obtê-los por negociação com a regência que ele tinha estabelecido, e à qual ele não gostava de dar ordens sob suas presentes circunstâncias, para não comprometê-la, e aos habitantes de Lisboa, com os franceses.[15]

Sir Sidney sentiu que ele não podia, com boa razão, argumentar contra esta recusa: "Mas eu não podia reivindicar tal coisa sob os artigos adicionais da Convenção, porque minha entrada no Tejo, para trazer o príncipe para fora, não tinha sido necessária."[16]

De fato, ele hesitara em levar seu esquadrão ao Tejo, não apenas por causa dos fortes que protegiam o rio, mas também porque, seguindo ao pé da letra suas instruções de que nenhum navio deveria ser autorizado a entrar, ele tinha impedido uma fragata russa de unir-se a seu esquadrão, fundeado no rio: este ato poderia aborrecer os russos e aumentar os riscos de entrar no rio.

Ele percebeu que uma das razões pelas quais o príncipe não queria ceder os fortes era:

> A recusa da guarnição em desmantelá-los antes de sua passagem, tendo os soldados dito que os defenderiam contra os franceses, e compreendendo que há tal espírito de resistência no país que, se o povo fosse adequadamente liderado, Portugal seria pior que La Vendée ou a Calábria para o Exército francês.[17]

Sir Sidney decidiu, em vez disso, seguir adiante e tentar capturar o forte na ilha, "durante a momentânea interrupção ou cessação de toda autoridade".[18] Com tal finalidade, ordenou que uma força-tarefa de fuzileiros navais, oriundos de vários navios de linha de batalha, fosse transferida para os navios bem menores e mais manobráveis que se podiam chegar à terra, com ordens para tomar e defender o forte do Bugio.

A *Hibernia* cedeu um capitão, um oficial subalterno e 60 fuzileiros, transferidos para a *Confiance*; do mesmo modo, a *Marlborough* enviou um capitão, dois oficiais subalternos e 75 fuzileiros para a *Redwing*. Um dos oficiais fuzileiros navais da *London*, transferido para a *Solebay*, foi o tenente conde Thomas O'Neil. Em 1810, ao retornar à Inglaterra, escreveu um detalhado, embora romanceado, relato do período que antecedeu a viagem, da participação dos fuzileiros navais do navio de S.M. *London* e da posterior estada do autor no Brasil.[19] Ele escreveu:

> Um sinal foi enviado do navio do comandante-em-chefe para que os fuzileiros navais da *London* sejam transferidos para bordo da fragata de S.M. *Solebay*. O oficial sob o qual tive a honra de servir (major Malcolm), o tenente Bynon e eu, juntamente com 80 soldados, três sargentos, três cabos e dois soldados-tambores, deixamos a *London*, assim que as circunstâncias permitiram, rumo à fragata; e, à nossa chegada a bordo, foi-nos dado a conhecer que nosso destino era tomar posse do forte Boujai [sic], situado na entrada do Tejo ... Às sete horas da manhã do dia 30, a fragata estava nas proximidades do forte: soprava uma tremenda tempestade, com mar

pesado, que tornava impossível o nosso desembarque. Às oito horas, vimos a bandeira francesa hasteada em cada um dos fortes; ... Às nove horas, a tempestade aumentou. Às dez horas, o navio estava em perigo iminente, esperando a qualquer momento ser lançado à costa: mas a Providência nos protegeu, ele conseguiu com muito custo safar-se, e às sete horas da noite nos consideramos fora de perigo.

O tempo tinha impedido a realização da operação; então, muito a contragosto, sir Sidney ordenou que a mesma fosse cancelada. Tão logo os franceses tivessem guarnecido os fortes, sua opinião era de que não mais seria praticável tomá-los pela força sem, em primeiro lugar, executar uma série de operações terrestres a fim de exauri-los pela fome.[20] Como ele previra, a captura dos fortes foi uma das primeiras ações ordenadas pelo comando francês, depois de entrar em Lisboa ao alvorecer de 30 de novembro.

Uma testemunha ocular em terra recorda-se: a primeira providência de Junot foi armar os fortes para evitar a saída de alguns navios que ainda estavam se preparando para a longa viagem, e se defender de um possível ataque da esquadra inglesa, que bloqueava a entrada do Tejo:

> Imediatamente, despediu oficiais franceses para as fortalezas da barra, e a tropa, mesmo cansadíssima, marchava para as fortalezas das praias a fim de impedir a saída dos navios nacionais que estavam de partida, e não tinham podido se aprontar para o dia anterior; e a tiros de bala os fez retroceder: tal foi o prelúdio de felicidade e proteção![21]

O marechal-de-campo Francisco de Borja Garção Stockler, comandante das fortalezas e baterias, escreveu em defesa de suas ordens dadas nos últimos dias de novembro. Este ofício foi pessoalmente entregue, no dia 12 de julho de 1812, ao conselheiro, ministro e secretário de Estado conde Aguiar:

> É pois o primeiro dos indicados fatos, que eu de *motu proprio* impedira a saída do porto de Lisboa aos navios portugueses, que nos dias 29 e 30 de novembro de 1807 pretendiam sair dele em seguimento da esquadra de S.A.R.
>
> Para convencer a falsidade da primeira acusação, basta o documento nº1, escrito e assinado pelo Exmo. marquês de Tancos. Por ele se mostra:

1º Que no dia 27 de novembro de 1807, em cumprimento de uma ordem de S.A.S., que me foi comunicada debaixo da assinatura do Exmo. marquês d'Alegrete, eu encravei a artilharia, e destruí todas as munições e petrechos de guerra das fortalezas do meu comando; e que portanto fiz quanto estava da minha parte, para que delas não se pudesse de sorte alguma obstar a saída da esquadra de S.A.R., então surta no Tejo, nem a de navio algum mercante, que pretendesse segui-la.

2º Que na madrugada do dia 28 parti em companhia do tenente-general Martinho de Souza d'Albuquerque ao encontro do Exército francês, para cumprimentar o general Junot da parte do governo.

3º Que na tarde do dia 29 deu o mesmo governo ordem para serem de novo artilhadas e municiadas as fortalezas de Belém e Bom Sucesso.

4º Que no dia 30, às instâncias do general Junot, ordenou o general de artilharia marquês de Vagos, encarregado por S.A.R. do governo das Armas da Corte e província da Estremadura, a todos os comandantes das fortalezas marítimas das margens do Tejo, que não deixassem sair navio algum do porto de Lisboa até nova ordem sua.

5º E, finalmente, que foi no dia 1º de dezembro, pelo meio-dia e pouco mais ou menos, que eu me apresentei no quartel-general de Junqueira, a dar conta de haver ultimado a minha comissão, e que foi então que se me ordenou, que tornasse a tomar o comando das mesmas fortalezas, que havia largado no dia 28.[22]

A *Confiance* e a *Redwing* zarparam depois da esquadra, e em 1º de dezembro a alcançaram. As condições do tempo, porém, impediram que as mesmas transferissem os fuzileiros de volta para seus navios antes da madrugada de 3 de dezembro. A *Solebay* ficou para trás; agora era a única fragata a permanecer ao largo da barra do Tejo. Só depois de uma série de aventuras marítimas na costa de Portugal, os fuzileiros navais da *London* voltariam a embarcar em seu navio, numa tarde de sábado no Rio de Janeiro, em 27 de fevereiro de 1808.

Enquanto esteve a bordo da *Príncipe Real*, sir Sidney solicitou e obteve uma cópia de seu livro de sinais. Além dos aspectos práticos – a partir de então, o esquadrão inglês podia se comunicar mais facilmente com o português –, a entrega do livro de sinais, normalmente o documento mais secreto a bordo, tinha um lado muito mais importante: era a manifestação de confiança e integração totais.

Nesse momento, havia todas as razões para o adiamento temporário de uma operação terrestre. Como a esquadra tinha partido do Tejo, o plano de entrar e capturá-la não tinha mais aplicação; além disso, o país estava agora ocupado pelos franceses, embora não houvesse certeza quanto ao poderio de sua força. As dificuldades de manter navios-transporte a sotavento, ao largo de uma costa, davam maior peso à decisão de sir Sidney – apesar de suas instruções de Londres – de não mandar vir a força de sir John Moore, de Gibraltar.

No começo da noite do mesmo dia (29), com uma leve e variável brisa e sob céu nublado, ambas as esquadras singravam na direção noroeste. O navio capitânia inglês relatou um total de 56 navios à vista. A esquadra naval portuguesa incluía oito navios de linha (*Conde D. Henrique*, *Martim de Freitas*, *D. João de Castro*, *Afonso de Albuquerque*, *Príncipe Real*, *Medusa*, *Rainha de Portugal* e *Príncipe do Brasil*), quatro fragatas (*Golfinho*, *Minerva*, *Urânia* e *Thetis*), três brigues (*Lebre*, *Vingança* e *Voador*), e uma escuna (*Curiosa*). O esquadrão britânico, destacado do Tejo, incluía os navios de S.M. *Bedford*, *Conqueror*, *Elizabeth*, *Foudroyant*, *Hibernia*, *London*, *Marlborough*, *Monarch* e *Plantagenet*, e o paquete *Townsend*. A chalupa de S.M. *Confiance* e o brigue-chalupa de S.M. *Redwing* ainda estavam tentando tomar o forte de Bugio. Os demais navios eram mercantes, dos quais apenas alguns nomes sobreviveram: *Conceição* e *Santo Antônio*, ao comando de Domingos João da Costa;[23] *Henrique Souza de Gouveia*,[24] *Príncipe*[25] e *Princesa do Brasil*, ao comando de Domingos José dos Santos, levou 18 passageiros e tardou 57 dias para completar a jornada;[26] *Chocalho*,[27] o último navio a sair do Tejo, no dia 30, debaixo de fogo dos fortes; e o *Jequiá*.[28] Se a nau capitânia conseguia ver todos os navios das duas esquadras navais, então eram 31 o número de navios mercantes.

O capitão-tenente Lucas Boiteux escreveu que, neste momento, foi avistada a frota mercante chegando do Brasil:

> Mais distante, o comboio do Brasil, composto de grande número de navios nacionais carregados de produtos brasileiros, importando em avultadíssima soma ... Sendo conveniente que o comboio do Brasil não entrasse em Lisboa, mandou o príncipe regente que o almirante inglês o protegesse. Aqueles navios foram mandados para Londres, onde permaneceram cerca de quatro anos e lá ficaram a apodrecer e perdidos.[29]

Não apenas a frota do Brasil tinha recebido ordens do príncipe regente em setembro, conforme já relatamos, para suspender as partidas até aviso posterior, como também não há a menor evidência, em qualquer dos livros de quartos e relatórios, do evento descrito. A chegada de navios provenientes do Brasil, e logo detidos pela esquadra de bloqueio, é mencionada por um observador anônimo, porém sob a data de segunda-feira, 28 de dezembro de 1807,[30] quando Portugal já se encontrava sob domínio francês.

A cena de tantos navios das duas nações, agora juntos, afastando-se do Tejo, inspirou sir Sidney a escrever:

> Esta esquadra de oito navios de linha, quatro fragatas, três brigues e uma escuna, com uma multidão de navios mercantes armados, encontrou-se sob a proteção de Sua Majestade, enquanto o disparo de uma salva recíproca de 21 tiros anunciava o encontro amistoso daqueles que, até o dia anterior, estavam em hostilidade aberta; a cena impressionava a todos os observadores, exceto o Exército francês nas colinas, com as mais vivas emoções de gratidão à Providência por ainda existir no mundo uma potência capaz, assim como desejosa, de proteger os oprimidos, inclinada a perdoar os desorientados e capaz, por seu incentivo, de fundar novos impérios e alianças das ruínas dos antigos, destruídos pela efêmera potência do dia, sobre as bases sólidas do interesse mútuo.[31]

Maria Graham, escrevendo em 1824, acrescenta um pós-escrito:

> Tais são as narrativas públicas, transmitidas por estrangeiros à sua corte, de uma das mais singulares transações ocorridas na história dos reinos e das cortes. Mais ainda, tal era o estado da Europa naquele tempo, tão momentoso o conflito entre os principais na poderosa guerra que estava em processo, que a antiga Casa de Bragança deixou o lugar de seus ancestrais, para buscar refúgio e segurança além do Atlântico, quase sem aviso e com cerimônia menor do que a que acompanhava formalmente uma excursão a seus palácios no interior.[32]

A fim de fornecer aos lordes do Almirantado, em Londres, um quadro completo do estado e do poderio da Marinha portuguesa, sir Sidney escreveu em seu relatório de 1º de dezembro a bordo do navio de S.M. *Hibernia*, a 22 léguas a oeste do Tejo:

> Incluo aqui a lista daqueles deixados para trás. A ausência de apenas um dos quatro navios é lamentada pelos portugueses (o *Vasco da Gama*), estando

> este em reparos e com ordens de unir-se à esquadra assim que puder seguir viagem ou rumar para Gibraltar. Seus canhões tinham sido utilizados para armar o *Freitas*, 64, um navio novo e um dos que saíram com o príncipe. Os outros três são apenas cascos sem mastreação, e o que está na carreira, o *Príncipe Real*, só tem cavername.[33]

De fato, a *Martim de Freitas* era o *Santo Antônio e S. José*, construído na Bahia em 1763 e então com 44 anos, tinha sido submetido a extensos reparos em 1794, quando seu nome foi trocado para *Infante D. Pedro Carlos* e, novamente em 1807, quando foi rebatizado como *Martim de Freitas*.

Para agradar à Grã-Bretanha ou preocupado em cumprir o artigo da Convenção que exigia que todos os navios que não zarpassem para o Brasil deveriam ser entregues; ou, ainda, talvez calculando mal as habilidades do alto-comando francês em Lisboa; permanece o fato de que, alguns meses depois, o capitão-de-mar-e-guerra francês Magendie – encarregado dos navios portugueses deixados para trás – conseguiu formar um esquadrão de dez navios, incluindo as naus de linha de batalha *Vasco da Gama*, *Maria I* (agora *Cidade de Lisboa*), *Princesa da Beira* (agora *Portuguesa*) e *São Sebastião* (agora *Brasil*); as fragatas *Tristão*, *Vênus*, *Princesa Carlota* e *Benjamim*; o brigue *Gaivota do Mar*; e a escuna *Curiosa*. Esta escuna zarpou com a esquadra, em 29 de novembro; severamente castigada pela primeira tempestade e com apenas 15 dias de mantimentos, foi forçada a voltar. Em 7 de dezembro, recebeu da *Solebay* dois prisioneiros portugueses de um dos navios capturados; em seguida, entrou no Tejo e foi capturada pelos franceses.[34]

Segunda-feira, 30 de novembro

Durante essa primeira noite da viagem, o vento diminuiu e, ao mesmo tempo, mudou de direção constantemente: primeiro, leste quarta nordeste; depois, leste, sudeste, su-sueste; e a seguir, variável com tendência sudoeste. A esquadra, seguindo as mudanças do vento, alterou o rumo para oeste quarta noroeste e depois para noroeste quarta norte. A falta de vento e o mar cheio de navios quase provocaram várias colisões. Logo após a meia-noite, no livro de quartos da *Hibernia* lê-se: "à 1h30, escaler arriado, rebocou navio português para longe de nós; paramos"; às duas horas da manhã, a *Plantagenet* registrou: "arriadas duas embarcações para rebocar um navio a uma distância segura – içadas três embarcações".

À medida que o vento mudava de direção, mudava também de intensidade. Ao amanhecer, uma brisa favorável com rajadas de vento evoluíra gradualmente, com céu nublado; aproximadamente às nove horas, tinha se transformado em um vento duro, ainda com algumas rajadas. Para enfrentar a tempestade, os mastaréus e as vergas dos joanetes foram arriados e amarrados ao convés, as velas grandes ferradas, os velachos e gatas foram levantados, mas rizados nos últimos, e as velas de estai largadas para ajudar a reduzir o balanço; não antes, porém, que a *Marlborough* rasgasse a sua gávea. A *Hibernia* tinha cedido um de seus barcos, um escaler, à *Confiance*, ainda a alguma distância da esquadra, que agora o rebocava. Às quatro horas da tarde, uma onda encheu o escaler, o peso adicional impôs excessivo esforço ao cabo; este arrebentou e a embarcação desprendeu-se, sendo perdida. Uma rabanada de vento custou à *Hibernia* sua vela de estai do velacho. Durante a noite deste dia 30, a esquadra estava agora dispersa por uma grande área; embora os navios à vista fossem em número reduzido, a *Hibernia* ainda relatou que podia avistar 38; o navio almirante português estava a umas seis ou sete milhas de distância. O esquadrão britânico velejava mantendo fileira cerrada, segundo as instruções do almirante, e os tripulantes mantinham-se ocupados fazendo amarrações extras contra a força do vento; a chuva continuava sem cessar.

Apesar do tempo, a vida a bordo prosseguia com certo grau de normalidade; a *London* relatou ter aberto três barris de carne de boi, cada um contendo 26 peças de oito libras; dois de carne de porco, com 133 peças de quatro e seis libras; um de aveia; um de farinha, pesando 341 libras; e uma pipa de vinho, contendo 131 galões. Sua guarnição prosseguia em suas várias tarefas: "Carpinteiros reparando escadas de mão, armeiros fazendo obra de ferro para a chalupa, veleiros ocupados com a vela de estai do velacho."

Terça-feira, 1 de dezembro

O vento, com força de tempestade, continuou sem amainar; pela manhã, a sua direção era predominante sudoeste, mas à tarde tinha mudado para su-sueste. Ao meio-dia, quando sua posição foi marcada, as esquadras estavam a 20 milhas ao norte da latitude de Lisboa e cerca de 120 milhas a oeste. Apesar do tempo, os navios estavam conseguindo permanecer à vista no mar; a *Hibernia* relatou que todo o esquadrão britânico, com a exceção da *Elizabeth*, estava à vista, assim como os 26 navios portugueses.

Em terra, o tempo também estava muito tempestuoso. Muitos temiam pela família real, embarcada e fora da vista de terra. Havia uma crença geral de que a esquadra estava, naquele mesmo momento, navegando rumo ao sul para as ilhas do Atlântico e depois para o Brasil; portanto, um vento de sudeste ou sudoeste tornaria a navegação a vela um empreendimento desconfortável e muito perigoso. Baseados nesta suposição incorreta, muitos historiadores escreveram sobre a situação desesperada em que se encontravam os passageiros:

> No mar aberto a esquadra enfrentava, nestes primeiros dois dias de viagem, tempestades excepcionalmente severas e ventos que, pelo quadrante que sopravam, tornavam a vida a bordo incômoda pelo movimento e, para a maioria não acostumada, o medo de que a aventura terminasse a qualquer momento. Até os portugueses que tinham ficado em Lisboa sentiram o mau tempo. Sobreveio um tão grande tufão de vento às três horas da tarde, que representou a força de um tremor violento, pondo por isso em fuga várias famílias; quebrou infinitas vidraças, destelhou alguns quarteirões, e principalmente o Erário, e o Arsenal Real; cresceu o mar 12 palmos repentinamente.[35]

Eusébio Gomes confirmou esta tormenta sentida na costa:

> Neste dia houve um grande temporal, tanto no mar como na terra, e seria longo descrever os estragos que causou, e em Mafra foram eles mui grandes, pois como era dia de feira as barracas foram todas destruídas, causando muitos prejuízos e o mesmo aconteceu em Lisboa.[36]

Eles não podiam saber que, de fato, as esquadras estavam se movendo num rumo nordeste ou noroeste, tendo largado as gáveas, correndo com o tempo. Na prática, com ventos que tinham força de tempestade e com as limitações impostas pela armação redonda, não havia alternativa razoável; ainda assim, os navios ficariam submetidos à arfagem, bem mais confortável e segura que o balanço. Desde que conseguissem manter a velocidade e evitar que ondas quebrassem na popa, o perigo dos ventos fortes era reduzido.

Desde o começo da viagem, na noite de 29 de novembro, o tempo tinha impedido qualquer comunicação, exceto por sinais, como escreveu sir Sidney.[37] Ele tinha dado ordem ao capitão Moore, da *Marlborough*, juntamente com a *Bedford*, a *London* e a *Monarch*, para permanecer com a esquadra principal "e prestar-lhe toda proteção e assistência". Ele estava mantendo seu navio capitânia próximo ao navio do príncipe e tinha ordenado à *Foudroyant* e à *Conqueror* que permanecessem com os que haviam sido avariados pelo tempo.

No início da tarde, a *Elizabeth* voltou a estar à vista; sir Sidney sinalizou a este para tomar sob seu comando a *Plantagenet*, regressar ao estuário do Tejo e lá manter o bloqueio. A *Plantagenet* registrou os sinais recebidos em código:

> 649 Proceed 61 and 1115 Blockade 2432 Lisbon 61 and (18 1 9 13 19 21 2 5 18) Saintubes (Setúbal) 1940 Warn 51 all 784 Ships 951 whatever 318 from (256 9 13 7) entering 867 those (621 18) Ports 387 if 864 they 1081 attempt 873 to 306 force 256 entrance 583 oppose 422 it 129 by 306 force 51 all 784 Ships 951 with gun 129 by gun 306 force 721 Rendezvous 2432 Lisbon.

Às cinco horas, os dois navios separaram-se do esquadrão. O retorno à sua estação, porém, não foi fácil; a *Elizabeth* informou: "navio avançando com dificuldades e abrindo muita água"; a *Plantagenet* rasgou sua vela de estai do convés.

As bombas a bordo dos navios eram muito primitivas; uma coluna com carlingas de pião, fixadas a intervalos numa corrente. Era um trabalho duro e extenuante mover a corrente, ainda que vários pudessem operá-la ao mesmo tempo. A água era elevada até o nível da primeira coberta, acima da linha d'água. Os navios eram construídos com conveses ligeiramente arqueados, de modo que a água pudesse escoar através de aberturas nos bordos. Cobertas abaixo, a água podia fluir naturalmente para o vau do mastro grande onde estava localizada a bomba.

Sir Sidney escreveu em 1º de dezembro:

> Tenho apenas a *Elizabeth* e a *Plantagenet* imediatamente ao largo do porto de Lisboa;[38] e Vossas Excelências observarão a total impossibilidade em que me encontro de ainda enviar a *Foudroyant*, a *Plantagenet* e a *Conqueror* até o almirante Purvis, conforme suas ordens de 14 do corrente, sem

deixar os russos em liberdade para sair e capturar os navios portugueses retardatários; creio que a ausência daqueles navios será menos sentida como uma inconveniência ao largo de Cádiz, uma vez que aparentemente eles receberam ordem de seguir para lá, a partir da informação de que os russos estavam nos estreitos, antes que se soubesse que estes estavam em minha área de comando.[39]

Quarta-feira, 2 de dezembro

À tarde a tempestade amainou e, embora o vento forte continuasse a soprar, as esquadras navegando ainda juntas puderam manter o rumo sul, com destino à ilha da Madeira, a cerca de 130 léguas de distância. A observação do meio-dia mostrou que a latitude de Lisboa acabava de ser ultrapassada.

Quinta-feira, 3 de dezembro

O vento, moderado pela manhã e reduzido a uma leve brisa à tarde, deu uma oportunidade para a realização de várias tarefas que há muito eram necessárias.

Embora quatro dias tivessem se passado desde que a esquadra portuguesa deixara o Tejo, sir Sidney havia sido impedido, pelos ventos com força de tempestade, de enviar as notícias para a Inglaterra. Nesse momento, os vários navios enviaram despachos e cartas particulares para o navio corsário afretado *Trafalgar*; e, cedo pela manhã, este navegou para a Inglaterra. Os fuzileiros navais da *Marlborough* e da *Hibernia* foram devolvidos a seus navios. O navio do almirante português recebeu da *Hibernia* os 30 marinheiros portugueses que tinham sido retirados de uma presa, como prisioneiros, no dia 27; como, em geral, os navios estavam com a cota de pessoal reduzida, esses marinheiros seriam muito bem recebidos. A *Bedford* relatou ter enviado uma embarcação para abordar um navio português em perigo; pode muito bem ter sido a escuna *Curiosa*, pouco antes do seu regresso ao Tejo.

A bordo da *Medusa*, Antônio de Araújo escreveu ao príncipe regente:

O comandante da *Foudroyant*, que é o navio inglês que nos conduz, me manda propor que seria útil que se pedisse licença a V.A.R. para que o almirante M. da Cunha permitisse que a *Meduza* fosse com a dita *Foudroyant* avançando para a Madeira, independentemente das esquadras, a fim de tomarmos lá alguns refrescos de que necessitamos. Lembra o comandante, e o José Egidio, que da ilha podemos ir à Bahia para fazer a aguada de que precisaremos.[40]

O príncipe regente, sabendo muito bem que o porte da esquadra atrasaria a jornada, ordenou à *Medusa* para seguir seu rumo, navegando escoteiro com destino ao Brasil; lá deveria anunciar a chegada próxima da família real, permitindo, desse modo, que o vice-rei fizesse os preparativos necessários.

Sir Sidney Smith tinha decidido que apenas poderia destacar quatro, e não seis, navios de linha de batalha do bloqueio de Lisboa para escoltar a esquadra portuguesa, como determinava a Convenção assinada em Londres no dia 22 de outubro. A presença do esquadrão russo no Tejo exigia que ele mantivesse um constante estado de alerta, sem descartar a possibilidade de uma ação. Ele tinha, até agora, escoltado as esquadras com seis navios, mas logo teria de retornar ao bloqueio; os quatro navios de linha de batalha escolhidos permaneceriam com a esquadra, até que esta alcançasse o seu destino. Em seguida, ele convocou a bordo do seu navio capitânia os capitães dos navios de S.M. *Bedford*, *London*, *Marlborough* e *Monarch*, a fim de lhes comunicar suas ordens. Esses seriam os navios que cruzariam o Atlântico com a esquadra portuguesa.

Sir Sidney lamentou não ter uma fragata disponível para enviar com o esquadrão; foi prometido que a *Solebay* seria enviada, tão logo esta regressasse; de fato, como já mencionado, ela somente chegaria ao Rio de Janeiro em 27 de fevereiro de 1808.

Os planos para prosseguir na escolta da esquadra estavam agora completos. As "instruções navais" estabeleciam que o capitão mais antigo presente assumisse o comando do esquadrão que seria destacado para acompanhar a família real. A senioridade era calculada observando-se estritamente a data da promoção para capitão-de-mar-e-guerra.

Embora não fosse o capitão mais antigo presente, Graham Moore, da *Marlborough*, foi escolhido e nomeado comodoro; em comunicação ao Almirantado, em 6 de dezembro, a cerca de 350 milhas de Lisboa, sir Sidney explicou as razões da escolha:

> Os deveres importantes e incomumente delicados confiados a ele, conforme detalhado nas instruções dadas ao mesmo, cuja cópia estou anexando a esta. Tenho a maior confiança na capacidade de julgamento e no zelo daquele oficial em executá-las, sem nenhum prejuízo para o mérito dos dois oficiais do esquadrão mais antigos que ele, um dos quais o capitão Curzon,[41] foi destacado para o importante serviço de manter Lisboa sob vigilância cerrada enquanto me ocupo deste assunto, sendo que o outro não se encontra permanentemente sob minhas ordens; há tantas qualidades peculiarmente aplicáveis no capitão Moore, que eu não estaria dando a consideração devida ao Artigo das Instruções Gerais Impressas se não o tivesse selecionado.[42]

Indicado para comandar o esquadrão, o capitão Moore tinha a saúde abalada, e por esta razão fora forçado a deixar o serviço em 1801:

> Sinto informar que sua saúde é tão precária, por ter anteriormente sofrido severamente em climas quentes, que ele não se sente apto a permanecer por longo tempo, e temo que o capitão Lee esteja nas mesmas condições. Portanto, dispensarei aqueles dois navios, e os dois outros em seqüência.[43]

A designação como comodoro era uma promoção temporária, durante a qual um capitão-de-mar-e-guerra (*captain*) antigo devia assumir o comando de um pequeno esquadrão; era comum referir-se à mesma como "*hoisting a broad pennant*" (içar uma flâmula larga [de comodoro]). Este foi o termo usado por sir Sidney Smith na ordem escrita por seu secretário, Richard Speare, dando ao capitão Moore o comando do esquadrão.[44] A flâmula do comodoro (um pavilhão triangular com farpa) distinguia-se da flâmula de comando, uma longa e estreita flâmula triangular, com aproximadamente 30 jardas de comprimento, no caso do capitão de um navio de 74 peças. Em ambos os casos, ao contrário do pavilhão nacional, que era arriado ao anoitecer, as bandeiras-insígnias (pavilhões e flâmulas) eram desfraldadas durante o dia e à noite, enquanto o navio estava no serviço ativo.

As ordens de sir Sidney para o capitão Moore, emitidas pouco antes que o primeiro se afastasse da esquadra portuguesa, são muito detalhadas e completas.[45] O hiato das comunicações, graças à distância de milhares de milhas de mar e pelo menos seis semanas de viagem, em ambas as direções, tornava imperativo que as ordens cobrissem um longo período de tempo, incluindo as muitas fases planejadas, e deixando uma margem para o inesperado. Na prática, nem todas as circunstâncias podiam ser previstas; por esta razão, a total dependência do bom senso, do caráter e da experiência do oficial nomeado para este posto assumia fundamental importância.

Mesmo estando em mar aberto, longe da terra, as esquadras estavam continuamente sob alerta contra um possível ataque-surpresa, por um dos esquadrões espanhóis ou franceses, supostamente em portos que estavam sob bloqueio britânico. As comunicações eram lentas e pouco confiáveis, de modo que era sempre possível que um ou mais esquadrões conseguissem escapar.

Sexta-feira, 4 de dezembro

Ao amanhecer, o primeiro navio estranho avistado desde a partida do Tejo deve ter provocado apreensão considerável. A *Conqueror* recebeu às sete horas um sinal para lhes dar caça, o que prontamente fez; cinco horas depois, disparou um canhão e, em seguida, outro, a fim de obrigá-lo a parar. Inesperadamente, constatou-se que era um navio mercante português vindo do Rio de Janeiro, com destino a Lisboa. Por desobediência às ordens, enviadas ao vice-rei pelo *Gavião*, o navio foi apreendido e, no dia seguinte, um tenente e 40 homens foram postos a bordo, e 77 marujos portugueses retirados. Como a *Conqueror* tinha ido tão longe atrás de sua presa, ela agora informava que as esquadras, distantes a oeste quarta noroeste, mal estavam à vista do topo de seu mastro.

Enquanto o tempo continuava moderado, com chuvas ocasionais e mar calmo, ocorreu a transferência de tripulantes entre aqueles navios mais necessitados; a fragata *Urânia* registra em seu livro de quartos: "Às cinco horas veio um escaler a bordo da nau *Príncipe do Brasil* com um oficial, o qual tirou dez marinheiros da guarnição desta fragata."

Sábado, 5 de dezembro

Agora que o tempo tinha melhorado, os preparativos finais para a viagem estavam sendo concluídos. O contra-almirante sir Sidney Smith e o vice-almirante d. Manuel da Cunha Souto Maior, ambos comandantes com a experiência de uma vida no mar, tomaram conhecimento das condições de cada navio.

Basicamente, a fim de empreender tão longa viagem com certo grau de segurança, os navios deveriam estar em condições razoáveis, quanto à mastreação, ao aparelho e à impermeabilidade do casco; levar um suprimento adequado de comida e água, com margem de segurança para um prolongamento da viagem causado por freqüentes calmarias encontradas próximo ao equador; bem como possuir uma tripulação adequada tanto em número quanto em adestramento, para operar o navio.

As avarias por tempestades e combates eram ocorrência comum, variando de vergas e mastaréus menores (de joanetes e sobrejoanetes) quebrados, ou mesmo perdidos, a aparelhos destruídos, velas rasgadas ou arrebatadas e avarias no casco, de modo que este não mais fosse completamente estanque. Para fazer frente a tais ocorrências, os navios transportavam varas, lonas e cordoalha sobressalentes, assim como os artesãos necessários. Mesmo abaixo da linha d'água, os vazamentos podiam ser tamponados com lonas. Na ocorrência de avarias muito severas, o navio ainda poderia navegar, ainda que com velocidade reduzida, com parte de um mastro ou um mastro sobressalente improvisado.

Inicialmente, a *Martim de Freitas* fora considerada sem condições de enfrentar a viagem; mas, numa avaliação posterior, d. Manuel decidiu substituí-la pela nau *Príncipe do Brasil*, em pior estado, e a *Golfinho*;[46] a aparência indicava que ambos os navios não poderiam empreender a jornada. Ficou acordado que estes deveriam seguir, em primeiro lugar, para a Inglaterra, a fim de submeter-se a reparos, antes de empreender a longa viagem; existia um acordo para receber a parte ou a totalidade da esquadra portuguesa em Plymouth, caso fosse necessário. Por precaução, d. Manuel ordenou que seus passageiros reais – as duas irmãs da rainha, a infanta d. Maria Ana e a princesa viúva d. Maria Francisca Benedita – se transferissem da *Príncipe do Brasil* para a *Rainha de Portugal*.

Entretanto, apesar desses arranjos, sir Sidney informou que, ao se separar da esquadra portuguesa, em 5 de dezembro, a *Príncipe do Brasil* não seguiu com ele. Esparteiro escreveu que a *Príncipe do Brasil* fundeou no Rio de Janeiro em 14 de janeiro, uma semana antes daqueles navios que velejaram diretamente; esta informação pode não estar correta. O livro de quartos da *London* registra que este navio entrou na baía do Rio de Janeiro em 13 de fevereiro; portanto, é possível que tenha estado em Plymouth.

Os dois navios cuja capacidade marinheira estava sendo posta em dúvida, a nau de linha *Martim de Freitas* e a fragata *Golfinho*, receberam ordem de prosseguir juntos diretamente para a Bahia ou para algum outro porto de conveniência no Brasil. Separados pelo mau tempo, em 9 de dezembro, navegaram escoteiros pelo resto da viagem.[47]

Em 3 de dezembro, sir Sidney Smith escreveu ao almirante Young, em Plymouth, informando-o sobre a bem-sucedida partida de Portugal da família real e alertando-o de que alguns dos navios portugueses, que necessitavam de suprimentos ou reparos, poderiam navegar rumo a Plymouth antes de tentar a travessia para o Brasil. Também confirmou que a *Hibernia* – assim como a *Elizabeth*, a *Foudroyant*, a *Conqueror* e a *Plantagenet* – permaneceria, por enquanto, ao largo do Tejo. Embora a esquadra portuguesa já não estivesse no rio, o esquadrão russo de nove navios ainda estava lá; razão, portanto, para continuar com o bloqueio geral.[48]

Após essas considerações sobre a navegabilidade dos navios, a atenção voltou-se para os suprimentos.

A água, em particular, não seria um problema, apesar dos passageiros adicionais que eram transportados, pois esperavam ter a oportunidade de fazer aguada na Madeira e talvez também em São Tiago.[49] O consumo, se necessário, poderia ser reduzido à metade sem muito sofrimento. Em casos extremos, a ração podia ser muito menor, sendo o suprimento de água mantido sob guarda permanente.

Mesmo aqueles navios que foram diretamente para a Bahia não parecem ter sofrido qualquer falta d'água. A fragata portuguesa *Minerva*, que se separou da *Príncipe Real* na noite de 21 de dezembro, rumo a São Tiago, pode ter transferido parte de seu suprimento de água para este navio. A *Bedford* registra seu consumo normal de duas toneladas por dia durante toda a viagem; se fosse preciso, esta certamente teria transferido água para qualquer navio necessitado. A mesma chegou à Bahia com 75 toneladas em seu porão, suficientes para mais seis semanas.

A comida, após as transferências da *Hibernia* e da *Conqueror*, tampouco parece ter sido um problema. Não há dúvida, porém, de que a qualidade deixou muito a desejar, principalmente entre os civis não acostumados à comida de navio, salgada ou seca para resistir por longos períodos. As bolachas de bordo – que eram na verdade pão assado em demasia para eliminar a umidade –, apesar de armazenadas em compartimento revestido por folha de estanho, estavam, após certo tempo, sujeitas ao ataque de insetos famintos.

D. João suportou bem a viagem; ele se impôs a todas as queixas.[50] D. Carlota Joaquina, de temperamento inteiramente diferente, queixava-se amargamente e exigia que ele melhorasse as condições da cozinha a bordo de seu navio (*Afonso de Albuquerque*). D. João escreveu-lhe:[51]

> Meu amor, estimo q. estejas boa e nossas filhas. Eu paço bem, minha May e nossos filhos, e sobrinho estão bons quanto ao q. me dizes a respeito da cozinha, e oxaria he necessário q. tu autorizes o C. de Caparica com algum official hábil dessa Nao pª. Q. unidos ambos fação o arranjamento milhor possível castigando os q. não quizerem obedecer-lhe e áDeos ate avista
>
> Espozo q. m.^to te ama
>
> JC

O escorbuto, ocasionado pela falta de vitamina C – encontrada em legumes, verduras e frutas frescas –, já tinha, então, sido cuidadosamente pesquisado e a sua causa determinada. Como resultado, uma ração regular de suco de frutas cítricas era distribuída a bordo.

A *Príncipe Real* recebeu a embarcação do almirante "completa"; esta seria útil quando chegassem a um porto, e mesmo antes, se o príncipe regente decidisse visitar um outro navio quando o tempo ficasse mais brando, o que seria altamente provável quando entrassem na zona de calmarias.

Por mais estranho que possa parecer, pois o destino dos navios era os trópicos, a *Hibernia* enviou, além da embarcação, um fardo de cada indumentária – jaquetas, calças boca-de-sino, jaquetas cinza, coletes de flanela, calças justas, cobertores, camisas, camisolas, sapatos, meias e chapéus.

Em 5 de dezembro, aproximadamente a meio caminho entre Lisboa e Funchal, na ilha da Madeira, sir Sidney Smith decidiu que o perigo de encontrar navios inimigos tinha diminuído e que, portanto, era tempo de retornar ao bloqueio de Lisboa.

Corre uma lenda de que, antes de sua partida, sir Sidney desejava presentear o príncipe regente, mas as condições não permitiam que uma embarcação fosse arriada. O capitão da *Príncipe Real*, Francisco do Canto de Castro e Mascarenhas, após obter a permissão do príncipe regente, manobrou seu navio, passando a rastejar para que o presente fosse entregue por mão, de um lais de verga para outro, mostrando assim, a todos os presentes, a habilidade e o valor de um navio da Marinha portuguesa.[52]

Este episódio vai permanecer mesmo como uma lenda! No dia em questão, havia uma brisa leve soprando no céu claro; durante o dia, vários navios arriaram suas embarcações para transferir suprimentos e prisioneiros; navios prestes a empreender uma longa jornada, com o monarca e o regente a bordo, dificilmente aceitariam o risco desnecessário de uma colisão; os livros de quartos indicam, inequivocamente, que os navios capitânia *Hibernia* e *Príncipe Real* não chegaram a menos de uma milha um do outro.

Os navios *Marlborough*, *Bedford*, *London* e *Monarch* tiveram um dia atarefado, preparando-se para a longa viagem ao Brasil. De manhã cedo, os capitães subiram a bordo da *Marlborough* para receber instruções de seu comodoro.

D. Manuel, a bordo da *Príncipe Real*, decidiu sobre o ponto de reunião:

> A primeira coisa, a qual eu estava ansioso que ficasse perfeitamente entendida entre o vice-almirante português e eu, era o ponto de reunião, o qual foi fixado por ele primeiramente ao largo da extremidade oeste da Madeira, posteriormente ao largo da ilha de Palma, e finalmente em Praya, na ilha de São Tiago.[53]

Os preparativos prosseguiram: a *Marlborough* tomou a bordo, como lastro, 43 toneladas de água do mar no porão de vante, "para manter o navio trimado pela proa". Como este estivera no mar por quatro semanas, desde a partida de Plymouth em 9 de novembro, e como consumia duas toneladas de água potável por dia, o lastro compensaria plenamente a água e as provisões consumidas, fazendo com que a nau recuperasse o seu equilíbrio original. Com isso, seu desempenho seria melhor ao velejar e ela teria mais segurança ao navegar em mares de ondas altas. A *London* enviou suas três embarcações – a chalupa (a maior delas), o escaler e a lancha – à *Hibernia*, a fim de ajudar a transferir suprimentos para a *Príncipe Real*.

No começo da tarde, às 3h20, como foi registrado pela *Hibernia*, a salva real foi disparada e respondida pela *Conde D. Henrique*. Estando os preparativos agora quase completos, a *Hibernia* recebeu dez prisioneiros espanhóis da *Monarch*, de modo que estes não fossem levados sem necessidade por todo o caminho até o Brasil. Ao cair da noite, a *Hibernia* e a *Conqueror*, tendo a chalupa *Confiance* e o brigue-chalupa *Redwing* como escolta, viraram em roda rumo ao nordeste e separaram-se da esquadra portuguesa.

Às nove horas daquela noite, a esquadra portuguesa, com a escolta de quatro navios de linha de batalha britânicos, e sob a brisa moderada do sudoeste e o céu nublado de inverno, retomou a sua jornada. A marcha era muito lenta, e assim continuaria pelas próximas 24 horas; não mais de um e, muito ocasionalmente, dois nós de velocidade, num rumo geral sudoeste.

Domingo, 6 de dezembro

À primeira luz da manhã, a quase totalidade da esquadra portuguesa estava navegando junta. A *Marlborough* relatou que o esquadrão de 14 navios de guerra portugueses estava "de conserva".

Neste dia, Graham Moore subiu a bordo da *Príncipe Real* para falar com o almirante português. Ele escreveu, no seu diário:

> Ontem (6/12), tive uma conversa com o almirante português sobre assunto de interesse público e o pressionei para que abandonasse a idéia de aportar em São Tiago, nas ilhas de Cabo Verde, porque eu estava certo que não ajudaria em nada e só ocasionaria um atraso, o que deveria ser evitado de qualquer maneira devido ao estado em que se encontravam os navios e por não estarem suficientemente estocados com água e outras provisões. Eu assegurei que ele não conseguiria abastecer seu esquadrão por lá, já que sir John Warren não o conseguiu há uns 15 ou 16 meses, quando tentou resolver o problema da água para os seus seis navios de linha. Propus, então, que ele mandasse um de seus brigues para a ilha da Madeira, pedindo que o governador fornecesse suprimentos para qualquer um do esquadrão inglês enviado por mim, a fim de que seja abastecido com água e outros comes e bebes. Isto ele o fez prontamente e eu enviei a *London* com ordens para que completasse seu próprio depósito d'água e enchesse tantos barris, pertencentes às outras três naus de linha de batalha, quanto fosse possível acondicionar no convés. Dei ordens ao capitão Western, da *London*, para que nos encontrasse ou a sudoeste da ilha da Madeira ou na entrada da baía de Praia, na ilha de São Tiago, onde o príncipe brasileiro tinha resolvido ancorar, sem desembarcar, com o intuito de obter mantimentos.[54]

O comodoro Moore entendia que suas ordens eram para ficar com a esquadra portuguesa, em particular com aqueles navios que levavam os membros da família real a bordo. Sua velocidade seria a do mais lento, de modo que, enviando a *London* na frente, ele esperava economizar um dia ou dois, o tempo necessário para trazer os barris de terra e estivá-los cobertas abaixo.

No meio da tarde, a esquadra e o esquadrão detiveram-se por duas horas. A *London* recebeu 20 barris vazios de água de cada um de seus navios irmãos. A *Marlborough* enviou nove barris de provisões salgadas para a *Príncipe Real*. Nesse momento, a *Príncipe Real* transferiu 69 de seus passageiros para a *London*, e um número não registrado para a *Monarch*.

Essas são as duas únicas ocasiões registradas, durante a longa viagem para o Brasil, de transferência de passageiros dos navios portugueses sobrecarregados. É possível que, por causa dos primeiros dias de tempo ruim e desagradável ou porque tais passageiros transferidos para a *London* tivessem família vivendo em uma das ilhas, estes tivessem decidido não continuar até o Brasil. Como não há registro de seu desembarque em Funchal, também é possível que a transferência tenha sido feita com a única finalidade de aliviar o navio sobrecarregado, de modo a deixar mais espaço para a família real. A dotação de pessoal completa da *Príncipe Real*, de 84 canhões, era de 950 homens. O capitão Walker relatou que, ao chegar à Bahia, a *Príncipe Real* levava 1.054 pessoas a bordo. Se tivesse conseguido completar a sua guarnição, estaria transportando 104 passageiros.

Às dez horas daquela noite, a *London* largou mais pano e começou a afastar-se da esquadra; ao meio-dia seguinte estava distante, ao largo, mas ainda à vista, navegando a uma velocidade de cinco a seis nós.

Segunda-feira, 7 de dezembro

O vento novamente começou a ganhar força; outra tempestade estava a caminho. A brisa fresca forçou os navios mais velozes a largar e reduzir pano, alternadamente, a fim de que a esquadra e o esquadrão de escolta, agora reduzido a três navios, permanecessem juntos. À tarde, a *Bedford* chegou à fala com um dos navios portugueses; este tinha rachado seu mastro do traquete. A *Bedford* enviou uma embarcação para avaliar a avaria e verificar o que poderia ser feito para ajudar.

No início da noite, a *Príncipe Real* recebeu o comodoro a bordo, que tinha vindo obter informações sobre os planos imediatos do almirante. Como se verificaria mais tarde, este foi o começo de uma série de mal-entendidos, que eventualmente resultaram na separação da esquadra. Posteriormente, ao relatar os eventos que ocorreriam no dia seguinte, o comodoro Moore revelou o principal objetivo desse encontro:

> Mais especialmente porque estávamos então a cerca de 50 léguas da Madeira, e ele tinha-me dito no dia anterior que estava com medo de seguir durante a noite, devido ao perigo chamado "As Oito Pedras", que ficam ao norte de Porto Santo.

Terça-feira, 8 de dezembro

O dia amanheceu como qualquer outro dia de inverno, no Atlântico Norte: frio, com vento, nublado e úmido. Nada indicava que as histórias portuguesa e brasileira teriam seu curso significativamente alterado por uma série de eventos, alguns fortuitos, tais como o tempo, e outros por erro humano, resultantes da falta de conhecimento dos costumes locais, da interpretação incorreta das instruções e da falha nas comunicações.

No final do dia, o aumento do vento para força de tempestade produziu mar muito pesado e chuva. A *Marlborough* registrou, ao longo do dia, variações: primeiro, o vento veio do leste; em seguida do sul; depois, do norte; e, finalmente, do leste de novo. Sob estas condições, os navios tiveram momentos difíceis e cansativos para os que estavam a bordo tentando manter alguma organização em suas manobras. A maior parte do dia foi gasta bordejando. A *Monarch* registrou, sucessivamente, rumo sul quarta sudoeste, contra o vento, ao largo de sudoeste; e, depois, nordeste, ao largo de nor-nordeste. O comodoro Moore, temendo que – como se confirmaria mais tarde – as condições de tempo, que pioravam rapidamente, pudessem gerar o caos entre os navios, dispersando-os por uma grande área – o que, acrescido à visibilidade ruim, podia fazer com que os navios se perdessem de vista –, reforçou os pontos de reunião, sinalizando com o telégrafo de madeira: "Ponto de reunião ao largo da extremidade sudoeste da Madeira dois dias depois do Porto Santo."[55]

Às sete horas da noite, vendo que o navio almirante tinha parado, a *Marlborough* e a *Monarch* fizeram o mesmo; a *Bedford* reduziu sua velocidade e passou perto da *Marlborough*. O comodoro Moore imaginava que a *Príncipe Real* e seus navios irmãos permaneceriam pairando até o amanhecer, evitando assim os perigos de aproximar-se da Madeira à noite. Como a esquadra estava muito dispersa pelos ventos que dificultavam suas manobras, e com apenas sete navios à vista, ele decidiu manter uma distância de cerca de duas milhas em relação ao almirante, a fim de manter a linha de contato com os navios dispersos.

Enquanto a escuridão descia, por duas vezes a *Marlborough* aproximou-se do navio almirante, a fim de manter as luzes da *Príncipe Real* à vista, mas às nove horas perdeu de vista a luz desta. O comodoro Moore não ficou imediatamente alarmado por este fato; se o almirante também tivesse parado, não poderia estar muito longe ao amanhecer. Durante toda a noite, ele redobrou os vigias, tão ansioso em localizar as luzes do almirante quanto temeroso que, na escuridão, pudesse ocorrer uma colisão.

No mar, ao largo da barra do Tejo, os navios que haviam partido em 29 de novembro com a esquadra portuguesa estavam nesse momento se reunindo novamente. Seu papel permanecia o mesmo, mas o objetivo de suas ações era agora diferente: impedir que suprimentos chegassem às tropas francesas e espanholas, por navios amigos daqueles dois países ou neutros. Durante a primeira semana, foram capturadas cinco presas, e navios neutros foram abordados e instruídos a não desembarcarem suas mercadorias em Lisboa. Também deveriam impedir que o esquadrão russo participasse das hostilidades.

Em 7 de dezembro, agora bem ao norte da esquadra portuguesa, a chalupa *Confiance*, com destino à Inglaterra, separava-se da *Hibernia*. Lorde Strangford – que tinha originalmente planejado seguir com o esquadrão de escolta, mantendo assim seu posto como representante de Sua Majestade junto à corte portuguesa – ficou seriamente doente e foi embarcado de volta à Inglaterra. Também a bordo estavam seus criados e o mensageiro. Lorde Strangford chegaria ao Rio de Janeiro somente em 22 de julho de 1808, para assumir o posto de ministro plenipotenciário.[56]

Acostumado a negociar com príncipes, ministros e almirantes, ao retornar a Londres lorde Strangford teria de lidar com assuntos mais mundanos: ele escreveria ao hon. George Canning, solicitando reembolso pelos valores que tinha deixado para trás:

> Devo solicitar seu perdão pela liberdade que tomo em representar, que as circunstâncias peculiares de minha partida de Lisboa fizeram-me sofrer perdas consideráveis em carruagens, móveis, livros & outros objetos: incluindo alguns cavalos andaluzes muito valiosos que me haviam sido presenteados pelo príncipe regente. Posso estimar, de todos os modos que possam ser considerados próprios ou necessários, que aquelas perdas não ficam em menos de £1077.0.0 [mil e setenta e sete libras esterlinas] & confiando na justiça e generosidade de Sua Majestade, aventuro-me a solicitar que seja autorizado a receber a soma *líquida* no Tesouro.[57]

Capítulo Seis

As naus de linha de batalha Príncipe Real, Afonso de Albuquerque e Bedford, *após vários dias separadas, reúnem-se e prosseguem viagem sem fazer escala em nenhum porto. Chegam finalmente a Salvador, em 22 de janeiro de 1808. Depois de breve estadia naquela cidade, a esquadra parte para o Rio de Janeiro em 26 de fevereiro, lá chegando em 7 de março de 1808.*

Quarta-feira, 9 de dezembro

A surpresa a bordo da *Príncipe Real*, que veio com o nascer do dia naquela quarta-feira, 9 de dezembro, pode bem ser imaginada. O céu nublado e uma brisa fresca anunciaram o novo dia. O oficial de quarto naquela manhã teria ficado estupefato ao esquadrinhar o horizonte com a sua luneta, assim que o dia clareou, ao descobrir que, após tantos dias num mar cheio de navios, estavam agora completamente sós, exceto pela fragata *Urânia*, que navegava fielmente ao lado deles. Teria imediatamente chamado o capitão-de-mar-e-guerra Francisco José do Canto de Castro e Mascarenhas, se este já não estivesse no convés. Capitães responsáveis gostavam de estar presentes nesta hora, pois, depois de tão longo período de escuridão, o cenário poderia ter mudado dramaticamente. Mascarenhas, por sua vez, teria chamado o vice-almirante d. Manuel da Cunha Souto Maior e o major-general Joaquim José Monteiro Torres. O capitão da fragata, José Manuel de Meneses,[1] também seria ouvido na discussão que se seguiria, sobre como esta separação acontecera e qual seria agora o melhor rumo a ser tomado.

Visando a uma situação como esta é que havia, em qualquer ocasião, pontos de reunião previamente combinados. A decisão natural, portanto, deveria ser, dentro dos limites impostos pela direção e a força do vento, seguir rumo ao primeiro ponto de reunião, que era ao largo da extremidade ocidental da ilha da Madeira.

A bordo da *Afonso de Albuquerque*, a surpresa não deve ter sido diferente. O capitão-de-mar-e-guerra Inácio da Costa Quintela deve ter sido chamado ao convés e observado, com exceção de sua escolta cerrada – a fragata *Minerva* comandada por Rodrigo José Ferreira Lobo –, a vasta extensão de mar vazio. Aqui também a decisão sobre o rumo a seguir deveria ser a mesma: a extremidade oeste da Madeira.

Ao relembrar os eventos da noite anterior, o capitão James Walker, da *Bedford*, escreveu:

> Na noite do último dia 8, a esquadra se separou; eu tinha falado com a *Marlborough* por sinais ao anoitecer e recebido o ponto de reunião do capitão Moore. Ele estava à capa, pareceu-me que com a finalidade de falar conosco, enquanto o almirante seguia adiante, sem nenhum sinal à vista. Mantivemo-nos fora de seu caminho e retomamos nosso rumo sudoeste quarta sul; logo o perdemos de vista. Naquela noite e durante toda a madrugada, soprou vento fresco e tempestuoso, e o tempo estava tão fechado que não podíamos enxergar três vezes o comprimento do navio; não vimos as luzes do almirante, nem ouvimos nenhum canhão, e como estávamos a 49 léguas da Madeira, naturalmente concluí que ele prosseguiria no mesmo rumo.[2]

Ele tinha estado de pé a noite toda, pois sua principal preocupação, devido à visibilidade muito ruim, era com uma possível colisão e suas terríveis conseqüências, como ele relatou em 6 de janeiro a Suas Excelências no Almirantado:

> Ficamos a noite toda (exceto das 10 às 11 horas) com os velachos e a gávea rizados nos últimos, com medo de parar devido ao perigo de sermos abalroados; entretanto, o tempo melhorou um pouco e estivemos à capa das 10 às 11 horas; às duas horas da manhã, ainda sem ninguém à vista, rumamos a sudoeste até o dia raiar, quando, verificando que estávamos sós, parei, na esperança de que os tivéssemos ultrapassado, pois não podia encontrar outra razão para ocorrência tão extraordinária.[3]

Normalmente, havendo qualquer possibilidade de que outro navio não possa ver ou anotar um sinal, por causa da visibilidade ruim ou da distância, um tiro de alerta é disparado. Toda atenção a bordo é então dirigida ao navio sinalizador, e as lunetas são apontadas em sua direção. Se porventura o sinal ainda não puder ser decifrado, o navio largará pano e manobrará para encurtar a distância. Naquele noite, com visibilidade muito ruim, a *Príncipe Real* não reforçou qualquer sinal que pudesse ter enviado, com um disparo de canhão.

Uma das primeiras questões levantadas pelo capitão Walker, quando este eventualmente subiu a bordo da *Príncipe Real*, foi perguntar a d. Manuel sobre o que tinha acontecido:

> Descobri que, no começo da noite do dia 8, o almirante, apreensivo de que estivéssemos seguindo muito perto de um obstáculo chamado "As Oito Pedras", o qual dizem ficar a cerca de 40 léguas a nor-nordeste da Madeira, tinha rumado a oeste-noroeste durante a noite e alterado seu rumo, sem sinalizar, pois não era costume disparar canhões quando a família real estava a bordo; a conseqüência natural foi que, ao amanhecer, o almirante, no *Prince Royal* [sic], encontrou-se com apenas uma fragata de conserva.[4]

De fato, foi a saúde da rainha, e não o fato de que a família real estivesse a bordo, a verdadeira razão para não disparar um canhão, como o príncipe regente tinha previamente explicado a sir Sidney.

Entretanto, o livro de quartos da *Urânia* – a fragata que nunca deixou a *Príncipe Real* fora de seu alcance visual – registra que, na noite do dia 8, ocorreu uma redução na velocidade, que era de cinco a seis nós ao anoitecer, para cerca de dois nós. A partir das sete horas da noite, a velocidade aumentou e foi mantida durante toda a noite em cinco nós, com vento do leste e rumo geral sudoeste.

A *Bedford*, navegando a nove ou dez nós, foi a primeira a chegar à Madeira:

> Fiz-me de velas pouco antes do meio-dia rumo à Madeira, então a 18 léguas de distância; às 3h30 da tarde, avistamos a ilha e, às cinco horas, passamos a sete ou oito milhas da extremidade oeste (o ponto de reunião) e paramos, mas ainda sem avistar a esquadra.[5]

Em seu livro de quartos, lê-se:

> [9 de dezembro] ... às 3h30, avistamos terra quatro léguas a sudoeste quarta oeste e arribamos a quatro ou cinco léguas a sudoeste quarta oeste da extremidade oeste da Madeira ...

A caminho, o navio avistou, a distância, uma fragata; o mesmo informou ao Almirantado:

> Prossegui em nosso rumo para o sul, parte do tempo à capa ou com pouco pano, esperando por uma fragata que avistamos às oito horas, rumando em nossa direção; quando esta se aproximou, verificamos ser uma das [fragatas] da esquadra, mas sozinha.[6]

À tarde, avistou outra fragata, desta vez escoltando vários navios mercantes: "Seis navios a oeste, os quais mostraram ser navios mercantes sob escolta de uma fragata."

Enquanto a escuridão descia, a *Príncipe Real* e a *Afonso de Albuquerque*, com suas fragatas de escolta, estavam, cada uma delas, navegando separadamente, bem ao norte e a oeste da Madeira. A *Bedford*, também só, estava no ponto de reunião, ao largo da extremidade oeste da Madeira.

~ *Quinta-feira, 10 de dezembro*

No dia seguinte, o vento forte, principalmente do leste, e o tempo borrascoso tornaram difícil para a *Bedford* manter a sua posição. Ao meio-dia, o vento estava novamente com força de tempestade, obrigando-a a rizar a vela, reduzindo sua área ao máximo, e a abater seus mastaréus de joanetes no convés. À tarde, George Green, um marinheiro, caiu ao mar, mas uma embarcação, rapidamente arriada, o recolheu. A *Príncipe Real* e a *Afonso de Albuquerque*, com suas fragatas, continuaram sem escolta e sozinhas.

~ *Sexta-feira / sábado, 11 / 12 de dezembro*

De manhã cedo, a *Príncipe Real* e a *Afonso de Albuquerque* finalmente se encontraram e prosseguiram juntas; com as fragatas *Urânia* e *Minerva*, formavam um pequeno esquadrão de quatro navios, dos aproximadamente 35 que tinham deixado o Tejo, menos de duas semanas antes, levando porém quase toda a família real portuguesa. Distantes demais a oeste da Madeira, como a *Bedford*, também verificaram ser impraticável com o vento leste tentar ganhar a ilha rumo ao ponto de reunião, e então seguiram diretamente para Ferro.[7]

Na manhã seguinte, a *Bedford* tinha caído para sotavento a um ponto situado a cerca de 20 léguas ao largo do oeste da Madeira; o vento leste incessante tornava impraticável sua retomada da ilha. Como eles tinham estado no ponto de reunião por 36 horas, sem avistar nenhum dos navios que tinham de comboiar – nem tampouco nenhum de seus próprios navios irmãos –, o capitão Walker decidiu, após fazer as suas marcações do meio-dia, seguir para o segundo ponto de reunião. Alterou o rumo, dirigindo-se agora para Ferro, uma ilha nas Canárias, distante cerca de 80 léguas. O tempo continuou com brisa fresca, soprando principalmente do sudeste, e ainda nublado. Durante o resto daquele dia, e do dia seguinte, ele continuou avançando, geralmente a cinco e seis nós, aumentando a velocidade na manhã do dia 12 para oito e nove nós.

Domingo / segunda-feira, 13 / 14 de dezembro

À velocidade que fazia, não levou muito tempo para que a *Bedford* cobrisse a distância até seu destino, lá chegando novamente antes de todos os outros. Ao amanhecer do dia 13, a ilha de Palma, a mais setentrional do grupo que constitui as Canárias, ficou à vista cerca de seis léguas na direção sul quarta sudoeste. Durante o dia, o vento diminuiu para uma brisa leve e o sol apareceu; Palma ficou lentamente a distância; às seis horas, Ferro ficou à vista, e mais uma vez a *Bedford* assumiu a sua posição de espera, aguardando reencontrar a esquadra. Nesse momento, esta nau não tinha meios de saber que os dois navios mais importantes que estavam sendo escoltados também se separaram e, embora agora navegassem juntos, não contavam com a escolta de um navio de guerra britânico.

A *Príncipe Real* e a *Bedford* estavam agora bem perto uma da outra. Às sete horas da noite, a *Urânia* anotou que a ilha de Ferro estava à vista. No mesmo momento, a *Bedford* deveria estar bem próxima, pois anotava que Ferro continuava à vista.

Na manhã do dia 14, logo após haver exercitado seus canhões maiores, a *Bedford* avistou três velas a barlavento, número que aumentou à tarde para quatro.

Exercitar os canhões principais, a fim de obter rapidez no disparo das bordadas de artilharia e precisão no tiro, era um aspecto necessário da vida de bordo. Para tal finalidade, certa quantidade de pólvora era alocada pelo Almirantado. Não era incomum que capitães adquirissem pólvora adicional às suas próprias custas, a fim de aumentar a freqüência dos exercícios; o retorno era esperado em dinheiro de presas, em promoções e em glória, obtidos nas batalhas.

A *Bedford* agora rumava a toda a velocidade para os navios distantes, mas levaria um dia inteiro até que pudesse registrar: "Reuni-me à parte da esquadra portuguesa que levava a família real." O capitão Walker mais tarde relatou ao Almirantado:

> No dia 14 de manhã, ao largo da ilha, tive a satisfação de avistar quatro navios a barlavento, sendo então a direção do vento oeste-sudoeste, aos quais me reuni no dia seguinte, e estes eram os navios agora de conserva.[8]

Terça-feira / quarta-feira, 15 / 16 de dezembro

Na tarde do dia 15, a *Bedford* atracou a contrabordo da *Príncipe Real*, e o capitão Walker subiu a bordo. Nesse momento, como era a única escolta, toda a responsabilidade imposta pela convenção recaía sobre a *Bedford*. Esta a assumiu com muita seriedade, como relatou o capitão Walker:

> Dei toda atenção possível à família real, conforme exigiam meu dever e minha inclinação, e Sua Alteza Real teve a generosa consideração de expressar sua satisfação em relação à minha conduta.[9]

Com a última das tempestades acalmada e faltando agora apenas dois graus para entrar na zona dos trópicos, o bom tempo, com brisa morna e agradável, tornou-se habitual. No dia 16, a *Bedford* relatou que seus veleiros estavam ocupados fazendo um toldo; este serviria para fazer sombra sobre o convés aberto e ajudar a refrescar o ar que descia para as cobertas inferiores, através das grades de ventilação.

À medida que o tempo melhorava, os passageiros não tinham tanto de se preocupar em se manterem secos e aquecidos; ao diminuir a ansiedade em relação ao tempo ou a um possível ataque de algum esquadrão francês, começavam as inquietações e as queixas sobre a falta de espaço, alimento, limpeza e recreação.

Quando a tormenta passou, um clamor geral se levantou a bordo, pelas comodidades que faltavam; a um tinha ficado em Lisboa um bule de muita estimação, que fazia o melhor chá do mundo; outros haviam deixado de trazer um baú, em que tinham trastes muito necessários; outros se mostravam arrependidos de terem embarcado.[10]

Ao sentirem-se bem longe do inimigo e da pátria infeliz, voltou-lhes então a calma. Notaram que tudo faltava, que os mantimentos eram da pior qualidade, que as bagagens estavam trocadas.[11]

Quinta-feira / sexta-feira, 17 / 18 de dezembro

A monotonia da jornada foi quebrada no dia 17; era aniversário da rainha, d. Maria. Três vezes durante o dia, ao amanhecer, ao meio-dia e ao anoitecer, os portugueses dispararam a salva real em sua honra.[12] A *Bedford*, não desejando ser excluída dessa comemoração, arvorou o pavilhão real durante o dia em seu mastro grande, e também demonstrou sua participação com uma tradicional cerimônia naval britânica:

> No dia 17, aniversário da rainha, o qual comemoraram com três salvas reais ao amanhecer, meio-dia e anoitecer, considerei extremamente oportuno que o navio de Sua Majestade desse uma completa demonstração de nossa participação naquela comemoração, e, pouco antes do meio-dia, carreguei todas as velas, guarneci as vergas, com todo o pessoal uniformizado, sem seus chapéus, e os fuzileiros apresentando armas; e, às 12 horas, disparei uma salva real.[13]

No dia seguinte, comemoração idêntica foi repetida, "por ser a festa da santa padroeira da rainha". A bordo da *Bedford*, os oficiais ficariam contentes com a reação: "O príncipe expressou-se de modo muito agradável, em ambas as ocasiões."[14]

O capitão Walker tinha pela frente deveres e circunstâncias altamente incomuns; preocupado em fazer a coisa certa, escreveu:

> Peço a licença de esperar que Suas Excelências aprovarão minha conduta na ocasião. A fim de evitar qualquer comentário de que eu tivesse feito a coisa pela metade, expliquei-lhes que nunca excedíamos 21 tiros de canhão ao comemorar o aniversário do nosso Soberano Real.[15]

~ *Segunda-feira, 21 de dezembro*

Depois de vários dias de progresso muito lento, um vento de nordeste começou a soprar e, por uma semana, navegaram a seis ou até mesmo sete nós.

O intenso desejo de chegar a seus domínios no Novo Mundo e o vento estável de nordeste, assim como um suprimento adequado de víveres e de água, podem muito bem ter sido as razões que levaram o príncipe regente a decidir, no dia 21 de dezembro, navegar diretamente para o Brasil. Naquela manhã, a *Príncipe Real* sinalizou à *Bedford* para que esta se aproximasse à distância da voz.

A *Bedford* registra:

> Às cinco horas fui chamado à fala e informado de que o príncipe tinha enviado uma fragata a Porto Praia, para anunciar que Sua Alteza Real tinha seguido adiante e ordenar a todos os navios para prosseguirem até o Rio de Janeiro, e que o mesmo esperava que o capitão Walker permanecesse com ele.

Esta era uma mudança importante, em relação aos planos previamente estabelecidos:

> O príncipe pretendia inicialmente tocar em Porto Praia e ficou combinado que eu fundearia e lhe traria suprimentos enquanto ele estaria em capa morta, a distância; mas devido ao forte vento nor-nordeste, passamos a leste de todas as ilhas de Cabo Verde e não passamos a 60 léguas de São Tiago, e ele despachou uma fragata para lá, a fim de ordenar aos navios que chegassem que o seguissem para o Rio de Janeiro, e desejava que eu permanecesse com ele; de fato, ele sempre expressou o maior desejo de que eu permanecesse com ele, o que considerei meu dever fazer.[16]

Durante aquela noite de 21 de dezembro, a fragata *Minerva* alterou o rumo e seguiu para Porto Praia, São Tiago; ela chegaria lá no dia 24, com as suas notícias, na frente da *Marlborough*. Antes de partir, foi informada sobre a longitude em que a *Príncipe Real* e a *Afonso de Albuquerque* esperavam cruzar o equinócio.[17]

Equinócio é o ponto em que o dia e a noite têm igual número de horas. A longitude em que se esperava atravessar esta linha imaginária seria, portanto, um ponto de referência para os navios que faziam aguada em

Porto Praia. Fora do alcance visual de terra, era impraticável escolher um ponto de reunião como antes; este era um ponto de referência tão bom quanto seria possível, naquelas circunstâncias.

A vida a bordo dos navios estabilizou-se novamente, pois ainda havia uma longa distância a navegar; no tempo de duração total de viagem, estavam apenas no meio do caminho.

Terça-feira, 22 de dezembro

A *Bedford* anotou em seu livro de quartos, em 22 de dezembro:

> De manhã, veleiros ocupados reparando a vela grande, pessoal fazendo estopa.[18] Armeiros na forja, à tarde o queijo restante foi trazido para arejar, e o exame revelou partes de vários queijos mofadas e impróprias para uso; condenados em inspeção, 122 libras que estavam podres e fedendo e impróprias para comer, as quais foram lançadas pela borda, sendo uma amolação para o navio.

No dia 23: "De manhã, o convés inferior foi lavado, enviei o barco até o navio do almirante português; às 12 horas, tempo moderado e bom"; no dia 24:

> Às 6h30 partiu desta vida John Alioand; às 8h40, o corpo do finado foi lançado às profundezas com a cerimônia usual; à tarde, foram punidos Hugh Davis com 24 chibatadas por negligência no dever e desrespeito, Neal McDougal com 24 chibatadas por negligência no dever e expressões de motim e Thomas Mirrins com três chibatadas por negligência no dever.

À medida que se aproximavam do equador, sua velocidade baixava de modo alarmante. Poucos sabiam que seriam, dentro de poucos dias, ultrapassados pela *Marlborough* e seu comboio, que navegavam num rumo paralelo não muito distante, a oeste.

A frustração a bordo deve ter crescido até o limite, pois agora o esquadrão tinha sido realmente apanhado pelas calmarias, embora a área destas fosse muito reduzida durante essa época do ano; nesse momento, o avanço diário era mínimo. A situação iria piorar, com o passar do tempo, como relatou o capitão Walker: "Estávamos sendo detidos pelas calmarias, que mantinham os ventos e as chuvas pesadas do lado norte da linha, e levamos dez dias para avançar 30 léguas."[19] Com um bom vento, um navio veloz cobriria esta distância em 20 horas.

As distrações ao longo da interminável jornada incluíam visitas sociais de um navio ao outro. Pelo número de vezes em que a *Bedford* estava lançando ao mar suas embarcações, sem dúvida isso estava ocorrendo. Na maioria dos dias, uma das embarcações da *Bedford* ia até o navio almirante, por algumas horas.

Um dos aspectos mais desagradáveis da calmaria, com o pouco movimento do navio, era a questão dos detritos. Como não havia tanques sanitários, nem nada similar, com o passar do tempo todos os dejetos tendiam a se acumular no mar, em torno do navio; uma massa nauseante e malcheirosa, que ficava pior à medida que o tempo esquentava.

Outro aspecto desagradável era a falta de higiene a bordo. Tobias Monteiro escreveu:

> Tamanha foi a invasão de piolhos, que todas elas, inclusive a princesa real, tiveram de cortar os cabelos para atacar eficazmente os parasitas com banha e pós de Joanna. Quando as vissem chegar tonsuradas, todo o belo sexo do Rio de Janeiro haveria de tomar a operação como requinte da moda e, dentro de pouco tempo, as fartas cabeleiras das cariocas caíram, uma a uma, devastadas à tesoura.[20]

Mesmo em terra, como o banho não era hábito, o piolho era um problema constante. Micos bem treinados poderiam ser alugados para catar (e comer) os piolhos das cabeleiras infestadas! O cabelo mantido longo era sinal de riqueza, pelo custo de sua manutenção.

O tempo tropical tornou-se predominante; com trovões, raios e chuva pesada à tarde, mas pouco vento.

Sexta-feira–domingo, 1–3 de janeiro de 1808

Em 1º de janeiro, no ápice do período calmo e sem vento, a *Bedford* relatou às dez horas da manhã ter avistado, do topo de seu mastro, uma vela não identificada a sudoeste.

Um bom vigia, postado no vau de joanete, podia avistar um joanete ou mesmo um sobrejoanete no horizonte, enquanto o casco ainda estivesse alagado; com boa visibilidade, o alcance da vista era de 20 milhas ou mais.

No dia seguinte, às 7h30 da manhã, o navio relatou que a vela estranha ainda estava lá e que, ao meio-dia, podia avistar duas outras velas na direção sul. Naquele momento, a *Bedford* navegava um pouco adiante dos navios que estava escoltando, de modo a poder retornar rapidamente até eles, se fosse necessário; a *Príncipe Real* estava a norte quarta noroeste, a *Afonso de Albuquerque* a nor-noroeste; e a *Urânia* próxima ao almirante, também a norte quarta noroeste. No dia 3, os dois navios não identificados tinham se deslocado para sudoeste quarta oeste.

Havia muito pouco o que a *Bedford* pudesse fazer; não apenas o vento estava fraco, de modo a que mesmo distâncias relativamente curtas levavam muito tempo para serem cobertas, mas, estando só, não podia deixar os navios que estava escoltando para investigar velas estranhas.

Graças à imprecisão e ao fato de que os navios estavam dispersos numa grande área, é provável que a *Bedford* estivesse mesmo avistando os navios que estavam sendo escoltados pela *Marlborough*; pois, durante esses três dias, o comodoro navegou em um rumo mais a oeste, ultrapassando o esquadrão que a *Bedford* estava escoltando.

Suas posições relativas, ao meio-dia de cada dia, eram as seguintes:[21]

	Bedford		***Marlborough***	
	Latitude	Longitude	Latitude	Longitude
1 de janeiro	2°58'N	21°48'	3°21'N	23°00'
2 de janeiro	2°39'N	21°52'	2°34'N	22°57'
3 de janeiro	2°19'29"N	22°09'	1°43'N	23°44'

A posição de um navio ao meio-dia não fornecia precisão absoluta, como é indicado pelos registros dos navios que navegavam junto com a *Marlborough*:

	London		***Monarch***	
	Latitude	Longitude	Latitude	Longitude
1 de janeiro	3°18'N	22°57'/22°54'	3°23'N	22°38'
2 de janeiro	2°26'N	23°04'	2°27'N	22°38'
3 de janeiro	1°46'21"N	23°05'04"	1°50'N	23°10'

Evidência adicional é o registro, no livro de quartos da *Marlborough*, para a noite de 2 de janeiro: "Avistei uma luz azul a nordeste; às 11h15, acendi uma luz azul; esquadrão indo de conserva." No livro de quartos da *Bedford*, para a mesma noite, lê-se: "Acendi uma luz azul." Esta posição corresponderia à da *Bedford*, no caso em que uma das velas avistadas fosse a *Marlborough*.

Essa é a única noite da viagem, após 8 de dezembro e até a chegada ao Brasil, em que uma "luz azul", típica das belonaves da Royal Navy, é registrada por quaisquer dos quatro navios. Parece que a *Bedford* acendeu a luz azul porque tinha navios estranhos à vista, e a *Marlborough* fez o mesmo porque viu uma luz azul.

A comparação de posições entre a *Bedford* e a *Marlborough* também mostra a considerável diferença de velocidades. Embora próximos, o vento podia ser diferente, porém é mais provável que o progresso da *Bedford* tenha sido lento por causa da marcha arrastada imposta pela *Afonso de Albuquerque*.

Segunda-feira, 4 de janeiro

Outro estranho apareceu, desta vez um brigue navegando no rumo sudeste. A *Bedford* alterou seu rumo ligeiramente para interceptá-lo e, no dia seguinte, alcançou-o. Era um brigue português transportando sal de Lisboa para o Rio de Janeiro; um navio de marcha lenta que havia zarpado para a sua jornada em 14 de novembro e nada sabia sobre os eventos mais recentes.

Enquanto isso, na Bahia, de acordo com os registros, o primeiro navio da frota mercante que tinha partido de Lisboa em 29 de novembro acabara de chegar: era um navio mercante daquela cidade, o *Príncipe*.[22] Este trouxe as notícias da transferência da corte, quando atracou em Salvador em 4 de janeiro. Parecia ao então governador, João de Saldanha,[23] que a notícia era autêntica, pelos detalhes do encontro com o esquadrão britânico fora da barra e pela cópia do decreto que havia sido publicado afirmando a intenção de d. João de partir para o Brasil. Esta notícia foi imediatamente enviada ao vice-rei, Marcos de Noronha e Brito,[24] no Rio de Janeiro. Profeticamente, a notícia do *Príncipe* era de que o príncipe regente estava vindo para a Bahia.

Quarta-feira, 6 de janeiro

Desde o dia 4, o capitão Walker trocava informações diariamente sobre a sua posição com o almirante, por meio de sinais. O vento de su-sueste ganhara alguma força; parecia, assim, que tinham se livrado das calmarias e estavam navegando, mas ainda lentamente, a dois e três nós.

O primeiro relatório do capitão Walker sobre a viagem foi escrito nesta data. Ele acrescenta, em pós-escrito:

> Eu tinha escrito a carta acima na esperança de encontrar-me com alguém próximo à Linha, com destino à Inglaterra ou às Índias Ocidentais. Como tal oportunidade não ocorreu, pensei em enviá-la, desde então, diretamente.[25]

A rota provável de um navio com destino à Inglaterra, proveniente do hemisfério Sul, era passando pelas Índias Ocidentais e subindo a costa dos Estados Unidos, só realizando a travessia numa latitude alta, onde poderia contar com os ventos do oeste.

A bordo da *Bedford*, a prolongada jornada estava começando a ter seu efeito sobre a tripulação. O livro de quartos do capitão relatou no dia 7:

> Puni John Walter com duas dúzias de açoites, e John Tetley, John Fox, William McCurdy, Dennis McKelly, David Scott, Thomas Nichols, John McKindly com uma dúzia cada, por provocações frívolas e queixas sobre provisões; Thomas Jackson, quatro dúzias por expressões induzindo ao motim.

Sábado, 9 de janeiro

Às 10h30 da manhã, a *Bedford* cruzou o equador; a distância até cabo Frio foi, ao meio-dia, estimada em 1.670 milhas. O vento sudeste ainda propiciava um progresso lento, não mais que 40 ou 50 milhas por dia.

O capitão Walker, sempre solícito, ofereceu seu navio:

> Como a navegação pesada do *Alphonzo* [sic] nos retardava materialmente, e o navio do príncipe estava se tornando insalubre, tendo 1.054 pessoas a bordo, pensei ser meu dever oferecer o navio de Sua Majestade para acomodação de Sua Alteza Real e comitiva, no caso de o príncipe desejar pros-

> seguir rumo ao Rio de Janeiro ou, como o vento mantinha-se do sudeste, de sermos forçados a arribar aqui (Bahia); oferta que ele ficou contente em receber, muito graciosamente, e propôs à princesa, a qual teve prazer em dizer que só declinava porque iria mortificar demais o capitão do *Alphonzo* [sic].[26]

Sábado / domingo, 16 / 17 de janeiro

Após mais uma semana, sem qualquer sinal de mudança ou melhora no seu progresso, no dia 16 a *Príncipe Real* sinalizou ao capitão Walker e o almirante informou-o de uma mudança em seus planos. Em vez do Rio de Janeiro, iriam para a Bahia, muito mais próximo deles, naquele momento cerca de 162 léguas de distância.

No dia seguinte (17), pouco antes do meio-dia, a *Bedford* sinalizou ao almirante que tinha avistado uma vela estranha a sudoeste; à medida que o dia passava e se aproximavam da costa do Brasil, a vela não identificada moveu-se para uma posição a oeste meia noroeste, aproximando-se, até que pôde ser identificada como um brigue de guerra. Este era de fato o brigue português *Trez-Corações*. O governador de Pernambuco,[27] ao saber que a família real tinha partido de Portugal e iria varar esta parte da costa a caminho do Rio de Janeiro, decidira, como gesto de boa vontade, enviar o *Trez-Corações* carregado com frutas, verduras e legumes frescos, para andar em cruzeiro naquela área e tentar interceptar a *Príncipe Real*. À tarde, a posição do brigue era francamente a oeste, entre o esquadrão e a terra; o vento sudeste tornava difícil diminuir a distância que os separava. Nas primeiras horas da manhã seguinte, finalmente obteve sucesso em sua missão; a *Urânia* interceptou-o. A partir daí, o *Trez-Corações* se uniu aos demais durante o resto da jornada.

Segunda-feira, 18 de janeiro

No dia 18, o aniversário da rainha da Inglaterra[28] foi comemorado; ela nascera em 1744. Às 11 horas da manhã, o major-general da esquadra e chefe-de-divisão Joaquim José Monteiro Torres subiu a bordo da *Bedford*. O capitão Walker escreveu:

> Tendo, como tive a honra de declarar em minha primeira carta, considerado meu dever unir-me à comemoração do aniversário da augusta aliada de Sua Majestade, pensei que estaria em falta com meu dever de lealdade a meu próprio soberano se me omitisse de comemorar o dia 18. Procedi do mesmo modo e, portanto, disparei uma salva real, no que fui acompanhado pela fragata. Os outros navios tinham içado seus pavilhões ao nascer do sol; Sua Alteza Real enviou o capitão da esquadra [sic] para cumprimentar o navio de Sua Majestade pela ocasião; ele foi recebido com as continências devidas a um contra-almirante e salvado com 13 tiros ao deixar o navio, quando o príncipe ordenou à fragata, através de sinal, que respondesse à salva com igual número de tiros. Peço licença para esperar que Suas Excelências aprovem a minha conduta nisto, já que a natureza peculiar do caso fez com que me desviasse do costume estabelecido.[29]

Assim que as formalidades de salva terminaram, o capitão Walker alterou rumo para interceptar uma vela estranha próxima, no sul quarta sueste:

> Às duas horas larguei pano, disparei um canhão para fazer parar o estranho; às 3h45 virei em roda & atravessei o navio, abordei o estranho que arvorava pavilhão português, procedente de S. Catherines [sic] com destino a Paramaiha [sic].

Quarta-feira / quinta-feira, 20 / 21 de janeiro

Por várias noites, vinha soprando uma brisa moderada, de modo que a esquadra era capaz, por algumas horas, de navegar a seis e sete nós. Na manhã do dia 20, o almirante ordenou uma mudança de rumo, de sudoeste para oeste; a esquadra estava chegando à terra. À tarde, o *Trez-Corações*, que devia estar estacionado a oeste, disparou um canhão; tinha avistado terra. Às seis horas da tarde, a *Bedford* relatou ter avistado terra do topo do mastro, a oeste quarta noroeste, cerca de nove ou dez léguas de distância.

Na manhã seguinte, a *Bedford* sondou com o prumo grande, mas não encontrou fundo a 110 braças. No começo da noite, tentou novamente, e encontrou fundo arenoso a 28 braças.

Medir a profundidade da água em que um navio estava navegando era uma tarefa importante. Não apenas havia muitas partes do mundo que ainda não constavam das cartas náuticas, como também a profundidade e a consistência do fundo freqüentemente eram uma orientação útil para determinar a posição. O prumo era lançado da proa por um marinheiro posicionado na amura, e deixado afundar até tocar o fundo – esperava-se que antes de ser ultrapassado pela popa do navio, onde outro marinheiro segurava a linha, o sebo no peso colheria uma amostra do fundo; etiquetas atadas ao longo da linha asseguravam que a profundidade pudesse ser lida rapidamente.

Naquela tarde, a *Urânia* disparou um canhão e fez parar uma vela estranha. Estavam a menos de 100 milhas de seu destino.

Sexta-feira, 22 de janeiro

Em terra, a esquadra tinha sido avistada e mensageiros foram despachados para alertar o governador em São Salvador. Este escreveu sobre a chegada:

> No dia 22 de janeiro deste ano, pelas duas horas da madrugada, me foi dada a notícia de se terem avistado embarcações grandes na costa do Norte, no dia 21, pelas quatro horas da tarde; redobrei as vigias ordinárias, e sucessivamente, se me comunicou, aparecerem três naus, uma galera e dois bergantins, dando-se por certo serem embarcações inglesas; nesta certeza me conservei até o meio-dia, em que, diferençando-se as bandeiras, se reconheceu o pavilhão real; mandei logo tirar balas às peças das baterias para se darem as devidas salvas.[30]

Na tarde do dia 22 de janeiro de 1808, após 54 dias no mar, a esquadra entrou na baía de São Salvador e fundeou. A *Bedford* relata:

> À 1h25, fiz sinal com um canhão solicitando prático ... às quatro horas, entrei na baía de São Salvador ... às seis horas, fundeei com ferro de serviço em 12½ braças de água, ferrei velas, desenverguei velas pequenas e fundeei navio a dois ferros.

Agora que tinham chegado em segurança, sua preocupação era com os outros navios da esquadra, em particular os navios de linha de batalha transportando os outros membros da família real, os ministros e os membros da corte.

Antes de se separarem da esquadra, tanto a *D. João de Castro* quanto a *Medusa* tinham obtido permissão para seguir para o Brasil independentemente.[31] O comodoro Moore confirma isto em seu relatório: "Dois deles, a *Meduse* [sic] e a *Dom Juan de Castro* [sic], tendo se separado antes que V. Ex. me destacasse para este serviço."[32]

A *D. João de Castro* arribou, no início de janeiro, na enseada de Lucena (Paraíba), abrindo mais água do que podia esgotar com as bombas,[33] e com avarias em sua mastreação e em seu aparelho.[34] Em 17 de dezembro, tinha chegado à fala da *London* e dito que não necessitava de qualquer assistência. Como nenhuma tempestade foi registrada após este período, deve ter sido apanhado numa tormenta tropical local ou então era orgulhoso demais ou, ainda, pode não ter percebido a extensão das avarias que sofrera, nas borrascas anteriores a esta data.

A *Medusa*,[35] seriamente avariada na tempestade ao largo da ilha da Madeira, chegou com dificuldades ao Recife em 13 de janeiro de 1808. Durante os últimos dias, fora escoltada pela fragata *Medea*, pertencente a mercadores do Rio de Janeiro.

> Na noite do dia 10, na altura da ilha da Madeira, desarvoramos do mastro grande, que levou consigo o da mezena, depois do que foram os balanços terríveis, em conseqüência do que desarvoramos também da do velacho, ficando unicamente com o gurupés e mastro do traquete; faltos de todo o sobressalente, não só o perigo foi iminente naquele momento, mas dificilmente se remediou armando umas pequenas guindolas no que se trabalhou dez dias, e assim chegamos aqui no dia 13 do corrente, obrigados por ventos escassos.[36]

Antônio de Araújo, viajando neste navio, ao escrever ao príncipe regente, atribuiu as avarias às condições da mastreação e do aparelho: "O mastro grande não estava velejado, e quebrou porque estava totalmente podre; cabos são indignos; tudo tem concorrido para pôr em perigo as nossas vidas."[37] É provável que, ao tentar manter seu rumo com fortes ventos de sudeste, tivessem forçado em demasia a mastreação e o aparelho.

Fora a *Medusa*, com suas notícias, que dera ao governador de Pernambuco a idéia de enviar o *Trez-Corações* para interceptar a *Príncipe Real* em 25 de janeiro. Antônio de Araújo escreveu que, no dia 20, ele recebera a notícia de que os navios transportando a família real tinham cruzado a latitude de Recife no dia 17. O navio que lhe dera essa notícia tinha sido abordado pela *Bedford*, como já mencionado, na tarde de domingo, dia 18.

Sábado, 23 de janeiro

Na primeira manhã na baía, um navio de guerra holandês atraiu a atenção da *Bedford* no porto de São Salvador:

> À nossa chegada aqui, encontramos um pequeno brigue de guerra holandês, o *Fly*, o qual o príncipe apreendeu e estava determinado a enviar à Inglaterra, o que eu havia sugerido à Sua Alteza Real, na suposição que o governo de Sua Majestade estaria naturalmente ansioso em saber de nossa chegada aos Brasis [sic].[38]

O destino dos outros membros da família real e dos navios que tinham partido juntos do Tejo ainda era desconhecido:

> O príncipe tenciona seguir para o Rio de Janeiro, onde ele espera encontrar o resto da esquadra; apenas um dos navios portugueses, um 64, tinha arribado aqui antes de nós e zarpado novamente antes de nossa chegada, e nada se sabe dos outros navios.[39]

A esquadra portuguesa tinha três navios de 64 canhões, as naus de linha *D. João de Castro*, *Alfonso de Albuquerque* e *Martim de Freitas*. A última teria sido o navio mencionado; ela entrou na Bahia em 10 de janeiro e, depois de fazer aguada e embarcar mantimentos para 20 dias, partiu para o Rio de janeiro. A *London* relatou que o citado navio chegou ao Rio de Janeiro em 26 de janeiro; o atraso se deveu à calmaria na latitude 18º.[40] Seu capitão, d. Manuel de Meneses, encontrou morte trágica logo após a chegada: ao deixar a *Rainha de Portugal*, caiu ao mar quando embarcava em seu escaler e afogou-se; seu corpo apareceu três dias depois.[41]

Esse fidalgo era irmão de d. Gregório Ferreira d'Eça e Meneses, conde de Cavaleiros, que, mais tarde, também teve morte desastrosa: acompanhara a família real em um passeio na atual área da floresta da Tijuca; foi de perto observar a Cascatinha e pisou em uma pedra cheia de limo. Escorregou e despenhou-se pelas pedras abaixo, encontrando-se depois o seu cadáver despedaçado.

Embora estivessem no porto após a longa jornada, preparativos tinham de ser feitos para colocar todos os navios em condições ideais para a continuação de sua viagem. Na prática, isto significava embarcar água e alimentos, substituir mastros e antenas quebrados, e reparar e substituir cordoalha e lona para velas. Barris de água foram embarcados e tiveram de ser estivados; areia, em grande quantidade, usada para raspar a sujeira dos conveses de madeira; bois vivos, para serem abatidos a bordo; verduras, legumes e frutas frescas. Na tarde do dia 23, o trabalho parou, enquanto a família real baixava a terra. A *Bedford* relatou: "O príncipe baixou a terra; guarneci as vergas e salvei com 21 tiros às quatro horas."

Domingo, 24 de janeiro

Na tarde seguinte, a rainha também baixou a terra, e novamente uma salva real foi disparada.

No passado, a Marinha portuguesa encomendara a construção de vários navios na Bahia, de modo que madeira e operários adestrados estavam disponíveis para reparos. O capitão Walker escreveu que a *Bedford* estava recebendo toda a atenção:

> Sua Alteza Real teve a satisfação de dar ordens para que toda atenção possível fosse dada ao navio de Sua Majestade pelo arsenal, o qual, prontamente, fez para nós uma nova verga grande (tendo a antiga se partido na tempestade ao largo da Madeira) e um mastaréu de gávea; e fartos suprimentos de bois de corte, frutas, verduras e legumes foram enviados para bordo todos os dias, pelas embarcações que traziam aguada para o navio.[42]

Quinta-feira, 28 de janeiro

Nesta data, d. João assinou a Carta Régia que permitia ao Brasil comercializar com todas as nações estrangeiras. Por este ato, ele estava pondo em prática o que havia sido acordado, em princípio, na Convenção com a Grã-Bretanha, mas de modo mais extenso. Ao mesmo tempo, era um meio de reduzir a tensão provocada por tantos navios carregados, aguardando no porto, prontos para partir, mas sem lugar para onde ir. A importância deste ato, na época e para as gerações futuras, não pode ser subestimada: "Esta Carta Régia[43] bem se pode dizer que é a nossa Magna Carta e a principal fonte de riqueza do Brasil."[44]

Sábado, 30 de janeiro

Este foi um dia atarefado; d. João, agradecido pelas semanas de cuidadoso serviço de comboio, decidiu honrar o capitão e a tripulação da *Bedford*, fazendo-lhes uma visita.

No livro de quartos da *Bedford*, lê-se:

> Vento ligeiro e bom tempo. Içado pavilhão nacional às seis horas; pavilhão real no mastro grande às nove horas; disparada salva real às 9h10; o príncipe, com parte da família real, visitou o navio; içado pavilhão português no traquete ...; à 1h30 da tarde, a família real deixou o navio; disparada salva real e arriado pavilhão; às três horas, guarnecidas as vergas, vieram a bordo o almirante português com capitães; às 6h30, guarnecidas as vergas, o almirante deixou o navio.

Seu relatório ao Almirantado dá mais detalhes desta visita:

> Tendo Sua Alteza Real expressado sua intenção de visitar o navio de Sua Majestade, veio a bordo ontem com toda a família real, exceto a rainha, e tomaram o desjejum. Estiveram a bordo por três horas e visitaram todas as partes do navio.Tiveram a satisfação de expressar-se de modo muito agradecido. Disparamos uma salva real à sua chegada e partida; obtivemos a permissão do príncipe para içar o Pavilhão Real de Portugal no mastro do traquete, enquanto ele estava a bordo, e o nosso estava arvorado no mastro grande, com o galhardete acima.[45]

O'Neil também descreve esta visita à *Bedford*, baseando-se numa carta recebida de um membro da guarnição:

> O bom povo daqui é muito atencioso com os oficiais britânicos. Tendo os régios fugitivos transmitido ao capitão Walker sua intenção de visitar a *Bedford*, o que se deu no terceiro dia após o desembarque, eles deixaram a praia sob uma salva real das baterias e das embarcações e foram recebidos com o maior respeito a bordo, onde uma refeição fria tinha sido preparada para eles. Sua Alteza Real visitou todas as partes da nau e manifestou sua aprovação diante da limpeza que reinava por tudo.

A consideração do capitão Walker pelo príncipe foi muito grande, não só em relação à nau a bordo da qual Sua Alteza Real estava, mas também em relação a todos os vasos de guerra portugueses. Em sinal de reconhecimento por tão dedicada atenção, o príncipe presenteou-o com uma medalha de ouro de uma ordem de cavalaria portuguesa muito antiga. Sua Alteza o consulta em todas as oportunidades e parece feliz de receber seus conselhos.[46]

D. João estava tão satisfeito com o desfecho da viagem, e com a ajuda recebida da Grã-Bretanha em geral e de seu almirante e seus capitães em particular, que, seguindo o costume em tais ocasiões, decidiu condecorá-los. Existia, contudo, um problema, visto que as três ordens militares em Portugal eram todas religiosas e só podiam ser conferidas a católicos. Ele decidiu, então, reviver a ordem não-religiosa, a Ordem da Torre e Espada, originalmente instituída por d. Alphonso V em 1459.[47] Ainda durante a estada na Bahia, ordenou que duas medalhas fossem cunhadas, com a inscrição "Valor e Lealdade", a fim de serem outorgadas a "dous beneméritos vassalos do meu fiel e antigo aliado El-Rei da Grã-Bretanha".

Presume-se que as medalhas eram para o capitão e o primeiro-tenente (imediato) da *Bedford*.

A rotina diária continuou a bordo da *Bedford*, com o recebimento de carne, frutas frescas, legumes e verduras, para alimentar os fuzileiros e a marinhagem; água e pão, para completar os suprimentos consumidos durante a jornada; mastro e vergas, para substituir os danificados pelo tempo.

A atração do porto para os marinheiros fica evidente nestas anotações no livro de quartos:

> Punido Mario Penush com 36 chibatadas por tentar desertar ... punido Henry McGee com 24 chibatadas por deixar a embarcação de serviço ... recebidos quatro desertores trazidos por soldados portugueses, de nome Daniel Cameron, Jonathan Cook, Alexander McClean e James Power – igualmente quatro homens recrutados e um grumete.

Segunda-feira, 8 de fevereiro

Em 8 de fevereiro, um brigue zarpou para a Inglaterra com as notícias de sua chegada em segurança. O capitão Walker tinha escrito ao secretário do Almirantado, no dia 6, que até o momento tudo estava bem:

> Aproveito a oportunidade para dar-lhe ciência, para informação de Suas Excelências, de termos chegado tão longe em nossa viagem aos Brasis [sic], de conserva com a *Príncipe Real*, de 80 canhões, na qual a rainha de Portugal, o príncipe dos Brasis [sic] e seus dois filhos estão embarcados, a *Alphonso D'Albuquerque* [sic], de 74, no qual a princesa dos Brasis [sic] e quatro de suas filhas estão, e a fragata *Urânia*, e que estamos todos bem.

Agora ele escrevia de São Salvador, sobre a sua chegada em segurança:

> Como não tive oportunidade de transmitir minha carta n.1, de 6 p.p., antes de nossa chegada aqui, achei correto enviá-la por este transporte, em sua forma original, e agora tenho a honra de dar-lhe ciência, para informação de Suas Excelências, de que chegamos a esta baía no dia 22 p.p., todos bem, de conserva com a *Príncipe Royal* [sic], a *Alphonzo D'Albuquerque* [sic] e a fragata *Urânia*.[48]

Uma estimativa do tempo que o brigue levou para chegar à Inglaterra pode ser feita pelo fato de que estas duas cartas só alcançaram o Almirantado em 10 de maio.[49]

No mesmo dia, outro brigue suspendeu rumo ao Rio de Janeiro, com as notícias sobre sua chegada. Escreve o comodoro Moore:

> Não tivemos notícias de Sua Alteza Real até 12 de fevereiro, quando um brigue de São Salvador trouxe cartas de Sua Alteza Real à princesa viúva, informando-a de sua chegada aqui em 22 de janeiro, com a *Príncipe Real*, a *Alfonso d'Albuquerque* [sic], a fragata *Urânia* e o navio de Sua Majestade *Bedford*.[50]

Quarta-feira, 10 de fevereiro

Na noite deste dia, a *D. João de Castro*, ainda bastante castigada e abrindo água, entrou e fundeou; não estava em condições de prosseguir a viagem para o Rio de Janeiro. Decidiu-se que permaneceria em São Salvador para reparos no arsenal apropriado. Os seus passageiros e a sua guarnição foram transferidos para o *Activo* e para o navio mercante *Imperador Adriano*, pelo resto da viagem.

O membro mais importante da corte, excluindo-se os integrantes da família real, era o duque de Cadaval.[51] Passageiro a bordo da *D. João de*

Castro, adoentou-se durante a jornada. Foi forçado a permanecer em São Salvador, na residência do rico comerciante Manoel Joaquim Alves Ribeiro, na rua das Mercês. Faleceu em 14 de março de 1808 e foi sepultado no convento de São Francisco. Sua viúva e seus filhos mudaram-se então para o Rio de Janeiro.

Uma idéia da extensão da confiança que o príncipe regente depositava no capitão Walker pode ser avaliada pelo fato de que ele ordenou que os seus tesouros, os quais tinham sido trazidos de tão longe a bordo da *D. João de Castro*, deveriam ser transferidos para a *Bedford* pelo resto da viagem. No livro de quartos deste, lê-se: domingo, dia 14: "e 51 cofres de tesouro do navio português *St. John de Castro* [sic]"; segunda-feira, dia 15: "recebidos três bois, legumes, verduras e frutas, e 30 cofres de tesouro"; e quarta-feira, dia 17: "três caixas de tesouro do navio português".

Quinta-feira, 11 de fevereiro

O príncipe cruzou a baía e foi saudado pela *Bedford*, que guarneceu as vergas.

O problema das deserções continuou. Alguns tripulantes tentaram fugir, e foram recapturados, pela segunda vez. Segunda-feira, dia 15: "Punidos Jonathan Smith e Daniel Cameron com cinco dúzias, Hugh Davies com quatro dúzias, e Jonathan Smith com quatro dúzias por deserção"; segunda-feira, dia 22: "Recebidos Alex Patterson, Daniel Houghton e John Wilson, desertores."

A responsabilidade adicional de transportar cofres de tesouros e de desencorajar desertores pode muito bem ter sido a razão que levou o capitão Walker, na manhã do dia 17, a suspender com a *Bedford*; e, à noite, em nova posição, a fundear novamente com dois ferros em oito braças. Após o dia 17, nenhuma outra deserção foi registrada.

Terça-feira, 16 de fevereiro

A *Medusa* finalmente chegou de Recife e, às 5h30 da tarde, fundeou na baía. No final de janeiro, tinha partido de Recife para São Salvador, mas, por causa dos ventos contrários, fora incapaz de montar o cabo de Santo Agostinho. Fundeou, aguardando que o vento mudasse; entretanto, quando sua amarra se arrebentou, não possuindo outro ferro pesado, retornou. Enquanto aguardava antes de fazer outra tentativa, seus mastros foram substituídos pelos de um navio mercante.[52]

Agora que todos os navios estavam reunidos, os preparativos finais foram iniciados para a partida rumo ao Rio de Janeiro. No dia 23, a *Bedford* recebeu a bordo vários passageiros, que viajariam com o navio. Uma certa quantidade de feno foi trazida a bordo; o navio reportou ter abatido, durante a viagem para o Rio de Janeiro, oito bois de corte e três porcos.

Quarta-feira / quinta-feira, 24 / 25 de fevereiro

No dia seguinte, cedo pela manhã, a faina de suspender começou. Primeiro o ferro de boreste, o ferro de serviço, foi içado e embarcado. O navio então virou ao cabrestante seu ferro de bombordo, o segundo ferro de serviço, alerta para os sinais do almirante. Às 12h30, as vergas foram guarnecidas e uma salva real foi disparada, enquanto o príncipe e a família real retornavam a seus navios.

Quinta-feira, dia 25: como o vento estava desfavorável e o céu cinzento, com nuvens de chuva, a partida foi adiada. À tarde, o príncipe baixou novamente a terra.

Sexta-feira, 26 de fevereiro

Às dez horas da manhã, a esquadra, composta pelas naus de linha de batalha *Príncipe Real*, *Alfonso de Albuquerque*, *Medusa* e *Bedford*, pela fragata *Urânia*, pelo brigue *Trez-corações*, pelo *Activo* e pelo navio mercante *Imperador Adriano*, finalmente zarpou. Ao meio-dia, tiveram de parar e esperar pela maré, mas logo depois estavam novamente a caminho; por volta das quatro horas da tarde, já estavam fora da baía e em mar aberto.

Enquanto a esquadra navegava costa abaixo, os vigias estavam alerta a quaisquer navios estranhos. Durante os últimos três dias da jornada, por segurança, a esquadra parava durante a noite, quando estivessem navegando muito próximo de ilhas ou do continente, só retomando sua jornada ao amanhecer. Pelo menos uma vez por dia, a *Bedford* sondava o fundo. O livro de quartos da *Bedford* mostra que seu capitão estava em contato constante, por sinais, com o almirante, tendo mesmo, na manhã de 1º de março, enviado uma embarcação.

Domingo / segunda-feira, 6 / 7 de março

Em 6 de março, entre descargas de chuva, à 1h15 da tarde, o vigia no topo do mastro finalmente avistou terra. Estavam cerca de oito léguas de Cabo Frio. Na manhã seguinte, dia 7 de março de 1808, a *Bedford* registrou:

> Arribando ao Rio de Janeiro, observei navios disparando uma salva ... às 4h30 da tarde, reduzi pano e fundeei com o ferro de serviço em 15 braças; aqui encontrei fundeados as HMS *Marlboro* [sic], *London* e *Monarch*, e a fragata *Solebay* [sic], com parte do esquadrão português ... às seis horas, fundeei o navio com dois ferros, no alinhamento noroeste-sudeste do forte, na ponta mais ao sul ...

A viagem estava encerrada.

Capítulo Sete

O comodoro Moore, com o resto da esquadra, singra rumo a São Tiago; o navio de S.M. London *reúne-se a eles lá. A viagem para o Rio de Janeiro e a chegada àquela cidade, em 17 de janeiro de 1808. A espera pelo restante do esquadrão, até a chegada do príncipe regente de São Salvador.*

Quarta-feira, 9 de dezembro

Os navios que navegaram diretamente para o Rio de Janeiro também tiveram uma viagem cheia de eventos. Na noite de 8 de dezembro, quando a esquadra se separou, a *Príncipe Real* tinha parado; disso não há dúvida, pois a disposição de suas velas teria indicado isto a um capitão experiente como Graham Moore:

> À noite, no dia 8, estando o tempo nublado e tempestuoso com chuva, e vento aparentemente soprando do nordeste, o navio almirante chegou-se ao vento com amuras a boreste e atravessou.[1]

Tempos depois, o comodoro Graham Moore escreveu sobre seus sentimentos, ao descobrir que os principais membros da família real, dos quais ele recebera a responsabilidade de escoltar para o Brasil, não mais estavam com ele: "Isto certamente causou-me profunda vergonha, embora, devido às circunstâncias envolvendo o fato, nenhuma precaução ou vigilância de minha parte poderia o ter evitado."[2] Ele não foi capaz de descobrir, até muito depois, o que tinha acontecido naquela noite:

> Estando os navios portugueses neste momento muito dispersos, e apenas sete deles à vista, cheguei-me ao vento a cerca de duas milhas a barlavento

> do almirante, com a *Monarch* e a *Bedford*, a fim de, como estivesse quase escuro, manter a linha de contato com os navios dispersos, e supondo, como ele tinha atravessado o navio naquele momento, que ele pretendia pairar durante a noite ... Começou a ventar forte com borrascas de chuva: mantivemo-nos próximo ao almirante, mas às nove horas da noite perdemos de vista a sua luz. Pela manhã, durante um temporal com vento forte e tempo muito encoberto, encontramos a *Monarch* com dois navios de linha de batalha portugueses de conserva. Desde então, descobrimos que o almirante português saiu do rumo durante a noite e aproou a nor-noroeste, sem sinalizar; e assim, na manhã seguinte, encontrou-se apenas com a fragata portuguesa *Uranie* [sic] de conserva, pois a mesma estava muito próxima dele quando este saiu do rumo.[3]

Permanece o fato de que o livro de quartos da nau *Marlborough* mostrava, durante a maior parte da noite, a baixa velocidade de quatro nós. A *Monarch* registra ter permanecido dentro de um raio de 1½ milha do primeiro, mas com uma velocidade de dois nós, durante toda a noite. O único livro de quartos português disponível, o da *Urânia* – que permaneceu próxima à *Príncipe Real* –, anota uma velocidade de cinco nós desde sete horas da noite; ainda assim, a *Marlborough* manteve a *Príncipe Real* à vista até às nove horas da noite, apesar da visibilidade extremamente ruim: "não mais que três comprimentos de navio". Estas imprecisões não podem ser explicadas, e certamente teriam sido investigadas oficialmente, não fosse pela chegada ao Brasil em segurança de cada um dos navios da esquadra.

De manhã cedo, após uma breve espera para que os navios que tinham ficado para trás se reunissem, a *Marlborough* partiu rumo ao primeiro ponto de reunião. Seu livro de quartos registra:

> Às oito horas, não encontrando nenhum dos outros navios, alterei rumo para o sul, repiquei a vela do traquete e icei o sinal português para cerrar formação ao meio-dia a *Monarch* com dois navios portugueses de conserva.

Estes seriam a *Rainha de Portugal*[4] e a *Conde D. Henrique*.[5] Mais tarde, informou ao Almirantado:

> Assim que a luz do dia me convenceu da separação, segui rumo à Madeira, içando os sinais portugueses e reforçando-os com tiros de canhão, para que

os navios portugueses, *Reyna de Portugal* [sic] e *Conde Henrique*, de 74 canhões cada, cerrassem formação e nos seguissem.[6]

Como tinha pairado durante a noite e, como a velocidade com que podia avançar era do navio mais lento que estivesse escoltando, a *Marlborough* não avistaria a Madeira naquele dia. Ao meio-dia, após tomar sua posição, trocou informações sobre latitude e longitude com a *Monarch*.

Enquanto a noite descia, a *Rainha de Portugal* e a *Conde D. Henrique*, escoltadas pela *Marlborough* e pela *Monarch*, lentamente seguiram no rumo sudoeste para a Madeira. A *London*, que tinha seguido adiante, agora se aproximava de Porto Santo, uma pequena ilha a nordeste da Madeira.

Quinta-feira, 10 de dezembro

Ao amanhecer do dia seguinte, a *Marlborough* sinalizou à *Monarch* para demandar terra no rumo sul; pouco depois, a ilha da Madeira pôde ser avistada; a *Monarch* foi chamada de volta. Por todo aquele dia, a Madeira ficou à vista; à noite, o esquadrão chegou-se ao vento, para ficar próximo à ilha; com o vento do leste soprando uma tempestade, não foi fácil ficar próximo ao lado ocidental da ilha. Sem que soubessem, a *Bedford* estava a uma distância não muito grande dali, mas fora do alcance da vista, mais para oeste.

A *London* estava do lado oriental da ilha. Pelo seu livro de quartos, pode-se ter uma idéia do esforço que estava fazendo, tentando alcançar Funchal para fundear:

> Brisa forte e mar tempestuoso. Aproando a noroeste, a uma milha de distância rumo ao poço de Funchal; às cinco horas, cheguei-me ao vento com amuras a bombordo e fiquei bordejando; ventando forte demais para fundear. Vela do traquete rasgada e arrebatada. Estai do velacho e moitão de escota de bombordo da gávea rompidos; uma embarcação veio de terra com o cônsul às sete horas. Mantive-me ao largo com velas de gávea e velas baixas rizadas nos últimos; mastaréus de joanetes abatidos ... Vila de Funchal a quatro milhas ao norte.

Na manhã seguinte, apesar da tempestade, o navio retomou o poço de Funchal e fundeou, "com o ferro de serviço ... larguei um quartel e meio de amarra. Salvei a guarnição com 15 tiros, o que foi respondido". Os próximos dois dias seriam gastos trazendo aguada da terra, içando-a a bordo com talha improvisada, e estivando os barris.

A corveta *Voador*, destacada para seguir de conserva com a *London*, não conseguia mantê-la à vista:

> No dia 6 de dezembro, recebi ordem de S.A.R. para seguir os movimentos da nau inglesa *London* ... no dia seguinte se separou de mim a outra nau por ser muito superior o seu andar, apesar de se fazer toda a força de velas possível. No dia 9 de dezembro, vi a ilha da Madeira, porém debaixo de um temporal fortíssimo, que me obrigou a correr por 48 horas.[7]

Como tinha 181 soldados a bordo, além de sua própria guarnição de 135, temia ficar sem comida ou sem água se a tormenta o impedisse de obter suprimentos, de modo que decidiu seguir sem escalas rumo ao Rio de Janeiro.

Sexta-feira, 11 de dezembro

Ao largo da ilha da Madeira, após a longa espera de uma noite sem nenhum sucesso, ao amanhecer os portugueses fizeram um sinal de aproximar-se, o que foi respondido pela *Marlborough* com três canhões. Nesse momento, ficou decidido que deveriam seguir para o segundo ponto de reunião, ao largo da ilha de Palma, distante cerca de 79 léguas a sudoeste. O comodoro Moore escreveu:

> Sua Alteza Real, a princesa viúva herdeira do Brasil, tendo, da maneira mais condescendente, instruído o capitão português a seguir todas as minhas ordens, e assegurando-me que ela confiava no meu discernimento em fazer o máximo para nos reunirmos à Sua Alteza Real.[8]

Agora, enquanto Madeira se aproximava, as ordens de sir Sidney Smith eram obedecidas: "Cruzei a verga da gávea – enverguei a vela e larguei rizada nos terceiros – icei uma flâmula de comodoro"; a partir desse momento o esquadrão tinha um comodoro no comando.

Domingo, 13 de dezembro

Na manhã de domingo, dia 13, o segundo ponto de reunião, a terra elevada da ilha de Palma – cerca de dez léguas de distância – ficou à vista dois dias depois, ainda sem sinal dos outros navios.

Continuando com os diários do comodoro:

> Já que o tempo estava bom, aproveitei para, junto com o capitão Lee da *Monarch*, ir a bordo da *La Reyne de Portugal* [sic] para visitar o capitão e cumprimentar a viúva do príncipe do Brasil. Aproveitei a oportunidade para me explicar e me desculpar perante o capitão português pela liberdade que tomei assumindo o comando ao enviar mensagens para eles ... assegurei-o que estava pronto e ansioso por fazer qualquer coisa que estivesse ao meu alcance para realizar o meu objetivo, que era de levar a esquadra e a família real, com segurança, até o Rio de Janeiro. Ele aceitou minhas desculpas muito bem e disse que iria ficar atento a todos os sinais e a novas combinações que eu viesse a comunicar.
>
> Eu então dei as orientações para alguns dos sinais noturnos mais necessários e aí partimos. A princesa estava muito ansiosa em chegar ao Rio de Janeiro e avessa a parar em São Tiago ou em qualquer outro lugar; mas, depois de ter tido uma breve conversa com ela, na qual manifestei a minha certeza de que lá chegando nos reuniríamos com a esquadra e o restante da família real, ela se deu por satisfeita. Apresentou-me a duas pequenas princesas que, segundo me disse, tinham estado muito enjoadas; ela estava também temerosa, por achar São Tiago um local pouco saudável. Eu assegurei que não haveria atraso em São Tiago, mas que era absolutamente necessário reunir por lá os navios da esquadra que se encontravam dispersos. Depois me retirei.[9]

Segunda-feira, 14 de dezembro

Ao amanhecer do dia seguinte, uma vela estranha podia ser avistada a noroeste quarta norte, cerca de dez milhas de distância. A *Marlborough* sinalizou à *Monarch* para dar-lhe caça. A vela identificou-se como o navio de suprimento português *Thetis*,[10] sob o comando do primeiro-tenente Paulo José Miguel de Brito. Este navio uniu-se ao esquadrão que estava ao largo de Palma, à espera de que outros navios aparecessem. Além dos

100 passageiros, essa fragata transportava nove carruagens e uma grande quantidade de bagagens diversas.

Terça-feira, 15 de dezembro

Ao meio-dia do dia seguinte, ficou decidido que se seguiria para o terceiro ponto de reunião. Sob uma brisa moderada, o esquadrão largou o pano e seguiu no rumo sudoeste. Tão logo Palma estava desaparecendo a distância, Ferro, a ilha mais ao sul do arquipélago das Canárias, surgiu ao largo, cerca de quatro milhas.

A próxima etapa da viagem, cerca de 240 léguas, levaria vários dias. O vento manteve-se de moderado a fresco por quase todo o caminho, o tempo melhorava à medida que se moviam para o sul. A bordo, os navios registravam suas rotinas diárias: "Lavamos e esfregamos macas ... distribuímos suco de limão e açúcar à guarnição do navio ... exercitamos fuzileiros com armas leves ... Veleiro fazendo toldo para o tombadilho."

A fragata *Thetis*, que era mais ronceira, teve dificuldade em acompanhar os demais; no terceiro dia, ficou cerca de seis ou sete milhas para trás. A *Monarch* navegava próximo à *Marlborough*, cerca de meia milha de distância. Os dois navios de linha de batalha portugueses também ficavam sempre próximos.

Quinta-feira, 17 de dezembro

A *London* estava ainda sem seus fuzileiros: estes não tinham sido devolvidos pela fragata *Solebay*. Conforme já mencionamos, a *Solebay* era a única fragata remanescente na barra do Tejo. No dia 17, a *Solebay* detivera um navio português, o *Oliveira*; seu livro de quartos registra: "1h30, avistada vela estranha a barlavento, larguei joanetes às duas horas, virei de bordo em perseguição ... Às 4h30 disparei dois tiros no navio a barlavento, com pavilhão português ... Às 5h30 abordei-o." Posteriormente, Thomas O'Neil escreveu uma narrativa completa:[11]

> Na ausência delas, a *Solebay* deteve vários navios mercantes portugueses, para bordo de um dos quais (o *Olivira* [*Oliveira*], do capitão Belham) eu fui mandando com 20 fuzileiros, no dia 16 de dezembro, acompanhado

pelo tenente Kirwin da Marinha Real, não tendo a fragata marinheiros para dispensar.

Arriscando a vida dos fuzileiros, chegamos a bordo e fomos na mesma hora informados de que eles estavam com as provisões esgotadas, sem pão, carne, vinho e aguardente, tendo apenas 16 galões de água e 20 quartos de arroz. O vento aumentou a tal ponto que não era mais possível nos comunicarmos com a fragata que havíamos deixado.

Éramos agora 49 pessoas a bordo, e o que havia para nossa subsistência era só o escasso mantimento citado acima. Tendo o vento aumentado, o tenente foi forçado a aproar a embarcação ao vento; ela estava em péssimas condições, e todos nós esperávamos naufragar a qualquer momento. Não vimos mais a fragata ou parte alguma da esquadra até o dia de Natal; durante esse intervalo, nosso único sustento eram três conchas de arroz cozido por dia, para cada pessoa.

No dia 25 de dezembro, de manhã, avistamos a esquadra do cesto da gávea; fizemos sinais de que estávamos em perigo, e vários canhões dispararam, mas a distância era grande demais para que nos percebessem. Durante os dias 24 e 25 nada comemos, pois o escasso estoque se havia esgotado. Às sete da manhã passamos sob a popa de um vaso de guerra britânico e nos comunicamos com ele. Um tenente dessa nau veio então a bordo, contamos a ele nosso infortúnio e imploramos alívio. O oficial voltou para seu barco e, passado algum tempo, fomos chamados pelo capitão que, *sem dar a menor atenção às nossas necessidades*, mandou que nos dirigíssemos ao almirante! Esse barco desapareceu no horizonte durante a noite, mas pela honra da Marinha britânica e da nação, não citarei seu nome.[12]

O *Olivira* [*Oliveira*] juntou-se à esquadra de manhã cedo, e o tenente Kirwin foi a bordo da nau do comandante-em-chefe. Assim que o almirante soube de nosso infortúnio, *sua* benevolência foi bem diferente da apatia do oficial anterior, e ele providenciou tudo que era necessário para nós.

Se tivéssemos tido a infelicidade de nos separar da esquadra antes de falar com o almirante, toda a alma a bordo teria inevitavelmente *perecido*.

Às dez horas, a *Solebay* ficou ao alcance da voz; e, tendo o capitão Sprole sabido de nossa situação, pediu ao almirante que fôssemos imediatamente para bordo da fragata, o que foi concedido. Assim que as circunstâncias permitiram, na noite do dia 26, voltamos para a fragata e fomos informados de que a *London*, a *Marlborough*, a *Bedford* e a *Monarch* se haviam distanciado e estavam a caminho do Rio de Janeiro, escoltando o príncipe. Assim, meu oficial comandante, eu e o destacamento fomos deixados só com a roupa do corpo, uma situação muito desagradável.

Nosso aperto foi comunicado ao almirante, e este nos informou que a fragata devia levar mensagens para o Brasil e que devíamos todos ficar a bordo; qualquer ajuda que ele pudesse dar seria dada, e era para zarparmos logo que ele estivesse pronto.

Dia 18 de janeiro de 1808. Tendo sido feito sinal para a fragata se aproximar, o capitão foi a bordo da nau do almirante e recebeu suas ordens. Separamo-nos então às três horas e chegamos à ilha da Madeira no dia 16; conseguimos um suprimento de água e zarpamos dia 18. Passamos pelas Canárias no dia 23 e avistamos o rochedo de Tenerife e as ilhas de Cabo Verde. Paramos no porto Epre [Praia], na ilha de Santa Jago [São Tiago], conseguimos mais água e velejamos então para o Rio de Janeiro, onde chegamos a 29 de fevereiro, encontrando a *London*, a *Monarch* e a *Marlborough*, com parte da esquadra portuguesa; a *Bedford* e os restantes haviam sido dispersados por um vento muito forte, mas conseguiram chegar a São Salvador, onde Sua Alteza Real teve de parar, estando já sem qualquer espécie de provisões.

No mesmo dia nos reencontramos com a *London*, e foi uma visão gratificante para nós avistá-la ancorada, pois estávamos havia 13 semanas sem muda de roupa, a não ser a que nos foi cedida pela generosidade dos oficiais a bordo da *Solebay*. No entanto, foi grande o meu desapontamento quando descobri que minha arca fora arrombada, e toda a minha roupa branca, que era de algum valor, tinha sido levada. Havia centenas de emigrantes a bordo da *London*, principalmente mulheres; mas os oficiais, com sua generosidade, conseguiram obter o que lhes foi possível daquilo que era necessário. [Um exagero, por parte de O'Neil; o livro de quartos da *London* registra que esta somente embarcou 69 passageiros.]

O oficial comandante dos fuzileiros navais da *London*, major Malcolm, escreveu a sir Sidney Smith pedindo-lhe que intercedesse junto ao Almirantado, a fim de que este definisse a posição dos fuzileiros da *London* em relação ao dinheiro de presa. Sua preocupação era que, não estando a bordo da *London*, os mesmos não teriam participação em qualquer dinheiro de presa que fosse atribuído ao navio; por outro lado, não sendo oficialmente parte da guarnição da *Solebay*, eles poderiam ser excluídos aí também. Por sua vez, sir Sidney escreveu ao Almirantado em 5 de janeiro, com a recomendação de que eles deviam ter participação no dinheiro de presa que fosse atribuído à *Solebay*.[13]

Sexta-feira, 18 de dezembro

Novamente Graham Moore escreve sobre as preocupações da princesa, a bordo da nau *Rainha de Portugal*:

Ontem de manhã, recebi uma mensagem da princesa brasileira expondo o seu desejo de que eu não fosse para Porto Praia, mas que enviasse para ela todas as provisões que pudesse e que o navio de provisões fosse enviado [para terra] tão logo alcançássemos a ilha de São Tiago. Enviei uma mensagem explicando que o nosso estoque de provisões frescas era bastante reduzido, mas que, em caso de necessidade, estava à disposição dela; quanto às outras pessoas, a quantidade era pequena demais para servir de alguma ajuda. Expliquei que seria absolutamente necessário ancorar em Porto Praia porque foi essa a combinação feita com o almirante português. Ele me assegurou que ia para lá, e eu confiava em encontrar os navios portugueses, assim como também a *London* e a *Bedford*.

Ela estava preocupada por causa da insalubridade de São Tiago. Ao oficial que trouxe a mensagem, eu disse que foi contra o meu conselho a determinação do almirante de ir para São Tiago, e que, como ele havia marcado esse encontro, nós iríamos até lá; se ele tivesse estado, mas já partido, nós seguiríamos a nossa viagem para o Rio de Janeiro; em caso contrário, ficaríamos por lá aguardando a chegada dele.[14]

Quarta-feira, 23 de dezembro

Às primeiras luzes deste dia, a ilha do Sal, a mais ao noroeste do grupo, ficou à vista, na marcação oeste-noroeste. O esquadrão estivera navegando entre a costa africana e as ilhas do Atlântico.

Em sucessão, as ilhas da Boa Vista e de Maio ficaram visíveis. Ao final da tarde, o esquadrão encontrava-se próximo do seu destino, mas, por medida de segurança, aguardou a luz do dia antes de entrar na baía de Praia, na ilha de São Tiago, para fundear.

Quinta-feira, 24 de dezembro

De manhã cedo, a *Marlborough* sinalizou aos navios portugueses para que se aproximassem, e à *Monarch* para examinar um navio fundeado a oeste da ilha de Maio; este provou ser norte-americano.

À tarde, os navios aproximaram-se de Porto Praia para largar o ferro:

Às duas horas fundeei com o ferro de serviço em sete braças, na baía de Porto Praia, São Tiago – arriei meio quartel de amarra, com a ponta leste da baía marcando a les-sueste; a ponta oeste, a sudoeste meia oeste; e o mastro da bandeira do forte, a norte quarta e meia noroeste; com a *Monarch* e três navios portugueses de conserva.

A *Thetis* errou o seu fundeadouro e teve de sair novamente para o mar. Fundeados na baía, encontraram a fragata *Minerva*, enviada pelo príncipe regente, com a notícia de que ele prosseguiu a viagem sem parar e que deviam segui-lo rumo ao Rio de Janeiro; ela tinha chegado naquela manhã.[15] O comodoro Moore deve ter ficado aliviado em saber que os navios conduzindo a família real estavam seguros, e que estavam sendo escoltados pela *Bedford*.

Ao mesmo tempo comentou:

> A notícia me aborreceu muito, mas não me surpreendeu ... o almirante agiu de forma singular, marcando comigo um encontro no caso de uma separação e não indo ao encontro. O capitão da *Bedford* terá que se explicar depois, pois partiu acompanhando o almirante sem as minhas ordens.[16]

O relatório do comodoro Moore fornece mais detalhes:

> Em 24 de dezembro, fundeamos em Porto Praia com os quatro navios de guerra e a fragata *Thetis* (equipada como navio de suprimento), um dos navios do esquadrão português que tinha se separado na noite do dia 8 e que se reuniu a nós no largo de Palma; e encontramos lá a fragata portuguesa *Minerve* [sic] (um dos navios do esquadrão), da qual fiquei sabendo que se tinha encontrado com o almirante português ao largo de Ferro no dia 13, onde também se reencontrou com a *Alfonso d'Albuquerque* [sic] (a nau em que Sua Alteza Real, a princesa do Brasil, estava embarcada) alguns dias após a separação, e com o navio de S.M. *Bedford*. O visconde de Anadia, ministro da Marinha, que estava embarcado na *Minerve* [sic], teve permissão de Sua Alteza Real para prosseguir até Porto Praia em busca de aguada, e foi instruído por Sua Alteza Real a informar-me de que ele tinha mudado de idéia e que não tinha intenção de escalar em Porto Praia, mas de prosseguir diretamente rumo ao Rio de Janeiro, e havia solicitado ao capitão da *Bedford* que permanecesse com ele.[17]

Tempo algum foi perdido: naquela mesma noite, a embarcação maior da *Marlborough* e todas as embarcações da *Monarch* foram arriadas, e os barris vazios enviados a terra.

Sexta-feira, 25 de dezembro

No dia seguinte, a *Thetis* finalmente conseguiu entrar na baía e fundear. O dia todo foi gasto carregando água; a *Marlborough* forneceu à *Rainha de Portugal* sete toneladas e 14 tonéis, e recebeu a bordo 23 toneladas de água.

A *London* não tinha chegado ainda. Em 12 de dezembro, tinha terminado de fazer aguada; naquela noite, tentou zarpar de Funchal mas teve que desistir:

> Brisa e tempo nublado – às nove horas, mais moderado com chuva; às 11h30, o vento mudou para o sudoeste, preparei para suspender e sinalizei com um canhão – ... às 12 horas, soprava um temporal desfeito, de modo que não pudemos ter seguimento.

Durante as primeiras horas da madrugada, a nau tentou novamente, mas sem sucesso. Temendo agora que o vento aumentasse, fazendo-a chegar com atraso em São Tiago, talingou a amarra do ferro a uma bóia marcada "HMS *London*", a fim de ser deixada para trás; e com gáveas, velas baixas e velas de estai rizadas nos segundos, conseguiu manobrar para fora. O ferro que tinha deixado para trás foi substituído por um dos dois sobressalentes que transportava a bordo, estivados junto ao mastro grande.

Como tinha feito aguada sem perder muito tempo, decidiu seguir para Palma, e não diretamente para São Tiago, para ver se conseguia reunir-se à esquadra. A *London* ainda nada sabia a respeito de sua separação. Chegou ao destino no dia 15; mas a *Marlborough* e os demais já estavam além de Ferro, a mais meridional das ilhas Canárias, a caminho das ilhas de Cabo Verde. Na manhã seguinte, a 11 léguas a noroeste de Palma, avistou um navio de linha de batalha navegando escoteiro. Como esperava avistar vários navios juntos, tomou as precauções:

> Às cinco horas e às seis horas, virei de bordo. Avistei um navio a sudoeste, dei caça; às 8h30, rizado nos segundos, bujarrona e mezena arriadas – em posto de combate – caça é um navio de guerra; às 9h20, virei de bordo; caça exibiu pavilhão português e parou; às dez horas parei e arriei embarcação; descoberto ser o navio de linha português *Don de Castro* [sic], sob o comando de d. Manuel John de Louis & Seilbez [sic].[18] Às 10h30, recolhi

embarcação e larguei velas baixas e de joanete; ponta sul de Palma na marcação sul quarta e meia sueste a 14 léguas – brisa fresca e chuva; afastei-me do navio português, pois este não necessitava de assistência.

Seus preparativos para a batalha tinham sido desnecessários.

No dia 18, tendo decidido que permanecera por tempo suficiente no ponto de reunião, a *London* zarpou para São Tiago, lá chegando na noite do dia 26:

> Cheguei-me à ilha a fim de avistá-la mais claramente ... preparei o ferro de reserva na amura ... brisa forte e tempo nublado ... rondando, montei ponta extrema na baía de Praia; às sete horas, reduzi e fundeei com o segundo ferro de serviço 6½ braças, mas o ferro não unhou. Larguei o ferro de amura e fundeei, com $1^{1/3}$ quartel da amarra do ferro de serviço.

Sábado, 26 de dezembro

A *London* registrou ter encontrado na baía "a *Marlborough*, a *Monarch*, dois 74 portugueses, três fragatas e um brigue". Os navios seriam a *Rainha de Portugal* (74 canhões) e a *Conde D. Henrique* (74 canhões); a *Minerva* (fragata de 48 canhões), até 21 de dezembro escoltando a *Afonso de Albuquerque*, e a *Thetis* (fragata de 36 canhões, porém armada como navio-transporte). A terceira fragata deveria ser a *Golfinho*.

Durante o dia, enquanto a *London* transferia a aguada que tinha trazido, a *Marlborough* abastecia a fragata *Minerva* com 12 barris de carne de porco e 19 barris de carne de boi.

Domingo, 27 de dezembro

Na manhã seguinte, estavam prontos para partir. Graças à brisa fresca que soprava do les-nordeste e ao número de navios no porto, uma série de manobras fez-se necessária. A *London* escreveu em seu livro de quartos:

> Às sete horas, o comodoro fez o sinal de suspender; não tendo o navio lazeira para safar-se de um dois mastros [um brigue], a embarcação maior foi arriada e lançou ancorote e amarra a barlavento, em seis braças de água, na amarração de bombordo – às 11 horas, viramos ao cabrestante o ancorote,

entocado numa rocha – após algum tempo puxando com grande força, a amarra rompeu-se; a espia de amarração foi largada imediatamente e partimos, deixando para trás o ferro e 16 braças da amarra, pois ventava muito forte e não havia probabilidade de conseguirmos içá-lo com a embarcação maior ... Atravessamos o navio e içamos as embarcações carregadas; zarpamos seguindo nas águas do comodoro e do esquadrão.

Era o segundo ferro que o navio perdia na viagem.

A *Monarch* não teve qualquer dificuldade em suspender, mas a *Marlborough* largou um ferro a fim de virar sua proa na direção certa. A *Marlborough* registrou em 27 de dezembro:

> À luz do dia, fiz sinal de suspender com um tiro de canhão: corri o ancorote e a espia para o norte, a fim de fazer largar, às 7h30 de quarta-feira, e fiz-me de vela ... atravessei o navio para que os navios fundeados saíssem, icei e embarquei a bordo da chalupa – a *London*, a *Monarch*, com dois navios de linha de batalha portugueses de conserva, e uma fragata.

Estes eram a *Rainha de Portugal*, a *Conde D. Henrique* e a fragata *Minerva*.

Com seu telégrafo de madeira, a *Marlborough* sinalizava agora o novo ponto de reunião: "17, 9, 14, 9, 1, 13, 5, 9, 17, e 14," o Rio de Janeiro, a aproximadamente 823 léguas de distância, de acordo com a *Marlborough*, após calcular sua posição ao meio-dia. A *Thetis* foi deixada para trás, a fim de completar a sua aguada.[19]

Segunda-feira / terça-feira, 28 / 29 de dezembro

Os próximos dois dias viram o esquadrão progredindo bem, fazendo de sete a oito nós. Entretanto, à medida que se aproximavam da linha do equador o vento diminuía, de modo que a velocidade foi afetada imediatamente.

Sexta, 1º de janeiro de 1808

Por volta de 1º de janeiro não mais que um a dois nós de velocidade podiam ser mantidos. O comodoro Moore tinha toda esperança de alcançar e avistar os demais navios. A informação fornecida pela *Minerva*, quanto ao ponto onde a *Príncipe Real* esperava cruzar o equinócio (na latitude de 15° a leste de Cádiz[20]), possibilitou o cálculo com toda a precisão, como se verificaria, de que o esquadrão escoltado pela *Bedford* estava singrando um pouco mais próximo da costa africana, num rumo paralelo, mais a leste dele. Todos os dias de manhã cedo, a *Monarch* recebia ordem de tomar posição destacada a sudeste, a fim de estender o alcance visual dos navios. Ao anoitecer, a nau era chamada de volta, na eventualidade de, durante a noite, vir a perder o esquadrão de vista, na vastidão de mar que se estendia ao seu redor até o horizonte.

Graham Moore escreveu:

> Ontem (1/1) sendo o dia do Ano-Novo e quase calmo, fui a bordo da *Rainha de Portugal* para me informar sobre o estado de Sua Alteza Real e para apresentar a ela o capitão Walker, da *London*. Ela estava bastante bem de saúde e de espírito e apresentou as duas jovens princesas para nós, filhas do príncipe brasileiro, sendo que a mais velha é bem bonita (seria d. Maria Francisca de Assis, então com sete anos) e aparenta estar gostando da viagem. Fiquei contente em saber que, apesar do grande número de pessoas a bordo desses navios, eles continuam bem saudáveis.[21]

Segunda-feira, 4 de janeiro

Não poderiam imaginar que nos últimos três dias tinham ultrapassado a *Bedford* e os navios com a família real.

O progresso lento com tempo bom continuou até 4 de janeiro, quando uma brisa fresca começou a soprar. Naquela noite atravessaram o equador; a zona das calmarias fora deixada para trás. Enquanto o esquadrão navegava em conjunto para o sul, muito tempo era investido em navegação; de São Tiago, nas ilhas de Cabo Verde, esperavam aterrar em Cabo Frio, após terem cruzado mais de duas mil milhas de mar aberto. A longitude era tomada pelo cronômetro e pela Lua. A variação da agulha era calculada e verificada, assim como a direção da corrente.

Quarta-feira, 13 de janeiro

Neste dia, o comodoro Moore mudou de tática. Em vez de enviar a *Monarch* para sudeste, a fim de estar alerta para os demais navios, ele agora a enviou para sudoeste, a fim de vigiar a navegação costeira e, eventualmente, à medida que se aproximava da costa, estar de guarda em busca de terra firme.

Quinta-feira, 14 de janeiro

No dia seguinte, a *Monarch* foi bem-sucedida, pois, no começo da tarde, após uma perseguição, fez parar um navio de cabotagem português do Rio Grande.

Sexta-feira, 15 de janeiro

Hoje o rumo foi alterado, de sudoeste quarta oeste para oeste-sudoeste, a fim de se chegar à terra. Cabo Frio, de acordo com os cálculos, estava a apenas 200 milhas de distância.

Sábado, 16 de janeiro

Nesta manhã, a *Monarch* finalmente avistou terra; sua navegação demonstrou que, embora estivessem no início do século XIX, a precisão era possível. Naquela tarde, a *Monarch* registrou: "7h40 arribei; esquadrão de conserva; Cabo Frio a noroeste quarta norte, à distância de quatro ou cinco milhas." Naquela mesma tarde, a *Monarch* interceptou um brigue de guerra, o *Balão*, enviado pelo vice-rei conde dos Arcos em missão de patrulha fora da baía do Rio de Janeiro. Do mesmo brigue, souberam que os navios transportando a família real ainda não tinham sido avistados.

Domingo, 17 de janeiro

Durante a madrugada do dia 17, o esquadrão atravessou os navios, não longe da entrada do porto do Rio de Janeiro, a fim de evitar entrar na escuridão. À tarde, os navios portugueses entraram no porto, seguidos, no começo da noite, por suas escoltas. Aquele momento, após tantos dias de navegação em mar aberto, e graças aos desconfortos da jornada, deve ter sido especialmente bem-vindo. A *Marlborough* registrou:

> Duas horas, correndo para o porto do Rio de Janeiro ... cinco horas, vim para o fundeadouro, com o segundo ferro de serviço, no porto acima em 6½ braças de água, e fundeei, com o ancorote e a amarra na marcação norte e a ilha das Cobras na marcação sul, e a nor-nordeste ... oito horas, a *London*, a *Monarch* e dois navios portugueses de conserva.

> A *London* acrescenta mais detalhes:

> Às seis horas, aproei para o porto com forte maré de vazante; às sete horas, veio o capitão-do-porto português – às oito horas, fundeei com o ferro de serviço em 17 braças, ponta de São Jago [sic] a oeste-noroeste, à distância de uma milha – comodoro à distância de ½ quartel, *Monarch* e dois portugueses fundeados mais para dentro – todos os fortes salvaram e a cidade foi iluminada à noite.

A cidade fora iluminada para as festividades de são Sebastião, em 20 de janeiro, dia de seu santo padroeiro. O nome completo da cidade é São Sebastião do Rio de Janeiro.

O comodoro Moore escreveu a Suas Excelências no Almirantado:

> Em 17 de janeiro, a exatamente três semanas de viagem de Porto Praia, o esquadrão chegou ao Rio de Janeiro; todos com boa saúde, embora os navios de linha de batalha portugueses estivessem superlotados de homens, mulheres e crianças, cada um tendo a bordo cerca de 1.100 pessoas, de todos os tipos.[22]

É quase certo que a *Marlborough* encontrou a corveta *Voador* já no porto. O relatório da *Voador* informa:

> No dia 5 do presente mês e ano, passei à vista de Pernambuco e me falei a uma jangada. Julguei conveniente participar as novidades, o que fiz dirigindo um ofício ao intendente da Marinha daquela capitania.[23]

Antônio Marques Esparteiro escreveu que este navio chegou ao Rio de Janeiro em 14 de janeiro.[24]

Segunda-feira, 18 de janeiro

Embora a jornada estivesse terminada, havia muito a ser feito. Pela manhã, todos os três navios britânicos, após receberem práticos, mudaram seu lugar de fundeio. A *London* fundeou com seus dois ferros grandes de proa em 16½ braças de água. Sua própria descrição é tal que, se necessário, poderia ser encontrada mesmo nos dias de hoje:

> Mastro de Bandeira na Ptª. São Yago [sic] a oeste quarta sudoeste a ½ milha – grande igreja com duas torres, com um rochedo branco ao largo da Ptª. São Yago a oeste sudoeste meia sudoeste, a três quartéis de amarra – Pão de Açúcar na entrada à terra com ilha de Vergnaum [Villegaignon] a sul meia sueste, forte de Santa Cruz a sul sueste, Vila de Domingo [sic] a les-nordeste.

Mastaréu, vergas e seus cordames foram abatidos. Era razoável esperar que permaneceriam por algum tempo no porto; entretanto, caso fosse necessário, poderiam suspender e fazer de vela rumo ao mar aberto enquanto montavam as peças de aparelho desarmado.

À tarde, o aniversário da rainha da Inglaterra foi comemorado, com uma salva de 21 tiros de canhão. Não havia até o momento qualquer notícia dos navios restantes, que transportavam a família real; o comodoro Moore e seus oficiais podiam apenas especular sobre o que poderia ter ocorrido para atrasá-los.

19–31 de janeiro

Até o segundo dia, tudo tinha se estabilizado na rotina do porto. Recompletar o suprimento de aguada e mantê-lo na capacidade máxima; embarcar suprimentos frescos de carne, legumes e frutas para consumo imediato. Os mantimentos preservados trazidos da Inglaterra, por não estarem prontamente disponíveis no local, tinham de ser conservados para o caso de serem necessários em outra viagem. Sir Sidney Smith já havia escrito ao Almirantado, em 6 de dezembro, sobre este assunto:

> Mal preciso sugerir a Suas Excelências a necessidade de enviar um suprimento de provisões e mantimentos da Inglaterra para essa nova estação naval, e se uma pessoa responsável fosse enviada pelo Departamento de Abastecimento, como o sr. Ford que esteve comigo na Sicília, para fazer compras no país, poderia ser mais econômico, muito benéfico para a saúde, e dispensaria o oficial da Marinha em comando de muita responsabilidade e detalhes trabalhosos.[25]

Apenas o queijo e a manteiga pareciam apresentar problemas de conservação, de acordo com o que está registrado no livro de quartos da *Marlborough*:

> Condenadas por inspeção 264 libras de queijo, estando podre e impróprio para comer, todo este queijo foi lançado pela borda ao mar, e 84 libras de manteiga, rançosa e imprópria para comer, toda esta manteiga foi deixada a cargo do comissário de bordo.

A *London* registra problemas menores com seus suprimentos, como uma falta num barril de farinha: "aberto um de farinha no dia 31, marcado 353 libras, encontrado com 56 libras a menos comidas pelos camundongos". Ocasionalmente, o tempo era a causa: "Aberto um barril de aveia nº11 com 12 alqueires, três dos quais em volta das bordas do barril estavam ruins por estarem úmidos."

Igualmente importante era a aparência do navio; como foi registrado, cada navio agora se pôs a restaurar a condição original esperada de um navio de guerra, empregando seus tripulantes nesta tarefa: calafates calafetando as cintas e as cobertas, pintores pintando o casco, veleiros executando reparos e outros alcatroando os estais, a fim de lhes dar melhor proteção contra o tempo.

Quando estava pronta para completar seu suprimento de aguada, a *Marlborough* começou a esgotar com a bomba as 43 toneladas de água salgada que tinha tomado, como lastro, no início de dezembro. Embora estivesse há apenas dois dias no porto, registrou os primeiros casos de marinheiros tentando desertar do navio: "Punidos Robert Fox e Thomas Marr, marinheiros, com 60 chibatadas cada por tentarem desertar."

No porto do Rio, a *London* registra a chegada de vários navios que tinham deixado Lisboa, em 29 de novembro: dia 20 de janeiro, "chegou um brigue de guerra português"; dia 22, "chegou uma fragata portuguesa" [a *Golfinho*]; dia 26, "chegou um navio de linha português" [*Martim de Freitas*]; dia 9 de fevereiro, "chegou um brigue de guerra português"; dia 11, "chegou um brigue de guerra português".

Ao chegar, a *Martim de Freitas* fez um relatório da viagem. Nele consta que, na última hora, graças às suas condições, os duques de Cadaval transferiram-se para a *D. João de Castro*, somente viajando neste navio seus familiares e pertences. Reportou também que faltavam: "boticas, todo o trem de artilharia e aparelhos". A guarnição estava incompleta, pois velejou com um contingente de 416 (portanto faltaram 234). Por cautela, logo após a separação reduziu as rações para três quartos.[26] A fragata *Minerva*, que tinha partido de São Tiago em 27 de dezembro, sendo mais ronceira, separou-se do corpo principal do esquadrão e somente fundeou no Rio de Janeiro no começo da tarde de 31 de janeiro.[27]

Quinta-feira, 11 de fevereiro

O brigue que chegou no dia 11 tinha vindo de São Salvador com as boas notícias de que a rainha, o príncipe regente e outros membros da família real tinham lá chegado em segurança.[28] Até aquele momento a princesa viúva não tinha posto pé em terra pois, por respeito à rainha e ao príncipe regente, não queria fazer isso antes deles.

Não existe melhor descrição da aguardada chegada da família real do que aquela escrita por Luiz Gonçalves dos Santos (padre Perereca),[29] aqui reproduzida:

> Logo que constou nesta cidade do Rio de Janeiro, que o Príncipe Regente Nosso Senhor se achava na Bahia, sossegaram os nossos ânimos, e depuseram os receios, que causavam a sua tardança; e visto o perigo a que ainda estavam expostas as sereníssimas senhoras princesa e infantas, conservando-se por mais tempo embarcadas em uma estação na qual são freqüentes as trovoadas, e algumas vezes assaz medonhas, e funestas; e atendendo-se igualmente para os incômodos, que passavam tão augustas senhoras, enclausuradas tantos dias na câmara de uma nau, e ignorando-se juntamente o tempo, que o Príncipe Regente Nosso Senhor seria servido demorar-se na Bahia, a instâncias da fidalguia, e nobreza, que já neste porto se achava, resolveram as sereníssimas senhoras princesa e infantas, a desembarcar da nau, e recolherem-se ao Real Palácio. Para o desembarque, a recepção das Suas Altezas se apostou a tropa no largo fronteiro ao cais, e concorreu muito povo com geral prazer de grandes e pequenos, e satisfação universal de todos pela presença de tão augustas personagens. Ao som das salvas das naus e fortalezas, no dia 22 de fevereiro pelas dez horas da manhã desembarcaram as senhoras no cais fronteiro ao palácio,

acompanhadas das suas damas, e precedidas da fidalguia e nobreza, e logo se recolheram no Paço, onde benignamente receberam a todos os que por tão justo motivo lhes foram beijar a mão.

Sábado, 13 de fevereiro

O último dos navios viajando independentemente chegou no dia 13: "Chegou um 74 português." O registro no livro de quartos, de que era um 74, nos permite identificá-lo, pois a esquadra naval portuguesa que saiu de Lisboa em 29 de novembro incluía oito navios de linha de batalha: quatro deles ainda estavam, naquele momento, no Nordeste (*Príncipe Real*, *Afonso de Albuquerque*, *Medusa* e *D. João de Castro*); dois tinham entrado no Rio de Janeiro com o comodoro Moore e estavam agora fundeados no porto. Os dois restantes eram, portanto, a *Martim de Freitas* (64) e a *Príncipe do Brasil* (74). A *Martim de Freitas*, procedente de São Salvador, onde tinha tocado brevemente, arribou em 26 de janeiro. A *Príncipe do Brasil* dificilmente teria levado mais do que quatro semanas para completar a viagem; logo, provavelmente esta foi à Inglaterra para reparos, conforme arranjado entre o almirante d. Manuel e sir Sidney Smith.

Quarta-feira, 24 de fevereiro

Ao anoitecer, o vigia da *London* avistou um cúter fora da baía: "Avistado um cúter fora com pavilhão azul, repetiu sinal de chamada, rumou para leste." Todos a bordo sabiam que era altamente improvável que um cúter[30] britânico estivesse navegando escoteiro no Atlântico. O cúter, com sua grande área vélica para lhe dar velocidade, devia estar em missão de esclarecimento para um navio muito maior.

Sábado, 27 de fevereiro

Pela manhã, a fragata *Solebay* podia ser avistada, fundeada fora da baía, aguardando para entrar. À tarde, a *London* registrou: "Às quatro horas fundeou aqui a *Solebay*. Recebemos de volta os nossos oficiais e o destacamento de fuzileiros navais enviados a bordo quando ao largo de Lisboa, em 29 de novembro último." A mesma nau trouxe para o comodoro Moore, de sir Sidney Smith, "cartas e ordens de diferentes datas até 10 de janeiro".[31]

Segunda-feira, 7 de março

Finalmente na segunda-feira, 7 de março, a tão esperada esquadra chegou de São Salvador:

> Às dez horas, avistamos a *Príncipe do Brasil* com três navios de linha e outros navios entrando ... às 11 horas, entraram pela barra do porto e os navios portugueses que aqui estavam salvaram ... às 12h40, guarnecemos o navio – às duas horas, salvamos a *Príncipe* com 21 tiros e a aclamamos das vergas quando esta fundeou – como o fizeram todos os navios ingleses e portugueses ... Fundeou aqui a *Bedford*.

Luiz Gonçalves dos Santos continua:

> Com efeito, ao romper do feliz, e sempre memorável dia 7 de março, se fizeram da barra os sinais determinados, anunciando a chegada da real esquadra; toda a cidade, concebendo o maior, e mais vivo contentamento, se pôs logo em alvoroço. Movimento e confusão ... Das naus surtas dentro do porto, imediatamente que apareceu a real esquadra no horizonte, se expediram alguns escaleres ao encontro da S.A.R ...
>
> Logo que a real esquadra se foi aproximando à barra, todos os vasos de guerra portugueses, e ingleses, ancorados nesta formosa baía, embandeirando-se com mil pavilhões, flâmulas de diversas e matizadas cores (o que fazia uma deliciosa e encantadora vista), e juntamente as fortalezas, içando as suas bandeiras, cumprimentaram o real estandarte com uma salva de 21 tiros ...
>
> ... Duas cousas concorreram para o povo não sair à barra, ao encontro de S.A.R.: a variação, que muito cedo começou a soprar; a segunda, estarem todos nos seus respectivos lugares, persuadidos de que S.A. desembarcaria, logo que a nau desse fundo ...
>
> Eram duas para três da tarde, a qual estava muito fresca, bela, e aprazível neste para sempre memorável dia 7 de março ... e já pela barra vinha entrando com majestosa ufania a nau *Príncipe Real*, seguida de todas as outras;

e de novo começou a estrondar o ar com as alegres, e repetidas salvas das fortalezas, e navios de guerra ...

Tendo as naus dado fundo no ancoradouro fronteiro à cidade, imediatamente se expediu o aviso de que o Príncipe Regente Nosso Senhor não desembarcava nesta tarde, reservando para a seguinte a sua solene entrada nesta capital; pelo que todas as pessoas as mais distintas pelas suas graduações, e empregos, sem demora se dirigiram em escaleres, e outras embarcações para a real nau, ansiosas de terem a honra de beijar a augusta mão do Príncipe Nosso Senhor, e de Suas Altezas, que nela tinham vindo.

Thomas O'Neil registrou:

Esta manhã, foi hasteado um sinal para cinco naus da frota. Às 12 horas ficaram à vista a *Príncipe Real*, a *Afonso*, a *Railma* [*Rainha*] *de Portugal*, a *Conde* [*Conde Dom*] *Henrique* e a *Bedford*. Sua Alteza Real liderava a frota, com seu estandarte flutuando no mastro principal. Tendo sido feito um sinal da *Marlborough*, pelo comodoro Moore, para que nos preparássemos para uma salva geral, assim o fizemos, e os fortes deram uma salva geral em retorno. O comodoro e os capitães seguiram então em seus escaleres para se congratular com Sua Alteza Real e família por terem chegado a salvo.

O vice-rei saiu no bergantim real para entregar seu pedido de exoneração, quando então um oficial da *London* foi mandado a bordo para oferecer sua ajuda, e estava com o regente quando o comodoro e os capitães esperavam por ele. Sua Alteza estava profundamente emocionado e, com uma linguagem forte, exprimiu a satisfação que sentia pela bondosa atenção que todos lhe haviam dispensado nesta parte do mundo. Contudo, embora *ele* estivesse fora do poder do usurpador, lamentava intensamente pelos fiéis súditos que havia deixado para trás.

O comodoro Moore foi recebido com toda a cortesia, o que proporciona infinita satisfação a todo aquele que tem a honra de ser apresentado a um oficial cujo caráter é tido em alta conta no serviço de Sua Majestade; os capitães foram também recebidos com toda a demonstração de respeito.[32]

Aquela noite foi gasta com os preparativos para o desembarque, no dia seguinte, e para as cerimônias que se seguiriam.

Terça-feira, 8 de março

Luiz Gonçalves dos Santos continua, em seu estilo inimitável de descrição de cenário:[33]

> Havendo o Príncipe Regente Nosso Senhor determinado o seu desembarque para a tarde do dia seguinte, dia 8 de março, em a qual entraria solenemente na sua corte, que era do seu real agrado ir com sua augusta família, e com toda à corte à Catedral, para nela render as graças ao Onipotente pela felicidade da sua jornada, logo regressou ao Senado da Câmara, a fim de se fazerem os preparos necessários ... Toda a cidade recebeu com sumo prazer e satisfação a notícia de que o Príncipe Regente Nosso Senhor iria em procissão solene à Sé na tarde do dia seguinte, por isso mesmo que neste longo trajeto o povo teria melhor ocasião de ver seu príncipe e senhor com sua augusta família.

À tarde, às quatro horas, com as vergas guarnecidas e todos os navios disparando uma salva de 21 tiros, o príncipe regente acompanhado por sua família, exceto a rainha, baixou a terra.

> Finalmente, amanheceu o suspirado dia 8 de março, tão claro e formoso como o antecedente: e, estando as coisas dispostas para a recepção de Suas Altezas, pelas quatro horas da mais bela, e serena tarde, por entre repetidas, e alegres salvas das naus portuguesas, e inglesas, e por entre vivas, que os respectivos marinheiros, postos em parada sobre as vergas, davam em altos gritos, desceu o Príncipe Regente Nosso Senhor da nau *Príncipe Real*, que o conduzira, e com os sereníssimos senhores príncipe da Beira, infantes, e infantas; e acompanhado de toda a corte, com que saíra de Lisboa, e de outras personagens distintas, que de terra o foram buscar a bordo, ou que das naus desembarcaram ...
>
> ... No meio desta assombrosa confusão de tantos, e tão multiplicados sons diferentes, desembarcaram todas as pessoas reais; e juntamente com o Príncipe Regente Nosso Senhor se prostraram diante de um rico altar, que na parte superior da rampa estava erecto, em torno do qual se achava o cabido da Catedral paramentado de pluviais de seda de ouro branca, e ali osculou Sua Alteza Real a Santa Cruz ...
>
> ... O templo se achava decentemente ornado, e esclarecido com profusão de luzes; uma grande orquestra rompeu em melodiosos cânticos, logo que entrou S.A.R. com sua família ... cantavam os músicos o hino "*Te Deum laudamus*" ... Concluída esta sagrada cerimônia, levantaram-se Suas Altezas, e benignamente deram a mão a beijar a todos quanto se aproximavam às suas reais pessoas, sem preferência, nem exclusão de alguém ... Depois de uma breve demora ... entre novas aclamações do povo, que esperava ansiosamente tornar a ver Suas Altezas, se meteu o Príncipe Regente Nosso Senhor, com o sereníssimo senhor príncipe da Beira, em um rico coche, e o mesmo fez toda a real família em outros coches.

O comodoro Moore escreveu ao Almirantado:

Tenho grande prazer em informá-los de que Sua Alteza Real, o príncipe regente, a rainha e toda a família real aqui chegaram aos oito dias deste mês, com os seguintes navios: *Príncipe Real*, *Alfonso d'Albuquerque* [sic], *Meduse* [sic], *Uranie* [sic], a nau de Sua Majestade *Bedford* e vários navios de suprimento e mercantes. A família real foi recebida nos Brasis [sic], com todas as evidências de laços afetivos, pelos habitantes de todas as camadas, os quais parecem-me estar cheios de zelo e lealdade para com seu soberano. O príncipe e todas as pessoas da família real estão em perfeita saúde. Ele fez ontem sua entrada pública na cidade do Rio de Janeiro e caminhou pelas ruas principais em procissão até a igreja do Rosário, a fim de dar graças ao Todo-Poderoso. ... Ele parecia muito gratificado pela alegria universal e entusiástica com que foi saudado por um imenso aglomerado de habitantes, de todas as camadas e tipos.[34]

Naquele dia e também no dia seguinte, a família real retornou a seus navios à noite.

~ *Quinta-feira, 10 de março*

Neste dia, acompanhados da rainha, deixaram seus navios pela última vez. O livro de quartos da *London* observou:

Às quatro horas, o príncipe do Brasil deixou o navio almirante, ocasião em que o pavilhão real foi arriado, e içado o pavilhão do almirante. A esquadra salvou o príncipe com 21 tiros, guarneceu as vergas e aclamou-o.

Luiz Gonçalves dos Santos recorda:[35]

Havendo o Príncipe Regente Nosso Senhor desembarcado no dia 8, e feito a sua entrada solene nesta cidade com a pompa, e aplausos acima descritos, destinou para a tarde do dia seguinte o desembarque, e recepção pública da sua augusta mãe senhora, o que não se realizou nesta tarde, por motivo de indisposição de Sua Majestade; mas na tarde do dia 10 ... pelas cinco horas da tarde, foi Sua Majestade conduzida da nau *Príncipe Real* em o bergantim pelo seu augusto filho, o Príncipe Regente Nosso Senhor, acompanhada dos seus sereníssimos netos, os senhores príncipe da Beira, d. Pedro, e infantes d. Miguel, e d. Pedro Carlos ... Salvaram todas as fortalezas, e navios de guerra tanto portugueses como ingleses; estes ao descer Sua Majestade

> da nau, e aqueles ao chegar a terra ... e sendo colhida debaixo do pálio ... foi levada processionalmente em uma cadeirinha de braços ... Depois que Sua Majestade, a Rainha Nossa Senhora foi recolhida ao seu quarto, apareceu na janela do palácio o Príncipe Regente Nosso Senhor acompanhado de toda a real família e ocupando as demais janelas, por toda a extensão da fachada, que olha para a praça.

Por fim, d. João e sua família mudaram-se para a sua residência, originalmente construída para um rico comerciante, Elias Antônio Lopes: a Real Quinta da Boa Vista.

Capítulo Oito

Ao entrar em Lisboa, no amanhecer do dia 30 de novembro de 1807, Junot dá prosseguimento, com tropas francesas e espanholas, à tomada de Portugal. Após o choque inicial, a população começa a reagir. Os poucos cidadãos britânicos que ficaram para trás sofrem as imposições do conquistador. Quando o príncipe regente chega ao Rio de Janeiro, a posição de Junot em Portugal está estabelecida.

Em Lisboa, a apreensão a respeito da partida do príncipe regente e da corte mesclava-se com a expectativa sobre um futuro desconhecido.

Ao completar um mês desde o início da marcha forçada, Junot continuava a enfrentar os problemas causados pela distância percorrida e pelas condições de tempo:

> A terceira divisão considerava-se perdida; a cavalaria e a artilharia estragadas andavam desviadas por paragens desertas, levadas pela mão de guias infiéis, ou estavam detidas pelas inundações. A chuva caía a jorros e por toda parte rebentavam torrentes.[1]

A ausência de resistência preocupava-o; ele não podia acreditar que os portugueses entregariam seu país sem alguma reação. Essa falta de atividade podia significar que estavam preparando uma emboscada para as suas tropas desfalcadas e cansadas.

> As notícias de Lisboa faziam crer que tudo se dispusera para a reação. Um correio, chegado naquele momento, anunciava que 1.400 homens de tropas e toda a população se levantariam e marchariam atrás do primeiro crucifixo, erguido à sua frente.[2]

Segunda-feira, 30 de novembro

O último obstáculo a ser transportado era o rio Trancão, em Sacavém. Nas primeiras horas da manhã do dia 30, a travessia finalmente ocorreu; Lisboa agora se encontra diante dele.

Um observador anônimo recorda:

> No dia 29, em que saiu a esquadra, ficou por noite parte do Exército francês nos arredores de Lisboa, marchado a primeira divisão sem bagagem, e só com as mochilas, cansadíssimos pela violência de suas marchas, e incapaz de combater, se fosse preciso; compunha de dez mil homens com pouca diferença, mui magros, mui rotos, descalços a maior parte, doentes, coxos, e mortos à fome com as espingardas ferrugentas, e muitas quebradas, e incapazes de disparar um tiro; as mochilas de pele de cabras, e uma cabaça natural à cintura para água; uma sobrefarda mui suja de brim branco; tal era o trem, e disciplina política militar do soldado francês, que marchou pelo território de Portugal, com a palavra de amigo, e com seguridade de proteção e felicidade.[3]

O autor anônimo continua:

> Entrou o general-em-chefe Junot com uma pequena escolta francesa a cavalo, e outra da nossa Guarda Real da Polícia, que o tinha ido esperar, e encaminhou-se para o palácio do barão de Quintella, no largo da rua do Alecrim, onde formou o seu quartel-general.[4]

Era o amanhecer do dia 30 de novembro de 1807, 18 horas após a partida da esquadra portuguesa.

O palácio da Bemposta tinha sido preparado para recebê-lo, porém ele preferiu a propriedade opulenta do barão de Quintella. Sua estada não custou nada, mesmo assim recebia do Senado da Câmara uma contribuição mensal de 12 mil cruzados.

Um dos principais objetivos de sua missão – anunciado prematuramente por Bonaparte – não fora alcançado: a captura da família real de Portugal.

Ainda tentando vender, para os mais simples, a imagem de uma França toda protetora, Junot mandou afixar edital[5] justificando a invasão.

Se, a princípio, algum cidadão acreditou nessa imagem, a própria ação dos invasores logo demonstrou que a realidade era bem outra.

O sacrifício do povo que ficou tinha começado. Na véspera da partida, a demanda de mantimentos fez o ágio alcançar 60%: passaram-se muitas semanas antes de os preços voltarem à normalidade.

No mesmo dia em que chegou, Junot foi à ópera, ocupando o camarote da família real. O objetivo era ser visto pelo público, recebendo os cumprimentos dos fidalgos e de outros que não tinham acompanhado o príncipe regente.

> As ruas eram cobertas de imenso povo; e as oficinas fechadas davam motivo a uma confusão, que ameaçava ruína; o cidadão patriota e honrado, o terno pai de família, nada mais fazia que lamentar a sua sorte, vendo a par de si tiranos com capa de protetores. Neste mesmo estado de cousas, e aflição.

Naquele mesmo dia, o intendente-geral da polícia deu ordens para que o comércio aceitasse as moedas francesa e espanhola.[6]

Após a partida da família real, o núncio, em vão, tentou obter seu passaporte para deixar Portugal e seguir o príncipe regente. Depois de muitos esforços, ficou claro que Junot só daria autorização para ele voltar a Roma, via Espanha. O núncio, hospedado no hospício dos Capuchinhos Italianos, aguardava a hora de partir para Aldeia Galega, na outra banda do Tejo, onde seu coche o esperava. A sua intenção era viajar até o rio Guadiana, e lá tentar encontrar uma embarcação que o levasse para o Brasil. O rio serve de fronteira entre Portugal e a Espanha, no Algarve.

Surgiu então uma alternativa. Um navio português, o *Estrela do Mar*, conseguiu, à força de muito dinheiro, permissão para sair do Tejo. Ficou combinado que este navio iria esperá-lo três dias, cerca de duas léguas fora da barra. Na noite de 18 de abril, o núncio partiu no escuro, num pequeno barco a remo. Não encontrando o navio português, depois de várias horas de procura em mar bastante cavado, decidiu se aproximar de uma fragata inglesa, a *Ninfa*, para abordá-la. No dia seguinte, após troca de sinais, o almirante do esquadrão britânico, sir Charles Cotton, convidou-o a passar para o navio capitânia *Hibernia*. No dia 22, partiu no *Estrela do Mar*, escoltado pela fragata britânica

Mediador. Graças às condições deste navio, após três dias foi preciso passar o núncio para a fragata; e esta, além de enviar homens para efetuar consertos, resolveu trazer o navio português a reboque. No dia 11 de junho, entraram no porto de Plymouth, na Inglaterra. Partiram novamente numa nau britânica, o navio de S.M. *Stork* no dia 11 de julho, e, após alguns dias na Madeira, saíram em 30 de julho para o Rio de Janeiro, numa viagem que durou 40 dias.[7]

Em Lisboa, aos poucos, as tropas francesas foram chegando, quase sempre à noite. Procuravam se hospedar nos grandes prédios com ampla capacidade, de forma a não se dispersar, tornando-se mais fácil manter a ordem e a disciplina e, ao mesmo tempo, assegurar uma defesa mais eficaz contra uma reação até então imprevisível da população.

Quarta-feira, 2 de dezembro

> Entraram vários generais-de-divisão, como De Laborde, Loison e Kellermann, e alguns generais-de-brigada; e foram fazendo a sua hospedaria nas casas, e palácios dos fidalgos ausentes, e principais negociantes.
>
> Deitaram fora dos conventos de São Francisco da Cidade, Paulistas, e Jesus todos os religiosos, que tinham parentes que os pudessem recolher, a fim de se acomodarem os soldados franceses que destinaram os conventos para quartéis.

Quinta-feira, 3 de dezembro

As tropas francesas continuam a chegar: agora são mais de 11 mil homens; os portugueses que ficaram ainda não se acostumaram com a realidade. O número de generais em Lisboa subiu para 15. Para o comércio foi o início de uma época desastrosa pois,

> ... chamou-se o comércio para prestar um empréstimo de dois milhões de cruzados até o fim do mês; e este foi o princípio da rapina ... fez esmorecer em sumo grau o comércio, que estava ameaçado em redondo de uma total ruína com a detenção dos seus navios na França com os depósitos dos do Brasil na Inglaterra, conduzidos pelo bloqueio britânico, e finalmente com o empate do mesmo giro comercial nas quatro partes do mundo.

Sexta-feira, 4 de dezembro

Aos poucos, tomando conta do poder público, Junot começa a agir pelo setor mais importante, trocando o presidente do Real Erário, Luiz de Vasconcellos e Sousa, e, no seu lugar, nomeando o ex-cônsul François Hermann como ministro das Finanças e Interior. Em seguida despachou um inspetor francês para o Arsenal. Também mandou inventariar os bens dos fidalgos, e de outros que tinham acompanhado S.A.R., para serem seqüestrados; nomeou o sr. Joufre para levantar os bens da Casa Real.

O hospital Inglês, situado na travessa dos Ladrões, foi escolhido para servir de prisão aos ingleses que tinham permanecido em Lisboa. Quaisquer propriedades a eles pertencentes, que se encontrassem nas mãos de portugueses, deveriam ser entregues; caso contrário, corria-se o risco de uma multa de valor dez vezes superior ao da mercadoria encontrada.[8]

Antes de atravessar a fronteira no mês anterior, Junot ainda tentara explicar e justificar a invasão, principalmente para os camponeses, de hábitos mais simples, mas nem por isto menos desconfiados: "Finalmente apareceu neste dia o edital primeiro, que ele, Junot, afixou em Valença de Alcântara à sua entrada neste reino, o que até a saída de S.A.R. nos foi oculto."[9]

Sábado, 5 de dezembro

Os bens pertencentes aos súditos ingleses, e até as mercadorias manufaturadas na Inglaterra, são objeto de atenção e, nas semanas seguintes, sofrerão seqüestro pelo novo poder.

Por edital, são proibidos a caça e o uso de armas de fogo, com severas penalidades: "caçador encontrado ... será considerado como vagabundo, matador nas estradas; e como tal será conduzido perante uma comissão militar, que será organizada para o dito efeito".

Domingo/segunda-feira, 6/7 de dezembro

Conforme aumenta a tropa de ocupação, também aumentam as suas necessidades de acomodação:

> ... e repartirão e aquartelarão as tropas francesas pelos conventos de São Bento, São Domingos, Camillos, Carmo, Trindade, Carmelitas Descalças, São Vicente de Fora; e as espanholas em São Francisco de Paula. As seges da Casa Real e das pessoas que foram com S.A.R., muitas se repartiam para o estragado, e diário serviço de muitos generais, e funcionários franceses.

Afixado novo edital proibindo soldados, de qualquer nacionalidade, de freqüentarem "tabernas e loja de bebidas" depois das sete horas da noite, sob severas penas para o taberneiro que desobedecer; também a proibição de usar qualquer

> ... qualidade de arma, principalmente de noite; e toda pessoa, que for presa em qualquer pendência, sendo convencida de ter usado de qualquer arma que seja, será julgada por uma comissão militar, e reputada como assassina.

Neste dia, aqueles portugueses que se encontravam perto do Tejo viram entrar a escuna *Curiosa*, que tinha saído com a esquadra no dia 29 de novembro, "veio perseguida do temporal, e com água aberta; e logo os franceses se apoderaram dela, e não içou mais bandeira portuguesa".

Apesar do rigoroso bloqueio exercido pelo esquadrão britânico, dois pequenos navios conseguiram entrar no porto de Lisboa, provenientes de Tenerife e Hamburgo. Este fato causou tristeza, pois fez lembrar o rico comércio de outrora.

Quinta-feira, 10 de dezembro

O cardeal patriarca, receoso da reação dos cidadãos, publicou uma pastoral pedindo a todos que colaborassem com, e respeitassem, "o Exército de Sua Majestade o imperador dos franceses, e rei de Itália, Napoleão o Grande, que Deus tem destinado para amparar, e proteger a religião, e fazer a felicidade dos povos".

Sexta-feira, 11 de dezembro

Junot e outros oficiais foram a bordo do esquadrão russo, fundeado no Tejo. O hasteamento da bandeira francesa no Real Arsenal causou grande cólera no povo, porém não houve reação maior.

Domingo, 13 de dezembro

A primeira manifestação hostil do povo ocorreu neste dia, e foi mais tarde lembrada como o início da revolução que acabaria por expulsar os franceses. A formação de quase seis mil soldados franceses na praça do Rocio, e depois, a presença de Junot e de outros oficiais para receberem as honras e continências; e, ainda mais, o içamento da bandeira francesa no Castelo, com salva de 20 tiros, correspondida pelas fortalezas da Barra; tudo isso instigou o povo. Às cinco horas da tarde, aos gritos de "Viva Portugal e morra a França", à força de golpes de pedras, paus e armas curtas, pela primeira vez o povo manifestou a sua contrariedade. A confusão foi grande, principalmente no Chiado e no Calçado do Carmo – muitas pessoas fugiram para a igreja do Sacramento; soldados deram duas descargas para dentro do santuário. Às oito horas da noite, a calma já voltava à cidade. Neste primeiro confronto, morreram quatro franceses; uma portuguesa, ferida por uma bala, veio a falecer no dia seguinte.

Segunda-feira, 14 de dezembro

Continuaram as manifestações do dia anterior. Os franceses reforçaram a guarda em todas as localidades. O povo esperava escondido para atacar aqueles soldados dispersos. O saldo final do dia foi de nove franceses mortos e muitos feridos; três portugueses perderam a vida e houve quatro feridos.

~ *Terça-feira, 15 de dezembro*

A tranqüilidade voltou às ruas da capital, em parte porque, assustado com as manifestações da véspera, o Exército redobrou a guarda nos pontos mais vulneráveis e passou a patrulhar as ruas do centro.

~ *Quarta-feira, 16 de dezembro*

Cartas recebidas da cidade do Porto informavam que soldados espanhóis tinham ali entrado e, com data de 13 de dezembro, afixado um edital assinado por d. Francisco Taranco e Llano – tenente-general dos reais Exércitos de S.M. católica; semelhante àquele afixado em Lisboa por Junot.

~ *Sábado, 19 de dezembro*

Após muita insistência, alguns navios neutros, que se encontravam no porto quando a invasão ocorreu, conseguiram seus passaportes para poderem sair.

Um grande número de oficiais espanhóis do Alentejo foi visto entrando em Lisboa.

~ *Domingo, 20 de dezembro*

Na praça do Rocio, formou-se pela segunda vez a tropa; dizia-se que era para amedrontar aqueles que ainda tinham esperança de reagir contra a ocupação.

Com o passar do mês as diversas medidas anunciadas aos poucos foram tomando conta do poder público, não faltando certa confusão:

> O general espanhol do Alentejo decretava também, em nome do seu monarca, dando postos, reconduzindo ministros etc. Por esta forma se achava então este pequeno reino com três donos, dois intrusos e um legítimo, qual era, e é, S.A.R.

Segunda-feira, 21 de dezembro

A fim de evitar aglomerações e manifestações do povo, Junot baixou ordens proibindo as missas e o toque dos sinos no dia de Natal.

Terça-feira, 22 de dezembro

Seguindo o Tratado de Fontainebleau, pelo qual, na divisão de Portugal, o sul caberia aos espanhóis (Príncipe da Paz), Junot ordenou que os rendimentos do Alentejo e do Algarve não entrassem no Erário; que fossem postos à disposição do general espanhol marquês de Socorro.

O bispo titular do Algarve, d. José Maria de Mello, manda afixar pastoral, de conteúdo semelhante ao do cardeal patriarca.

Segunda-feira, 28 de dezembro

Chegaram notícias de que diversos navios vindo do Brasil, que desconheciam ou que tinham desobedecido às ordens do príncipe regente para sustar a partida da navegação para Portugal – enviadas pelo bergantim *Gavião* em 7 de setembro –, tinham sido apreendidos pelo esquadrão britânico do bloqueio. O comércio, já sofrendo as conseqüências da invasão, ficou ainda mais desanimado.[10]

Terça-feira, 29 de dezembro

Lucas de Seabra da Silva, intendente-geral da polícia da corte e do reino, receoso de que algumas pessoas pudessem utilizar-se de desculpas para saírem à noite, publicou edital proclamando "que nenhuma pessoa do dia primeiro de janeiro por diante traga pelas ruas qualidade alguma de gado, desde as ave-marias até as sete horas da manhã; com a pena de perdimento dos mesmos gados".

Foi publicada a primeira relação de contribuintes do empréstimo forçado, somando 800 mil cruzados. Encabeçando a lista, com 32 mil cruzados cada, estava o barão de Quintella, o desembargador Antônio Rodrigues Caldas e Jacintho Fernandes da Costa Bandeira.

Sexta-feira, 1º de janeiro de 1808

Ocorreu neste dia um grande banquete, seguido de um baile, no quartel-general. Além dos oficiais franceses, participaram oficiais superiores da esquadra russa e várias famílias de Lisboa.

Sábado, 2 de janeiro

Depois de um mês, o bloqueio inglês tornou escassa a comida; até pão faltava. Visando amenizar esta situação, que estava ficando crítica, el-rei de Espanha decretou, livre de direitos, a entrada e a saída de todos os gêneros e mantimentos.

Imposta a lei marcial, uma nau defronte da praça do Comércio dispararia um canhão todas as manhãs e à noite, como sinal para recolher.

Segunda-feira, 4 de janeiro

O governo decretou que todos os brasileiros que quisessem se retirar poderiam fazê-lo, bastando a obtenção de passaporte indicando o país de destino e a saída em navios neutros. Muitas famílias, alegando serem brasileiras, conseguiram escapar.

Terça-feira, 5 de janeiro

A movimentação das tropas na costa foi grande, pois a esquadra inglesa se aproximou e, por intermédio de pescadores, obteve informações do que se passava em terra.

Como resultado, barcos pesqueiros foram proibidos, sob severas penas, de manter contato; e, através de letras e números a serem pintados no casco, a identificação foi facilitada.

Domingo, 10 de janeiro

Novamente Junot reuniu as tropas no Rocio para desfile e manobras:

Fizeram os generais manejar a tropa, e Junot passou a revista de costume; e neste ato foi ao chão o general Kellermann, pois se lhe espantou o cavalo; ficou algum tempo perdido dos sentidos, e recolheram-no à loja de bebidas do Nicola, onde depois de algumas experiências de licores ficou perfeito, e a estas experiências assistiram vários oficiais, os quais todos saudaram o senhor general com os copos; e na retirada (visto assim pedir a política) foram todos montar o dito senhor general, e por cujo motivo houve esquecimento da bagatela dos licores, e o dono da loja desenganado do pagamento: em toda parte sempre semelhantes.

Quinta-feira, 14 de janeiro

Hoje passou Junot depois do almoço (o qual sempre era às onze horas, e igual o jantar, tanto na comida, quanto na bebida) à fundição e fez arrancar e quebrar os quadros, que representavam os soberanos da Casa de Bragança, ordenando que se não pusessem mais armas portuguesas no que fundisse; e para esta ação francesa, levou cinco de seus porta-machados; e, com palavras atrevidas, e próprias do seu caráter, proferiu que a Casa Legítima cessaria de governar: para esta vil ação, ou ato, em pior estado do que de costume, e voltou com espírito alegre, como se alcançasse uma vitória.

Sexta-feira, 15 de janeiro

A cidade toda acordou com o barulho e o movimento dos carros de pólvora e de peças de artilharia sendo levados para as praias da Barra. Seguiram também um regimento de suíços e outro de artilharia. O rumor era de que o esquadrão britânico tinha um certo número de navios-transporte além do horizonte, prontos para despejar soldados nas praias. Não era verdade.

Sábado, 16 de janeiro

Outra vez passou Junot na fundição; determinou quebrar as armas portuguesas da porta, que eram de pedra. Convidou alguns artesãos portugueses, que se encontravam na localidade, para fazer o serviço, oferecendo-lhes 6.400 réis: "A pobreza gemia de fome ... porém não houve um só que aceitasse a vil oferta, e foi preciso que soldados franceses o fizessem."

Domingo / segunda-feira, 17 / 18 de janeiro

"Tomou-se nestes dias na Loja dos Sapateiros, calçado para o Exército francês; e pela dos Fanqueiros, cobertores e panos de linho; e isto com a maior violência."

Terça-feira / quarta-feira, 19 / 20 de janeiro

Nestes dias, reduziu-se drasticamente o número de portugueses nas Forças Armadas; assim os regimentos ficaram com um pequeno número de homens, consolidando ainda mais a supremacia francesa.

Sexta-feira / sábado, 22 / 23 de janeiro

Marinheiros e oficiais do navio *Princesa*, e outros que tinham sido apreendidos pelo bloqueio britânico, foram deixados em terra. Imediatamente, foram presos e levados para serem interrogados sobre a esquadra inglesa, perante o general De Laborde; em seguida, foram soltos. Os navios foram conduzidos à Inglaterra.

Domingo, 24 de janeiro

Continuam os preparativos nas praias da barra contra uma possível invasão pela Inglaterra.

Quinta-feira, 28 de janeiro

Chegam notícias de Mafra de que um homem tinha sido abatido a tiros de arcabuz por ter matado dois franceses com uma foice.

Segunda-feira, 1º de fevereiro

Ao se completarem exatos dois meses de ocupação, seguros de que o domínio do território era total e de que o Tratado de Fontainebleau já poderia começar a ser implantado, um importante passo era tomado:

> Postaram-se duas alas de granadeiros desde a porta do quartel-general até o Rocio, sendo formadas pela rua do Chiado, Calçada Nova do Carmo a desembocar na grande praça: saiu Junot e encaminhou-se ao palácio da Regência, onde esteve algum tempo ... espalhou-se a notícia de ser abolida, ou extinta a Regência, e que Napoleão ordenava que Junot fosse governador-em-chefe do reino. Às cinco horas da tarde mandou afixar o edital.[11]

Em seguida, foi publicado outro edital extinguindo o Conselho da Regência criado pelo príncipe regente antes de partir, e ao mesmo tempo criando o Conselho de Guerra e o Conselho do Governo. Mantidos alguns funcionários portugueses nos seus postos, foram nomeados franceses e portugueses para ocuparem posto de confiança.

Terça-feira, 2 de fevereiro

A publicação do edital,[12] assinado por Napoleão em Milão no dia 23 de dezembro do ano anterior, deixou a população triste e amarga. Ordenava que a população fizesse uma doação de 100 milhões de francos (40 milhões de cruzados) como contribuição à guerra, e o seqüestro dos bens da família real e dos fidalgos que a haviam acompanhado. As doações de dois milhões de cruzados já pagas poderiam ser descontadas.

Em 1808, por imposição de Junot, uma delegação dos três estados foi a Baiona cumprimentar Bonaparte e pedir-lhe uma redução desta doação. A delegação era composta dos marqueses de Marialva, Penalva e Valença, os dois marqueses de Abrantes (pai e filho), d. Nuno Álvares Pereira de Melo (segundo filho da Casa de Cadaval), o conde Sabugal e o visconde de Barbacena. Recebidos em Baiona por Bonaparte e iniciadas as negociações, surgiu a insurreição em Portugal. Os membros da delegação passaram a ser prisioneiros de guerra;

transferidos primeiro para Bordéus e depois para Paris, só puderam retornar em 1814.

Quinta-feira, 4 de fevereiro

A submissão não era total; aqui e ali houve, espontaneamente, reação à invasão:

> Correu notícia de um pequeno motim nas Caldas entre os soldados do Regimento do Porto e os franceses, havendo nestes algumas mortes: foi mandado devassar e castigar, o general Loyson com quatro mil homens e seis peças de artilharia.
>
> Um parlamentário inglês foi avistado perto de Setúbal.

Sexta-feira, 5 de fevereiro

O esquadrão de bloqueio britânico, após o episódio com os navios mercantes vindos do Brasil, começou a tomar uma atitude mais ativa. Neste, e nos dias seguintes, um parlamentário inglês rondava perto da barra.

Sábado, 6 de fevereiro

A situação da nobreza, do clero e de outros que tinham ficado em Lisboa era muito delicada. Se de um lado eram convocados para fazer "doações" (castigo menor que o seqüestro), pelo outro, como neste dia às três horas da tarde, eram convocados ao quartel-general para cumprimentar e render obediência por este ato ao general Junot. A população observava indignada, considerando traidoras essas pessoas.

Quarta-feira, 10 de fevereiro

De Caldas, chegam notícias de que o Regimento do Porto, que estava de guarnição, foi cercado e desarmado; nove portugueses tinham sido executados.

Sábado, 13 de fevereiro

O esquadrão inglês finalmente entra em ação:

> Às três horas da manhã, vieram os ingleses em lanchas e escaleres, e abordaram uma canhoneira das que estavam de guarnição em São José de Riba-Mar, e que tinha 60 homens de tripulação, e seu comandante; e a levaram apresada, sem que a vigilância das fortalezas os percebesse, e menos as embarcações de guerra: esta notícia encolerizou sumamente o general Junot, e reforçou a barra com a nau *Vasco da Gama*, a fragata *Carlota*, o brigue *Gaivota*, a fragata *Benjamim*, a escuna *Curiosa*, e mais duas barcas, afora a bateria flutuante, e tudo ficou ancorado entre a torre de Belém e o forte da Arêa.

Segunda-feira, 15 de fevereiro

A canhoneira capturada apareceu, arvorando pavilhão britânico, no meio da esquadra. Um escaler parlamentário veio trazer cinco franceses feridos na abordagem do dia 13.

Terça-feira, 16 de fevereiro

Mais uma vez a esquadra britânica demonstra que ainda está nos seus postos, pois:

> Fundearam em Cascais 11 navios ingleses, e essa visita fez concorrer a diferentes observatórios muita gente ... dobrarão as guardas ou guarnições da barra; e estiveram dois dias sobre as armas, receando algum desembarque.

Quarta-feira, 17 de fevereiro

Ocorre grande movimentação de tropas para o Alentejo e para a praça d'Elvas. Assim o número de homens entre Lisboa e a cidade do Porto cai para oito mil.

Sexta-feira, 19 de fevereiro

Muito a contragosto do povo português, os navios britânicos fundeados em Cascais fazem-se de vela, não para entrar, mas para voltar ao alto-mar.

Domingo, 21 de fevereiro

No Rocio formam-se novamente as tropas, desta vez as francesas e as portuguesas (regimentos de infantaria 1, 4, 10, 13 e 16); estas sem bandeiras. As tropas são passadas pelos generais franceses, pelo marquês d'Alorna e por Gomes Freire. É voz corrente que as tropas portuguesas serão enviadas para o exterior, como era a política francesa; elas iriam ocupar o espaço deixado pelas tropas francesas no exterior e ao mesmo tempo eliminar qualquer possibilidade de um levantamento.

Segunda-feira, 22 de fevereiro

De novo surge o descontentamento. Tendo sido publicamente avisado de que os brasileiros poderiam pedir os seus passaportes e sair do país, e tendo sido franqueado os mesmos passaportes e permitido o embarque no brigue *Real João*, repentinamente, e sem qualquer explicação, os passaportes foram cancelados.

Sexta-feira, 11 de março

Um incidente conquistou a imaginação dos lisboetas.

Uma galinha pertencente a um tal sr. Costa botou um ovo e, para surpresa geral, as letras V D S R P poderiam ser lidas na casca. As iniciais foram interpretadas como sendo "Viva D. Sebastião Rei de Portugal". A notícia do ovo milagroso rapidamente se espalhou, atraindo uma multidão até a casa do sr. Costa, na rua das Taipas, e dali até a beira do rio, para receber o tão esperado Salvador. Presumia-se que viria vestindo uniforme da marinha inglesa! No ano de 1578, d. Sebastião liderou uma expedição a Alcácer Quibir e, durante a batalha, que ocorreu em 4 de agosto, desapareceu sem deixar o menor vestígio. De acordo com uma lenda portuguesa, d. Sebastião não morreu e um dia voltará para salvar a sua pátria. Até hoje a sua volta é aguardada!

Contam que o ovo foi apresentado a Junot durante um banquete, numa salva de prata, e que todos quiseram examinar esse fenômeno.[13]

Epílogo

O esquadrão britânico no Rio de Janeiro. Missão de patrulhamento em São Salvador, em busca do esquadrão que estava sendo bloqueado em Rochefort. Chegada de sir Sidney Smith. Comemoração do aniversário de Sua Majestade Jorge III. Serviço de escolta para a fazenda real de Santa Cruz. O navio de S.M. London *regressa ao porto de origem.*

Março de 1808

A tão esperada chegada da família real ao Rio de Janeiro anunciou um novo papel para o esquadrão britânico, agora reforçado pelas fragatas *Solebay* e *Surveillance*, que aportaram em 9 de março.

Entrementes, o vice-almirante sir Charles Cotton[1] tinha sido enviado a Portugal para substituir sir Sidney Smith em seu comando. Antes que isto fosse feito, sir Sidney foi enviado a Gibraltar, Porto Praia e ilha da Madeira, em busca de navios franceses que pudessem estar nessas áreas. O esquadrão francês tinha conseguido esgueirar-se para fora de Rochefort, embora o porto estivesse sob bloqueio, e seu paradeiro era desconhecido.

Enquanto estava em Gibraltar, a bordo da *Foudroyant*, em 29 de fevereiro, sir Sidney recebeu ordens para tomar sob seu comando a *Agamemnon* e a *Confiance*, seguir para o Brasil na *Foudroyant* e lá içar seu pavilhão como comandante-em-chefe:

> As ordens do Almirantado estavam datadas de 25 de janeiro de 1808; exceto que, com a escala em Gibraltar, onde ele recebeu ordem de comunicar-se com o tenente-general sir John Moore, tocando em outros portos, juntamente com transbordo entre navios no mar, estando a *Foudroyant* muito

necessitada de reparos, não foi antes de 17 de maio que ele alcançou o magnífico porto do Rio de Janeiro, no navio de Sua Majestade *London*.[2]

Em 14 de março, o comodoro Graham Moore escreveu, do Rio de Janeiro, a seu novo comandante-em-chefe, vice-almirante sir Charles Cotton:

> Devo informá-lo que o navio de Sua Majestade *Surveillance* aqui chegou em 9 do corrente, trazendo a bordo Francis Hill, secretário da Legação e encarregado de Negócios; o capitão sir George Collier entregou-me sua ordem datada de 11 de dezembro último, instruindo-me a colocar-me sob seu comando, juntamente com diversas ordens do Conselho e Proclamações. Ele também me entregou sua carta de 25 de janeiro, contendo a importante informação que lhe foi comunicada pelo vice-almirante sir I.T. Dinkworth, a respeito da partida do esquadrão inimigo de Rochefort, em 17 de janeiro, com cartas e ordens que ele recebeu do capitão Grant, da *Raven*, em São Jago [sic]. A julgar pelo estado da defesa e pela força natural deste porto, estando toda a esquadra portuguesa aqui, exceto o *Don Juan de Castro* [sic], na Bahia (São Salvador), considero este porto perfeitamente seguro contra um ataque do esquadrão de Rochefort; tenho esperado por uma brisa da terra para levar o esquadrão sob meu comando, consistindo dos navios [nomeados na margem: *Marlborough*, *Monarch*, *London*, *Bedford* e *Surveillance*], para o mar, a fim de esforçar-me para encontrá-los. Sua Alteza Real o príncipe deseja que eu siga para a Bahia, pois a cidade de São Salvador está exposta a um ataque do mar, e poderia ser forçada a cooperar, se tal objetivo fosse suficiente para que o inimigo arriscasse seu esquadrão. Sou de opinião que o seu objetivo é o rio da Prata, para lançar as tropas que tenham a bordo contra Montevideo; serei guiado pelas circunstâncias, e pelas informações que eu possa receber em sua perseguição, sendo a força sob meu comando, espero, suficiente para combatê-los.
>
> Devo informá-lo que, em cumprimento a uma Ordem dos Exmos. Srs. Lordes Comissários do Almirantado, tomei o *Surveillance* sob meu comando.[3]

Na tarde de quarta-feira, 16 de março, a *London* recebeu um prático, pronto para cruzar a barra e fazer-se ao mar. À noite, a falta de vento impediu que o esquadrão partisse e o prático foi baixado a terra. Ao amanhecer do dia seguinte, com uma brisa soprando da terra, o esquadrão, de conserva com o brigue português *Voador*, zarpou para a Bahia. O esquadrão ficou de patrulha ao longo da costa, em sua busca por navios franceses.

Abril de 1808

Como o comodoro Moore previra, não obtiveram sucesso; em 8 de abril fundearam a uma milha da terra, perto da extremidade sul da cidade de São Salvador.

Os dias seguintes foram gastos com os preparativos para a viagem de regresso. No dia 12, o governador, conde da Ponte, foi a bordo da *London* para uma visita de cortesia; a salva regulamentar de 13 tiros de canhão foi disparada, por ocasião do embarque e da partida.

Em 18 de abril o esquadrão partiu na jornada de regresso, chegando ao Rio de Janeiro, sem incidente, em 8 de maio.

Maio de 1808

Em 12 de maio, a *Confiance* finalmente entrou e reuniu-se ao esquadrão, seguida no dia 17 pela *Foudroyant*, que trazia sir Sidney Smith, de conserva com a *Agamemnon*[4] e o brigue *Pitt*.

Junho de 1808

Sir Sidney Smith convidou o príncipe regente e a família real portuguesa a bordo do navio de S.M. *London*, por ocasião da comemoração do aniversário do rei Jorge III. Thomas O'Neil, que esteve presente, descreve os preparativos e o evento:

> Dia 24 de maio. Pela *London*, vieram ordens do comandante-em-chefe para empregar todo artífice da frota no preparo da nau para receber a família real, que tinha sido convidada por ele para jantar a bordo no dia 4 de junho, na comemoração do aniversário de Sua Majestade britânica (meu clemente soberano), e cujo convite eles se dignaram a aceitar. Assim, todos os canhões do convés e da cabine superior, assim como os do tombadilho, foram removidos. As cabines foram decoradas com as cores da Inglaterra, de Portugal e da Espanha,[5] e com uma tela contendo os retratos de todos os nossos heróis navais; e, em homenagem aos visitantes reais, o convés estava atapetado com bandeiras francesas.
>
> A mesa real foi colocada diante da cabine superior, e as mesas para receber nobres que faziam parte da comitiva da família real foram dispostas

em toda a extensão e de cada lado do tombadilho. Foi suspensa uma plataforma do mastro principal para o mastro de proa, cujas beiradas estavam ornamentadas com as cores inglesas, portuguesas e espanholas. No centro ficava uma mesa com 160 talheres; em toda a extensão da nau, os toldos foram guarnecidos com divisas inglesas e portuguesas unidas, e suas bordas estavam adornadas com bandeirolas de diferentes cores; os lados da nau, no tombadilho, estavam cobertos com estandartes reais da Inglaterra, tendo à sua frente o brasão de Sua Majestade britânica acima da mesa real. Na popa, foi erguido um toldo para receber os assessores dos ilustres visitantes; não se poupou trabalho para dar à nau uma aparência o mais possível pomposa.

No dia 4 de junho, foi hasteado o estandarte da Inglaterra em conjunto com o da Espanha. Às duas horas, o regente e sua família embarcaram, sob uma salva real das naus e das baterias; e, assim que Sua Alteza chegou a bordo, o estandarte de Portugal foi hasteado na proa, e eles foram recebidos com sinceras demonstrações de profundo respeito. Sua Alteza comentou estar o convés atapetado com as cores da nação francesa. O almirante confirmou, e o príncipe respondeu que, por poder calcá-las aos pés, sentia-se reconhecido a seu fiel aliado e a seus bravos súditos, uma resposta que demonstrou vivamente seus sentimentos de gratidão pela amizade britânica.

Às quatro horas, a família real sentou-se à mesa, o almirante supervisionando, até ser autorizado por Sua Alteza Real a se sentar à mesa que ficava à sua direita, com *mister* Hill, ministro britânico, sendo que os nobres tomaram seus lugares de acordo com sua graduação; a família real foi atendida por oficiais da Marinha britânica.

Em frente à mesa, foi posto o memorável estandarte que estava hasteado a bordo da *Príncipe Real*, onde viajara o príncipe quando compelido a deixar sua terra natal; os brasões de Portugal e Espanha estavam suspensos acima dos convidados reais, e, quando os oficiais ingleses e portugueses se sentaram, nada podia sobrepujar a felicidade de Sua Alteza e família, e todos os seus infortúnios pareciam estar esquecidos.

Nessa ocasião festiva, foram aceitos vários brindes; e o indulgente leitor talvez não se incomode de ver como eles servem, melhor que uma descrição, para exprimir os sentimentos de gratidão dos convidados reais. Sua Alteza o príncipe regente, a princesa do Brasil e as princesas brindaram, dizendo: "Ao rei da Grã-Bretanha, e que ele possa viver até o fim dos tempos!"

O príncipe de Espanha brindou: "Prosperidade ao Exército britânico, que está lutando pela causa de minha família."

As infantas disseram: "Que nosso pai e sua família possam conservar para sempre a estima de todos os oficiais de Sua Majestade britânica."

Os brindes foram respondidos com saudações reais. Ao pôr-do-sol, Sua Alteza Real solicitou que o estandarte real, que estivera hasteado a bordo da *London*, fosse trazido até ele. Tendo o pedido sido cumprido, Sua Alteza ordenou que o estandarte ficasse no convés e disse ao almirante, de maneira comovente:

"Almirante, a honra que Vossa Excelência e os oficiais britânicos concederam hoje a mim e à minha família é muito maior que a esperada, pois se passou tão pouco tempo depois que tive diante de mim a sombria perspectiva de estar cercado por meus inimigos; para prevenir isso e em busca de neutralidade, fui constrangido a fechar meus portos à nação britânica, esperando satisfazer a exigência exorbitante do imperador francês; contudo, minha anuência não impediu meu país de ser invadido.

"Tal medida extrema foi, para minha alma, fonte da mais pungente tristeza – que eu tenha sido forçado a romper uma aliança que subsistia por tantos anos entre a corte de minha mãe e a de Sua Majestade britânica; mas os embustes de Napoleão me compeliram, pois sua conduta pérfida me fez supor que, no caso de uma recusa minha, ele invadiria o reino de minha mãe. Da parte da Grã-Bretanha eu nada tinha a temer, pois era indiscutível a honra dessa nação.

"Almirante, suas comunicações, que recebi por despacho, me informaram que Portugal tinha, em parte, sido tomado pelos franceses. Tal notícia me convenceu de que eu fora traído.

"Mas a Vossa Excelência, almirante, eu e minha família devemos nossa liberdade e minha mãe, sua Coroa e dignidade. Vimos hoje a bordo da *London* para celebrar o aniversário de Sua Majestade britânica; e, nesta feliz ocasião, meu estandarte real teve a honra de ser hasteado junto com o da Inglaterra. Agora, ele está no convés, e me permita agradecer a Vossa Excelência e aos oficiais todos os obséquios feitos a mim, à minha família e a meus fiéis súditos.

"Como símbolo de meu respeito, aceite de mim esse estandarte; e, doravante, conserve o brasão de minha Casa junto com o da sua: isso ficará, para sempre, como lembrança de que seus esforços nos preservaram de cair na cilada que Napoleão armou para nossa destruição."

Essa fala foi homenageada com uma salva de todas as naus de Sua Majestade. Foi muito tocante observar as princesas, os príncipes, inclusive o príncipe da Espanha, quando Sua Alteza Real fez seu discurso ao almirante; pois, embora a recepção fosse a mais suntuosa de todas jamais oferecida a bordo de qualquer uma das naus de Sua Majestade, tendo um soberano se dirigido ao almirante britânico com tais palavras de respeito, isso foi suficiente para arrancar suspiros de lembrança das calamidades que Sua Alteza e sua família foram levados a suportar e da perda de seus antigos domínios hereditários. Mas o almirante tornou a levantar seu ânimo, pedindo aos oficiais britânicos que bebessem à "prosperidade de Sua Alteza Real e de seus domínios", o que foi recebido com muito agrado pelos convidados reais.

Às oito da noite, essas ilustres personalidades deixaram a nau e convidaram o almirante, os capitães e os oficiais para acompanhá-los à ópera, a qual havia sido encomendada para a ocasião, em honra daquele dia, tendo sido preparados camarotes para recebê-los a todos.[6]

A publicação inglesa *Naval Chronicle* assim registrou este evento:

No Brasil, em 4 de junho de 1808, sir Sidney Smith recepcionou toda a família real portuguesa a bordo do navio de Sua Majestade *London*. Ao desembarcar do navio, o príncipe regente presenteou o contra-almirante, de suas próprias mãos, com o pavilhão de Portugal para ser usado como aumento do seu brasão, e declarou o restabelecimento da Ordem da Espada [sic], instituída por d. Alfonso V, cognominado o Africano, em 1459, da qual sir Sidney Smith recebeu o grau de grão-cruz.

Todos os capitães ingleses diante do Tejo, sob seu comando, seriam comendadores, e os primeiros-tenentes (imediatos) de todos os navios, cavaleiros da mesma ordem, assim como o sr. Hill, secretário da Legação de Sua Majestade naquela corte. Sua Alteza Real conferiu medalhas aos quatro capitães que integravam o esquadrão destacado por sir Sidney Smith para acompanhar a esquadra portuguesa ao Brasil.[7]

Além das honrarias concedidas pelo príncipe regente, sir Sidney Smith recebeu uma propriedade com seis escravos.[8]

O Almirantado em Londres ficou satisfeito com a conduta de sir Sidney no desempenho desta missão incomum:

Não perdi tempo em apresentar seus despachos, trazidos pelo capitão Yeo do navio [sic] de Sua Majestade *Confiance*, e pela *Trafalgar*, uma carta de corso, a meus Senhores Lordes Comissários do Almirantado; e fui instruído por Suas Excelências a expressar a sua maior aprovação de sua conduta judiciosa e capaz, no desempenho de serviço confiado a seu cargo e na execução das várias ordens que recebeu de tempos em tempos.

Suas Excelências estão fortemente impressionadas com a propriedade de toda a sua conduta para com a família real de Portugal: a respeitosa atenção que parece ter mostrado para com a ilustre Casa de Bragança esteve em estrita conformidade com os desejos de Suas Excelências, e estas me instruíram a expressar sua completa satisfação em relação à maneira como neste, assim como em todos os aspectos, obedeceu a suas instruções.[9]

Os membros da corte, oficiais militares, clérigos e outros, não foram esquecidos por d. João, como está registrado por Melo Morais:[10]

Reconhecendo a precipitação com que os grandes de sua corte deixaram as suas casas e bens, julgou provê-los com subsídios tirados do Erário Real, marcando-lhes quantias com as quais pudessem subsistir decentemente, em relação às suas posições sociais. Aos oficiais de marinha e terra, deu um posto de acesso, e ao mesmo tempo empregando-os ou admitindo-os nos corpos militares do Brasil. Aos eclesiásticos, deu-lhes benefícios ou empregos donde tiravam meios suficientes para viverem. Criou lugares e montou repartições para acomodar a todos que careciam de meios de subsistência. Deu condecorações, postos, ofícios e dignidade a uma grande porção dos habitantes da Bahia e do Rio de Janeiro.

1809

A *London* prosseguiu e, em janeiro seguinte, seu livro de quartos mostra que escoltou o príncipe regente para Santa Cruz.

Durante a segunda metade do século XIV, foi legado à Ordem jesuíta o núcleo do que viria a se tornar uma propriedade agrícola de proporções gigantescas: Santa Cruz, na costa oeste do Rio de Janeiro. Sob a influência do marquês de Pombal, em 1759 os jesuítas foram expulsos de Portugal; como resultado, Santa Cruz tornou-se propriedade da Coroa. D. João passou lá o verão de 1809, e, como fora acordado, sempre que deixava o porto, um navio de guerra britânico servia de escolta.

Finalmente, em 5 de março de 1809, a *London* zarpou do Rio de Janeiro, escoltando os navios mercantes *Jane*, *Clarkson* e *Fingal* de volta à Inglaterra. O mesmo chegou a Cawsand Bay em 21 de maio, quase exatamente 18 meses depois da data em que partira; deslocou-se então para o Arsenal de Chatham e deu baixa. Em 1811, o navio foi desmantelado.

No início de 1811, a França foi expulsa do território português pela Grã-Bretanha. Esta vitória foi seguida por outras na Espanha e, eventualmente, na França. Por fim, após a batalha de Waterloo, Bonaparte foi derrotado de modo conclusivo. Removido do cenário onde tinha sido figura principal por tantos anos, foi levado para a ilha de Santa Helena, a fim de passar o resto dos dias em exílio.

Embora sua pátria não mais estivesse ocupada, d. João permaneceu no Brasil. Por ocasião da morte de sua mãe, em 1816, ele sucedeu ao trono com o título de d. João VI. Em 1821, regressou a Portugal, onde morreu cinco anos depois. Ele jamais poderia imaginar, quando de lá partiu em 1807, que uma parte tão significativa de seu reinado – 13 anos! – seria passada no Brasil.

Após demoradas negociações realizadas em nome de Portugal pelo embaixador britânico Charles Stuart, o Brasil foi então reconhecido, em 1823, como nação independente de Portugal.[11]

Apendice A
Principais personagens[1]

Capítulo Um

~ *D. Maria I: 26ª rainha de Portugal e dos Algarves; princesa do Brasil* [2]
D. Maria I, *a Piedosa*, nasceu em Lisboa em 17 de dezembro de 1734, e foi batizada pelo patriarca de Lisboa, d. Tomás de Almeida, com os nomes de: Maria Francisca Isabel Josefa Antônia Gertrudes Rita Joana. Casou-se no palácio de Nossa Senhora d'Ajuda em 6 de julho de 1760, com seu tio, o sereníssimo senhor infante d. Pedro (depois rei, III de nome), grão-cruz das Ordens Militares de Cristo, de São Bento d'Avis, e de São Tiago da Espada; cavaleiro da Insigne Ordem do Tosão d'Ouro, da Espanha; nascido em Lisboa, em 5 de julho de 1717, e falecido no real palácio de Nossa Senhora d'Ajuda em 5 de março de 1786.

A rainha, a senhora d. Maria I, começou a reinar após o falecimento de seu pai, el-rei d. José I, em 24 de fevereiro de 1777, e foi aclamada em 13 de maio do mesmo ano. Faleceu no Rio de Janeiro em 20 de março de 1816, com 81 anos de idade e 39 anos de reinado. Por motivo de saúde, a rainha deixou de governar de fato desde 10 de fevereiro de 1792.

~ *D. João VI: 27º rei de Portugal, 23º dos Algarves, 1º do Reino Unido de Portugal, Brasil e Algarves; imperador titular do Brasil; 8º príncipe da Beira e do Brasil*
D. João VI, *o Clemente*, recebeu no batismo o nome de João Maria José Francisco Xavier de Paula Luís Antônio Domingos Rafael. Foi também 21º duque de Bragança, 18º de Guimarães e 16º de Barcelos; 20º marquês de Vila Viçosa e 24º d'Arraiolos; 22º conde de Ourém e de Barcelos, de Faria e de Neiva; 19º de Guimarães. Nasceu no Real Paço da Quinta de Queluz, em 13 de março de 1767, e foi batizado em 24 do mesmo mês, na real capela do dito Paço, pelo cardeal patriarca de Lisboa, d. Francisco Saldanha, capelão-mor da rainha d. Maria I e de seu marido, el-rei d. Pedro III.

Foi grão-prior do Crato e senhor da sereníssima Casa do Infantado; grão-mestre das Ordens Militares de Nosso Senhor Jesus Cristo; de São Bento d'Avis; de São Tiago da Espada; da Torre-e-Espada e de São João de Jerusalém; grão-prior em Portugal; grão-cruz da Ordem de Nossa Senhora da Conceição de Vila Viçosa; cavaleiro da Insigne Ordem do Tosão d'Ouro e grão-cruz das Ordens de Carlos III, São Fernando e Isabel, a Católica, da Espanha; do Santo Espírito, São Luiz, São Miguel, e da Legião de Honra, da França; de Leopoldo d'Áustria e de Santo Estevão, da Hungria; da Coroa de Ferro, da Itália; das de Santo André, Santo Alexandre Nevsky e de Santa Ana, da Rússia; cavaleiro da Ordem da Jarreteira, da Inglaterra; grão-cruz da Ordem do Elefante, da Dinamarca; do Leão Neolandês, dos Países Baixos; da Águia Negra, da Prússia.

Em conseqüência da grave enfermidade de sua mãe, a rainha d. Maria I, assumiu a direção dos negócios do Estado, como regente, *de fato*, e em nome dela, em 10 de fevereiro de 1792, governando assim até 15 de julho de 1799, quando começou a governar como príncipe regente, até o falecimento da mesma augusta rainha, a quem sucedeu; e começou a reinar como soberano em 20 de março de 1816, sendo aclamado e coroado rei do Reino Unido de Portugal, Brasil e Algarves, no Rio de Janeiro, em 6 de fevereiro de 1818. Veio a falecer, de volta a Portugal, em 16 de março de 1826.

O senhor d. João VI é, na série de reis de Portugal, cognominado *o Clemente*, em atenção às repetidas manifestações e provas do seu bondoso coração e magnanimidade d'alma. Casou-se el-rei, sendo príncipe, em 8 de março de 1785, com a sereníssima senhora infanta da Espanha, d. Carlota Joaquina de Bourbon.

~ ***D. Carlota Joaquina: rainha do Reino Unido de Portugal, Brasil e Algarves; imperatriz titular do Brasil; rainha de Portugal e Algarves; princesa da Beira e do Brasil***
A senhora d. Carlota Joaquina de Bourbon foi a primeira filha de el-rei d. Carlos IV da Espanha e da rainha d. Maria Luiza Thereza de Bourbon, duquesa de Parma. Nasceu no Paço d'Aranjuez (Espanha) em 25 de abril de 1775 e faleceu no Real Paço de Queluz, por volta das 3h45 da tarde de 7 de janeiro de 1830. Casou-se aos dez anos de idade, em 1785; juntou-se ao príncipe em 1790, com 16 anos.

~ ***D. Pedro IV: 28º rei de Portugal; 24º do Algarves; 1º imperador do Brasil***
Sua Majestade Imperial e Real, o senhor d. Pedro IV, *o Libertador*, foi o 22º duque de Bragança; 21º marquês de Vila Viçosa; 25º conde d'Arraiolos, 23º d'Ourém, de Faria e de Neiva.

Nasceu no Paço de Queluz, em 21 de outubro de 1798, por volta das 6h30 da manhã e foi batizado na real capela do mencionado Paço, em 19 do dito mês, pelo cardeal patriarca de Lisboa, d. José Francisco Miguel Antônio de Mendonça, capelão-mor da rainha d. Maria I e do príncipe regente d. João, com os nomes de: Pedro d'Alcântara Francisco Antônio João Carlos Xavier de Paula Miguel Rafael Joaquim Gonzaga Pascoal Cipriano Serafim de Bragança e Bourbon. Foi infante de Portugal e príncipe da Beira em 11 de junho de 1801, e do Brasil em 20 de março de 1816; grão-prior do Crato; e, depois, príncipe do Reino Unido de Portugal, Brasil e Algarves (em 9 de janeiro de 1817); regente do reino do Brasil em nome de seu pai em 22 de abril de 1821; proclamado pela Câmara Municipal, povo e tropas no Rio de Janeiro regente constitucional e perpétuo defensor do Brasil. Aclamado imperador do Brasil em 12 de outubro de 1822, e coroado em 1º de dezembro do mesmo ano; reconhecida a separação e a independência do Brasil, pela Carta Patente d'el-rei d. João VI, de 13 de maio de 1825, e depois pelo tratado de 25 de agosto, ratificado e mandado executar no Brasil por decreto do imperador d. Pedro I, em 10 de abril de 1826. Em 16 de novembro de 1825, constitui a ordem do seu nome, ora denominada de Cruzeiro do Sul, e posteriormente a Ordem da Rosa.

O senhor d. Pedro IV sucedeu a seu pai, el-rei d. João VI, no trono de Portugal em 10 de março de 1826 e foi reconhecido legítimo herdeiro pela regência do reino em 1826 e pelas Cortes Gerais da Nação. Nessa qualidade, outorgou a Carta Constitucional de 29 de abril de 1826, e abdicou da coroa em favor de sua augusta filha, a senhora d. Maria II da Glória. Resolveu abdicar também da coroa imperial, em 7 de abril de 1831, em favor de seu filho primogênito, o senhor d. Pedro II d'Alcântara.

Em 29 de julho de 1829, sob o título de duque de Bragança, na ilha Terceira, proclamou e assumiu a regência em nome da rainha, como pai e tutor e natural defensor dos direitos de sua augusta filha à Coroa de Portugal, que lhe era disputada por seu tio, o senhor infante d. Miguel. Exerceu aquela regência – que fora aprovada e confirmada pelas Cortes Gerais da Nação em 23 de agosto de 1834 – até o dia 19 de setembro de 1834, em que foi pelas mesmas cortes declarada a maioridade da rainha. Teve o senhor d. Pedro as seguintes condecorações: grão-mestre das Ordens de Nosso Senhor Jesus Cristo, de São Bento d'Avis, de São Tiago da Espada, da antiga Ordem da Torre-e Espada; grão-cruz da Ordem da Nossa Senhora da Conceição da Vila Viçosa; grão-cruz das Ordens do Cruzeiro e da Rosa; cavaleiro da Insigne Ordem do Tosão d'Ouro, e grão-cruz das Ordens de Carlos III e de Isabel, a Católica, da Espanha; grão-cruz das Ordens do Espírito Santo, de São Luiz e de São Miguel, da França; grão-cruz da Ordem de Santo Estevão, da Hungria, e de São Miguel, da Bavária; grão-cruz da antiga e muito nobre Ordem da Torre-e-Espada do Valor, Lealdade e Mérito. Faleceu em Lisboa em 24 de setembro de 1834.

Casou-se em primeiras núpcias, em 13 de maio de 1817, com a arquiduquesa d'Áustria d. Maria Leopoldina Josefa Carolina, que nasceu em 22 de janeiro de 1797 e faleceu em 11 de dezembro de 1826, segunda filha de Francisco I, imperador d'Áustria e de sua segunda esposa, a imperatriz d. Maria Thereza Carolina, princesa das Duas Sicílias. Passou a segundas núpcias em 2 de agosto de 1829, com d. Amélia Augusta Eugênia Napoleão Beauharnais, que nasceu em 31 de julho de 1812; imperatriz viúva, que faleceu em Lisboa em 26 de janeiro de 1873.

~ *D. Miguel I: 29º rei de Portugal, 25º dos Algarves*

O sereníssimo senhor infante d. Miguel Maria do Patrocínio João Carlos Francisco d'Assis Xavier de Paula Pedro d'Alcântara Antônio Rafael Gabriel Joaquim José Gonzaga Evaristo de Bragança e Bourbon nasceu no real palácio de Queluz, em 26 de outubro de 1802.

O senhor infante foi grão-prior do Crato, da Ordem de São João de Jerusalém, priorado de Portugal; claveiro das Ordens Militares de Nosso Senhor Jesus Cristo, de São Tiago da Espada, de São Bento d'Avis, e da Torre-e-Espada; grão-cruz da Ordem de Nossa Senhora da Conceição de Vila Viçosa; cavaleiro da Insigne Ordem do Tosão d'Ouro, da Espanha; grão-cruz das Ordens de Santo Estevão, da Hungria; do Cruzeiro do Sul, do Brasil; de São Fernando e Mérito, e de Carlos III, da Espanha; do Espírito Santo, de São Luiz e de São Miguel, da França; de Santo André Nevsky, da Rússia; comandante-em-chefe do Exército português (29 de julho de 1827).

Reunidos os Três Estados, logo em 25 de junho de 1828 excluiu-se o senhor d. Pedro e sua descendência e determinou-se que a sucessão legítima da Coroa de Portugal competia o sereníssimo senhor infante d. Miguel e o proclamaram rei. Em 30 de junho, assumiu o senhor d. Miguel o título de rei de Portugal.

Após sangrenta guerra civil, d. Pedro conseguiu retomar Portugal, em nome de sua filha. Assim terminou o reinado do senhor d. Miguel, que apenas durou seis anos incompletos.

Em 24 de setembro de 1851, casou-se com a princesa d. Adelaide de Loewenstein Wertheim-Rosenberg, vindo a falecer na Alemanha em 14 de novembro de 1866.

~ *Conde da Barca*

D. Antônio d'Araújo de Azevedo, primeiro conde da Barca (1815), nasceu em 14 de maio de 1754, em Ponte de Lima, e morreu no Rio de Janeiro em 21 de junho de 1817. Filho de Antônio Pereira Pinto d'Araújo de Azevedo, senhor do morgado de Sá e da Casa da Laje, e de sua mulher, d. Maria Francisca d'Araújo de Azevedo. Foi ministro e embaixador extraordinário junto à corte de Haia (1787). Assinou o tratado de paz com a França (1797), que depois não foi ratificado pelo príncipe regente. Por desobediência à ordem do Diretório para sua retirada imediata, passou dois meses encarcerado. Transferido para a corte de São Petersburgo (1801), lá passou três anos. Chamado de volta, assumiu a pasta dos Estrangeiros e da Guerra, em 1804. Na sua bagagem para o Brasil, levou sua riquíssima biblioteca, que depois legou à Biblioteca do Rio de Janeiro (atual Biblioteca Nacional).

Possuía as honras de grão-cruz das Ordens de Cristo e da Torre-e-Espada; de Isabel, a Católica, da Espanha; da Legião de Honra, da França; e pertenceu à Academia Real das Ciências. Fundou a Academia de Belas-Artes.

Após a chegada, d. João mudou o seu ministério. O conde da Barca passou a dedicar-se ao seu jardim, chamado de *Hortus Araujensis*, onde fez a cultura de 1.500 espécies botânicas, indígenas e exóticas. Chamado novamente, assumiu a pasta da Marinha em 1814. Em 1817, teve, de uma só vez, que responder por todas as pastas do governo. A sua saúde, já muito abalada, não resistiu. O conde da Barca não se casou e não deixou descendente.

~ *Lorde Strangford*[3]

Percy Clinton Sidney Smythe, 1780-1855, 6º visconde de Strangford e barão Panhurst (1825). Nasceu em Londres e foi educado na Universidade de Trinity, em Dublin. Strangford entrou para os Negócios Estrangeiros e foi enviado para Lisboa em 1802, com 22 anos, como secretário da Delegação Britânica. Durante o primeiro período de sua missão, Strangford aprendeu bem a língua portuguesa e ganhou certa notoriedade por ter publicado, no *Edinburgh Review*, poemas de Camões. A sua tradução de vários poemas e de cinco versos de *Os Lusíadas* foi criticada pelo poeta Lord Byron, que até mesmo expressou sua opinião em verso:

> Irlandês Strangford! com seus olhos azuis, e orgulhosas mechas ruivas,
> Aprende, se tu não puderes concordar com a percepção do teu autor,
> Nem vendas seus sonetos como se fossem teus
> Corrige Strangford! Corrige seu moral e seu gosto;
> Sê cálido, sê puro, sê amoroso, mas sê casto
> Pára de enganar; restitui-lhe sua harpa furtada
> Não ensines, o Poeta Luso a copiar Moore.

Durante 1807 foi ministro interino na corte de Portugal e, nesta condição, envolveu-se intensamente nas negociações que levaram a família real a imigrar para o Brasil, escoltada por navios ingleses. Sua influência neste episódio foi talvez menor do que ele tentou fazer crer. Uma grave doença impediu-o de acompanhar o príncipe regente ao Brasil. Chegou ao Rio de Janeiro no dia 22 de julho de 1808, aproximadamente cinco meses após a chegada do príncipe regente, para assumir o posto de ministro plenipotenciário e enviado especial na corte no Brasil.

Em 1815, ao concluir que o grau de influência que Strangford tinha nos assuntos internos havia atingido níveis inaceitáveis, d. João destituiu-o. Ao partir, recusou-se a aceitar o presente de 12 barras de ouro, geralmente ofertado aos embaixadores quando estes se aposentavam.

Em 1825, ele atuava na Câmara dos Lordes com o título de barão Panhurst. Em 1828 regressou ao Brasil como ministro extraordinário, para tentar reconciliar d. Pedro com o seu irmão d. Miguel. Não obteve sucesso nesta missão. Em 1829 partiu pela última vez. Solteiro, morou a vida inteira com a mulata Anita Perichon. Faleceu em Londres, em 29 de maio de 1855.

Marquês do Funchal

D. Domingo Antônio de Sousa Coutinho nasceu em Chaves, em 1760, e faleceu solteiro, na Inglaterra, em 1833. Era filho de d. Francisco Inocêncio de Sousa Coutinho, sargento-mor dos Dragões de Chaves, coronel de cavalaria na praça d'Almeida, governador e capitão-general dos reinos de Angola e de Benguela, e embaixador em Madri. Era irmão do primeiro conde de Linhares.

Formado em direito pela Universidade de Coimbra, iniciou a carreira diplomática na Dinamarca; posteriormente serviu em Turim, Roma e Londres, onde residiu durante muitos anos. Como anglófilo, era inimigo político do poderoso conde da Barca.

Conde das Galvêas

D. João d'Almeida de Melo e Castro nasceu em Lisboa, em 22 de janeiro de 1756, e morreu no Rio de Janeiro, em 18 de janeiro de 1814. Foi o 5º conde das Galvêas; oficial-mor da Casa Real; couteiro-mor da Real Tapada de Vila Viçosa e demais condados da Casa de Bragança; conselheiro de Estado; ministro e secretário de Estado dos Negócios Estrangeiros e da Guerra, e interino dos ministérios da Marinha e Ultramar, no Brasil; embaixador de Portugal junto à corte de Viena d'Áustria e enviado extraordinário e ministro plenipotenciário nas cortes de Londres, Haia e Roma; conselheiro do Conselho da Fazenda; presidente da Junta da Fazenda e dos Arsenais do Exército; grão-cruz das Ordens Militares de São Bento d'Avis e da antiga Torre-e-Espada, reformado por el-rei d. João VI no Brasil; comendador de São Pedro das Alhadas na Ordem de Cristo, bispado d'Aveiro. Sucedeu na Casa a seu irmão primogênito e casou-se com d. Isabel José de Menezes, quinta filha dos primeiros condes de Cavaleiros.

~ *Pina Manique*[4]

D. Diogo Inácio de Pina Manique nasceu em 3 de outubro de 1733 e morreu em 1º de julho de 1805. Formou-se em direito na Universidade de Coimbra em 1758. Casou-se com d. Inácia Margarida de Brito Nogueira, em 1773. Em 1780 foi nomeado para o importante cargo de intendente-geral da Polícia da Corte e Reino. Acumulou as funções de superintendente-geral dos Contrabandos e Descaminhos dos Reais Direitos, contador da Fazenda, administrador-geral da Alfândega de Açúcar, desembargador dos Agravos da Casa da Suplicação e fiscal da Junta de Administração da Companhia de Pernambuco e Paraíba. Dotado de uma fortíssima personalidade, enérgico e empreendedor, foi o mais poderoso e hábil administrador durante as duas últimas décadas do século XVIII. Enquanto combatia, por todos os meios, a entrada em Portugal do liberalismo político, fundava diversas instituições, entre elas a Casa Pia de Lisboa, o Colégio das Belas-Artes em Roma, e alojamentos universitários para os estudantes de medicina em Londres, em Edimburgo e na Dinamarca.

Por herança, ou concedido pelos soberanos a quem serviu, foi alcaide-mor de Portalegre, senhor donatário da vila de Manique do Intendente, conselheiro comendador de Santa Maria de Oureda, da Ordem de Cristo; morgado de São Joaquim, na Vila de Coina. Em 1759, recebeu a mercê da nomeação de escudeiro e cavaleiro fidalgo da Casa Real.

~ *Conde de Linhares*

D. Rodrigo de Sousa Coutinho Teixeira de Andrade Barbosa nasceu em Chaves a 4 de agosto de 1745 e morreu no Rio de Janeiro a 26 de janeiro de 1812. Seguiu carreira diplomática, tendo sido ministro plenipotenciário em Turim, de 1778 a 1796. Foi chamado de volta a Portugal e, em 13 de setembro de 1796, nomeado ministro da Marinha. Prestou relevantes serviços, criando o corpo de Engenheiros Construtores e a Junta da Fazenda de Marinha. Em 6 de janeiro de 1801, com a morte do marquês de Ponte de Lima, foi nomeado presidente do Real Erário. Partidário da aliança inglesa, entrou em conflito com d. João. Ao chegar ao Brasil com a família real, foi nomeado ministro dos Negócios Estrangeiros e da Guerra. Foi feito conde de Linhares em dezembro de 1808. Foi primeiro senhor de Paralvo, conselheiro de Estado e grão-cruz das Ordens d'Avis e da Torre-e-Espada. Filho de d. Francisco Inocêncio de Sousa Coutinho e d. Ana Luiza Joaquina Teixeira, era irmão de d. Rodrigo Antônio de Sousa Coutinho, marquês de Funchal.

Foi casado com d. Gabriela Asinari de San Marsan, dama das Ordens de Santa Isabel e de Santa Luísa, da Espanha; da Cruz Estrelada, d'Áustria; de São João de Jerusalém; e também dama de honra da rainha d. Carlota Joaquina, camareira-mor das infantas d. Maria Isabel e d. Maria Francisca.

~ *Duque de Abrantes*

Jean Andoche Junot, 1771-1813, nomeado duque de Abrantes em 1807. Nasceu na Borgonha de uma família de agricultores e, bem jovem, tornou-se um dos generais prodígios de Bonaparte. Em 1800, quando era governador de Paris, casou-se com Laure Permon (1784-1838), uma bela jovem de 16 anos. Depois de sua derrota em Portugal, nunca mais conseguiu recuperar o seu prestígio na carreira político-militar. Em 1813, separou-se de sua esposa, que tivera um romance com o ministro austríaco Metternich. Acometido de um ataque de loucura na casa de seus pais, suicidou-se. A duquesa de Abrantes, mesmo sem dinheiro, manteve o seu título e fez a transição para a nova era (de Luís XVIII) de forma bem-sucedida. O escritor Honoré de Balzac incentivou-a a escrever suas memórias, *Souvenirs d'une ambassade*, publicadas em 18 volumes, entre 1831 e 1835.

~ *Conde de Mafra*[5]

D. Lourenço José Xavier de Lima nasceu em 15 de maio de 1767 e morreu solteiro em 11 de janeiro de 1839, filho dos primeiros marqueses de Ponte do Lima.

Ingressou na carreira diplomática, servindo primeiro em Turim e depois em Viena d'Áustria. Em 1801, sucedeu no posto de Londres a d. João d'Almeida de Melo e Castro, depois conde das Galvêas. Em agosto de 1803, substituiu o ministro de Portugal em Paris, d. José Maria de Souza, morgado Mateus.

Tido como simpatizante da política de Napoleão, não conseguiu identificar a estratégia do imperador dos franceses e, conseqüentemente, suas avaliações foram comprometidas, conforme a história veio a mostrar.[6]

Em outubro de 1807 foi expulso da França, com a declaração de guerra, e voltou para Lisboa.

Mais tarde, a sua vida tornou-se complicada; para escapar de credores, refugiou-se na Inglaterra. Lá o embaixador Pedro de Sousa Holstein, futuro duque de Palmela, teve de contratá-lo como secretário, dando-lhe assim imunidade diplomática.[7]

~ *Marquês d'Alorna*

D. Pedro d'Almeida Portugal foi 3º marquês d'Alorna – filho dos 2ºs marqueses d'Alorna – e 6º conde d'Assumar. Nasceu em Lisboa, em 16 de janeiro de 1754, e morreu em 2 de janeiro de 1813.

Casou-se em 19 de fevereiro de 1782 com d. Henriqueta, filha dos 6ºs condes de São Vicente. Assentou praça no regimento de cavalaria, atingindo o posto de coronel em 31 de julho de 1793.

Em 1795, foi-lhe concedido o título de marquês. Em 1797, foi nomeado chefe da Legião Lusitana de Tropas Ligeiras, que então se constituiu.

Por ter comandado a Legião portuguesa que iria combater no exterior e por ter voltado, em 1810, com Massena na sua invasão de Portugal, naquele mesmo ano a regência de Lisboa destituiu o marquês d'Alorna de suas insígnias e honrarias. Por fim, foi condenado à morte. Por insistência da irmã, a sua sentença foi revogada depois que faleceu em Conisberga.

~ *Conde da Ega*

D. Ayres José Maria de Saldanha Albuquerque Coutinho Mattos e Noronha, 2º conde da Ega, nasceu na cidade de Funchal, ilha da Madeira, em 29 de março de 1755, e morreu em Lisboa em 12 de janeiro de 1827.

Sucedeu na Casa a seu pai em 6 de abril de 1771. Casou-se, em primeiras núpcias, em 5 de março de 1786, com d. Maria José do Carmo Xavier d'Almeida, a qual faleceu em novembro de 1795.

Gentil-homem da Câmara da rainha d. Maria I e d'el rei d. João VI; alcaide-mor das vilas de Soure e de Guimarães; moço fidalgo com exercício na Casa Real, comendador de São Salvador d'Elvas; de São Martinho de Lagares, no bispado do Porto; de Santa Maria da Sabacheira, na prelazia de Tomar; de Santa Maria de Castro Laboeiro; de São Tomé d'Alencarce, na Vila de Soure; sucessor nos bens da Capela da Coroa, situada em Valada, e instituída por d. Isabel Lobada, no convento de São Francisco da Vila de Santarém; deputado da Junta dos Três Estados; inspetor-geral dos Provimentos do Exército; embaixador de S.M.F. junto à corte de Madri, para onde partiu em 17 de abril de 1805.

Casou-se na Áustria, em segundas núpcias, em 9 de fevereiro de 1800, com d. Juliana Maria Luiza Carolina Sofia de Oyenhausen e Almeida, condessa de Oyenhausen Gravemburgo, nascida em Viena, em 1º de setembro de 1784, e falecida em São Petersburgo, em 14 de novembro de 1864. Esta senhora, dotada de excepcional beleza, foi cortejada por Junot. O caso tornou-se de conhecimento geral e assim pôs em perigo a sua vida em Lisboa, após a retirada dos franceses em 1808. Os condes decidiram deixar Portugal e, depois de algumas aventuras no mar, foram para Paris, onde Napoleão lhes concedeu então uma pensão de 60 mil francos anuais. Em Portugal, o conde da Ega foi condenado à morte em 1811 e destituído de todos os seus bens e honrarias. Em 1823, esta sentença foi revogada, quando então voltou, desgostoso; viveu afastado da política até morrer. D. Juliana, sua viúva, casou-se em segunda núpcias com Gregório Alexandrovitch, conde de Strogonoff, na Rússia.

Marquês d'Angeja

D. José Xavier de Noronha Camões d'Albuquerque Souza Moniz; 4º marquês d'Angeja, "de juro e herdade" (por direito de herança), com o tratamento de marquês Parente; 10º senhor das vilas d'Angeja e Bemposta, e parte da vila do Pinheiro; 7º conde de Vila Verde, e 10º senhor da mesma vila.

Nasceu em 24 de abril de 1741 e morreu em 27 de dezembro de 1811. Casou-se, em 23 de janeiro de 1768, com d. Francisca Thereza d'Almeida, nascida em 22 de setembro de 1754, e falecida em 5 de janeiro de 1810, segunda filha dos 2ºs marqueses de Lavradio e 5ºs condes d'Avintes.

Foi gentil-homem da Câmara da rainha d. Maria I; grão-cruz da Ordem de São Tiago e da Torre-e-Espada (antiga); conselheiro de Estado e do Supremo Militar e de Justiça, no Rio de Janeiro; presidente do Desembargo do Paço e da Junta da Administração do Tabaco; padroeiro da igreja de São João da Praça de Lisboa; tenente-general do Exército; governador das Armas da Corte (Lisboa). Sucedeu na Casa e Bens de Coroa e Ordens a seu pai, em 11 de março de 1788.

Marquês de Pombal

D. Henrique José de Carvalho e Mello, 2º conde de Oeiras e 2º marquês de Pombal; da alcaidaria-mor da cidade de Lamego; do senhorio da Vila de Oeiras; comendador da Santa Marinha da Mata de Lobos, no bispado de Lamego, e da de São Miguel de Três Minas, no arcebispado de Braga, ambas na Ordem de Cristo; gentil-homem da Câmara da rainha, nasceu em 1748 e morreu no Rio de Janeiro, em 26 de maio de 1818, tendo se casado, em 1764, com d. Maria Antônia de Menezes, filha de d. José de Menezes, da Casa dos condes de Caparica.

Marquês de Belas

D. José Luiz de Vasconcellos e Souza nasceu em 9 de junho de 1740 e faleceu no Rio de Janeiro, em 16 de abril de 1812. Filho dos 1ºs marqueses e 4ºs condes de Castelo Melhor. Teve a grã-cruz das ordens de São Tiago, Torre-e-Espada e a da Legião de Honra da França; foi do Conselho de Sua Majestade, regedor das justiças, desembargador do Paço, procurador fiscal da Junta dos Três Estados, presidente do Novo Código, deputado da junta do Tabaco, da inspeção sobre a peste, e do exame das dívidas da Fazenda Real; diretor e inspetor-geral do Real Colégio dos Nobres, e presidente da Junta do mesmo; embaixador extraordinário na Inglaterra, em diferentes épocas. Nomeado presidente da Mesa do Desembargo do Paço, no Brasil. Casou-se em 29 de novembro de 1781 com d. Maria Rita de Castello Branco Corrêa e Cunha, nascida em 5 de abril de 1769 e falecida em 3 de maio de 1832. Pelo casamento, foi o 1º marquês de Belas e 6º conde de Pombeiro. Sua esposa, além de 1ª marquesa de Belas e 6ª condessa de Pombeiro, era: 18ª senhora de Pombeiro, 14ª senhora do morgado de Castelo Branco, em Santa Iria, termo de Lisboa; 12ª senhora de Belas; 12ª senhora da Alcaidaria-mor de Vila Franca de Xira; senhora do Ofício de Capitão da Guarda Real dos Archeiros; dama de honra da rainha d. Maria I e dama da Ordem de Santa Isabel. Sucedeu a seu pai em 8 de março de 1784.

Conde d'Anadia

D. João Rodrigues de Sá e Melo foi o 1º visconde e 1º conde d'Anadia. Moço fidalgo, 1º senhor donatário da Vila d'Anadia, comendador de São Paulo de Maças, no bispado de Coimbra; alcaide-mor de Campo Maior, também em sua vida; conselheiro do Conselho da Fazenda da Capa e Espada; ministro plenipotenciário junto à corte de Berlim; sócio livre da Academia Real de Ciências de Lisboa. Nasceu em Aveiro, em 11 de novembro de 1775, e morreu no Rio de Janeiro, em 30 de dezembro de 1809. Foi casado com d. Maria Antônia de Carvalho Cortez de Vasconcelos, filha de Manoel Antônio Cortez de Vasconcelos, fidalgo da Casa Real, e senhor do morgado de Santa Eufêmia.

D. João Rodrigues era filho de Ayres de Sá e Mello, moço fidalgo com exercício, acrescentado a fidalgo escudeiro. Senhor do Prazo e morgado d'Anadia, e natural da Quinta d'Anadia, bispado de Coimbra; senhor dos morgados do Sousã e de Nossa Senhora do Livramento, em Coimbra; casado com sua prima, d. Maria Antonio de Sá Pereira e Meneses, irmã do 1º conde d'Alverca e 2º conde d'Anadia. Não houve geração.

Marquês d'Aguiar

D. Fernando José de Portugal e Castro, 1º conde e 2º marquês d'Aguiar, nasceu em Lisboa, em 4 de dezembro de 1751, e morreu no Rio de Janeiro em 24 de janeiro de 1817. Terceiro filho do 3º marquês de Valença e 9º conde de Vimioso. Gentil-homem da corte de d. João VI, era formado em direito pela Universidade de Coimbra e seguiu a carreira da magistratura, tendo servido na Relação de Lisboa e na Casa da Suplicação. Durante 14 nos, exerceu o cargo de governador e capitão-general da Bahia. Em 1804 ascendeu a vice-rei do Brasil, cargo que exerceu até 1806.

Regressou a Portugal no término do seu governo, para voltar ao Brasil na companhia da família real. Já era presidente do Conselho Ultramarino e conselheiro de Estado. Além de ministro do Reino foi, no Brasil, encarregado dos Ministérios da Guerra e dos Negócios Estrangeiros, presidente do Erário Real, membro do Conselho da Fazenda e da Junta do Comércio e provedor das obras da Casa Real.

Casou-se no Rio de Janeiro com sua sobrinha, d. Maria Francisca de Portugal e Castro, segunda filha do 4º marquês de Valença e 11º conde de Vimioso, nascida em 24 de setembro de 1751, dama da rainha d. Maria I e, no Brasil, camareira-mor da imperatriz d. Maria Leopoldina.

Capítulo Dois

Conde de Belmonte

D. Vasco Manuel Figueiredo Cabral da Câmara foi 1º conde de Belmonte. Par do Reino, porteiro-mor da Casa Real, gentil-homem da Câmara de d. João VI, 16º senhor do morgado de Belmonte e do de Santo André d'Azurara, 10º senhor do morgado de Otta e 3º senhor dos Maninhos da Villa de Corvillã. Era também grão-cruz das Ordens de Nossa Senhora da Conceição de Vila Viçosa e da antiga Ordem da Torre-e-Espada. Foi deputado da Junta dos Três Estados e presidente da Junta do Tabaco.

Nasceu em 29 de março de 1767 e morreu em 10 de novembro de 1830. Casou-se, em 7 de janeiro de 1795 com d. Jerônima Margarida de Noronha, dama da rainha d. Maria I, filha de d. José de Noronha e de sua mulher, d. Maria Isabel das Montanhas Mascarenhas Ribeiro Soares.

Conde de Redondo

D. Thomé Xavier de Souza Coutinho de Castelo Branco e Menezes nasceu em 22 de julho de 1753. Era 1º marquês de Borba e 13º conde de Redondo; veador da Casa Real; 11º senhor de Gouvêa de Riba Tâmega, Figueiró dos Vinhos e Pedrogão; padroeiro de Santa Cecília de Vilaça, grão-cruz da Torre-e-Espada.

Acompanhou, em 1807, a corte para o Brasil, de onde não mais regressou. Casou-se, em 1775, com d. Margarida Telles da Silva, filha dos 2ºs marqueses de Penalva. Sucedeu ao título paterno em 6 de julho de 1791 e foi elevado a marquês de Borba, em 15 de dezembro de 1811.

Marquês de Marialva

D. Pedro José Joaquim Vito de Menezes, 6º marquês de Marialva e 8º conde de Castanhede; gentil-homem da Câmara da rainha d. Maria I; estribeiro-mor e aposentador-mor dos Moços da Estribeira; membro da Junta do Código Penal; diretor do Arquivo Militar; coronel do regimento de cavalaria de Mecklembourg; brigadeiro do Exército. Herdou a opulenta Casa do seu pai e teve seis comendas na Ordem de Cristo, uma na de Avis, e muitas outras.

Pinheiro Chagas, referindo-se ao dito marquês, exprime-se, no seu *Dicionário popular*,[8] nos seguintes termos:

> Depois da invasão do nosso país, pelo Exército de Junot, o marquês de Marialva foi um dos membros da Deputação que saíram de Portugal para Bayona com o fim de cumprimentar o imperador Napoleão e de pedir que reduzisse a formidável contribuição de 100 milhões que lançara sobre o Reino, como é sabido; a deputação obteve apenas promessas e respostas evasivas, até que, rebentando a revolução portuguesa, os seus membros ficaram prisioneiros na França até 1814.

Nomeado depois para cumprimentar Luís XVIII, em nome do príncipe regente, por sua subida ao trono da França, foi encarregado, em 1816, de pedir ao príncipe d. Pedro d'Alcântara a mão da arquiduquesa d'Áustria, d. Maria Leopoldina, e de a desposar por procuração. Gastando largamente os recursos financeiros da sua opulenta Casa, apresentou-se em Viena com um fausto e luxo verdadeiramente extraordinário e, depois do casamento, acompanhou a princesa ao Rio de Janeiro. Nomeado posteriormente representante de Portugal na corte da França, desempenhou as funções deste cargo até a revolução de 1820; deixou-as então, até que de novo foi nelas investido, quando o governo constitucional chegou ao fim. Morreu em Paris, em 22 de novembro de 1823, sem deixar sucessor. Por sua morte, foi a ilustríssima Casa de Marialva incorporada à dos duques de Lafões, por incidir a representação em d. Henriqueta Maria Júlia de Lorena e Menezes, sua irmã, que se casou com o 2º duque de Lafões.

~ *Marquês d'Abrantes*

D. Pedro de Lancastre da Silveira Castelo Branco Sá e Menezes nasceu em 28 de julho de 1763 e faleceu em 25 de março de 1818. Casou-se com d. Maria Joana Xavier de Lima, filha dos 1ºs marqueses de Ponte de Lima. Seu título foi renovado em 9 de dezembro de 1789, com "honras de parente" em 6 de abril de 1789. Era o 7º conde de Vila Nova de Portimão; 18º comendador-mor da ordem d'Avis; comendador d'Alcanede, Veiros, Estremoz, Alandroal, na referida ordem; alcaide-mor dos castelos d'Avis, Veiros, Alandroal, Cabeção, Benavila, Alcanede e Pernes; senhor das vilas de Góis, Sortelha e dos morgados de Póvoa, Esporão, Oliveira do Conde, Góis, Pedra Alçada, Marvila,Valverde, Alcochete e Mafra.

Depois da retirada do príncipe regente, foi nomeado presidente do Conselho de Regência, até ser demitido por Junot. Foi escolhido, pelo mesmo, para fazer parte da delegação de fidalgos portugueses designados para irem cumprimentar Napoleão em Baiona. Preso na França, só regressou ao reino depois da Guerra Peninsular. Em 1816, foi par do reino.

~ *Visconde de Rio Seco*

D. Joaquim José de Azevedo, 1º barão e 1º visconde de Rio Seco com grandeza. Nasceu em 12 de setembro de 1761. Fidalgo cavalheiro em 5 de setembro de 1808; título do Conselho em 17 de maio de 1810; barão em 13 de outubro de 1812; tesoureiro da Casa Real e da Real Capela; almoxarife dos Paços Reais; comprador dos guarda-roupas do Paço, da Coroa e das Cavalariças Reais; tudo isso durante a permanência d'el-rei d. João VI no Brasil, onde teve o senhorio da Vila de Macaé e Alcaidaria-mor de Santos, a comenda de Cristo e da Torre-e Espada; o título de visconde foi-lhe concedido em 11 de novembro de 1818. Não desejando acompanhar o seu rei para Portugal, passou ao serviço do 1º imperador que lhe deu a grandeza do Império, o título de marquês de Jundiaí e as comendas do Cruzeiro e da Rosa. Morreu no Rio de Janeiro em 7 de abril de 1835, tendo casado duas vezes: a primeira em Lisboa, em 17 de abril de 1787, com d. Maria Carlota Milsaid; e a segunda no Rio de Janeiro, com d. Marianna da Cunha Pereira, filha dos 1ºs marqueses de Inhambupe.

Marquês de Vagos

D. Francisco da Silva Telo e Menezes, 1º marquês de Vagos e 6º conde d'Aveiras, nasceu em Lisboa, em 1º de janeiro de 1723, e morreu em 5 de janeiro de 1808, filho único do primeiro casamento do 5º conde d'Aveiras.

Foi senhor da comenda de São Francisco Ponte de Sor, na Ordem de Cristo, de Vagos e d'Aveiras.

Casou-se, em 22 de outubro de 1743, com d. Bárbara Média da Gama, nascida em 7 de junho de 1730 e falecida em 27 de novembro de 1753, filha dos 4os marqueses de Nisa.

Núncio apostólico[9]

Monsenhor Lourenço Caleppi, filho dos condes Caleppi, nasceu em Cervia, cidade dos Estados Pontifícios, em 29 de abril de 1741. Depois da eleição do papa Pio VII, em março de 1800, foi nomeado, em fevereiro de 1801, arcebispo de Nisibi e núncio apostólico junto à corte portuguesa. Chegou a Lisboa em 21 de maio de 1802.

Por não conseguir embarcar na esquadra portuguesa, apesar de todos os seus esforços, só chegou ao Rio de Janeiro em 8 de setembro de 1808, após uma tumultuada viagem, de muitas privações. Em 8 de março de 1816, monsenhor Caleppi foi elevado ao cardinalato por Sua Santidade o papa Pio VII.

Duque de Palmela

D. Pedro de Sousa Holstein, conde de Sanfré, no Piemonte, nasceu em Turim, em 8 de abril de 1781, e morreu em Lisboa em 12 de outubro de 1851.

Filho de d. Alexandre de Sousa Holstein, 12º senhor da Casa dos Sousas, Calhariz, Monfalim e Fonte do Anjo; alcaide-mor do Sertã; grão-cruz das Ordens de Cristo, e da Torre-e-Espada; cavaleiro da Insigne Ordem do Tosão d'Ouro; grão-cruz da de Carlos III, da Espanha; da Legião de Honra, da França; e de São Alexandre Nevsky, na Rússia; cavalheiro das ordens de São João de Jerusalém. Foi par do reino em 1816 e presidente da Câmara dos Pares em 1831. Capitão hereditário na Guarda Real dos Archeiros, conde de Sanfré no Piemonte, embaixador de Portugal nas cortes de Turim, Roma e Berlim, e de sua mulher, d. Isabel Juliana de Sousa Coutinho (da Casa Alva, depois marqueses de Santa Rita). Casou-se, em 4 de junho de 1810, com d. Eugenia Teles da Gama, nascida em 4 de janeiro de 1798 e falecida em 20 de abril de 1848, filha segunda dos 7os marqueses de Nisa.

Foi 13º senhor dos morgados de Calhariz, Monfalim e Fonte do Anjo; capitão hereditário da Guarda Real dos Archeiros, alcaide-mor do Sertã, grão-cruz das Ordens de Cristo e da Torre-e-Espada; de Carlos III, da Espanha; de Santo Alexandre Nevsky, da Rússia; e da Legião de Honra, da França; cavaleiro do Tosão d'Ouro e da Ordem de Malta.

Foi educado num colégio de Genebra e na Universidade de Coimbra. Em 1796, assentou praça no regimento da guarnição da corte; no ano seguinte, exercia, já como capitão, as funções de ajudante do duque de Lafões. No falecimento do seu pai, como embaixador em Roma, assumiu seu posto de encarregado de negócios; tinha apenas 21 anos.

Em 1810, foi nomeado ministro plenipotenciário junto ao governo espanhol em Cádiz. Não foi bem-sucedido na tentativa de nomear d. Carlota Joaquina regente, com o eventual direito de sucessão a seu irmão, Fernando VII. Em 1812, seus serviços foram recompensados com a criação, a seu favor, do título de conde de Palmela. Naquele ano, foi transferido para Londres como embaixador. Em 1817, com o falecimento do conde da Barca, foi chamado para suceder-lhe na pasta de ministro dos Negócios Estrangeiros; protelou a sua volta, chegando ao Brasil em 1820. Foi um dos principais partidários de d. Pedro, duque de Bragança, na luta para restaurar sua filha, a rainha d. Maria II, no trono. Em 1833, o regente d. Pedro nomeou-o duque de Faial, título que foi posteriormente mudado para Palmela – duque de Palmela.

Capítulo Três

~ *Sir William Sidney Smith (1764-1840)*

Um personagem extraordinário, "*larger than life*", sir Sidney ingressou na Marinha aos 13 anos e participou de diversas batalhas, atraindo a atenção de lorde Rodney por sua brilhante atuação.[10] Em 1796, foi capturado quando tentava fugir com um corsário francês, na foz do rio Sena, passando dois anos em prisões francesas antes de conseguir escapar. Em 1799, tornou-se herói nacional, somente superado por Nelson, por ter defendido a cidade de Acre,[11] durante 63 dias, contra as forças de Napoleão. Sua fraqueza era o caráter, que inspirava suspeitas e ressentimento. "Possuidor, no mais alto grau, das qualidades militares indispensáveis, de coragem, desenvoltura e imaginação, combinava-as com presunção, vaidade e uma teimosia exagerada", escreveu o almirante lorde Spencer.[12] Inquieto, exibicionista e excessivamente autoconfiante, muitas vezes desdenhava as ordens que recebia, freqüentemente contrariando os seus superiores. "Parece-nos que há uma tão grande falta de bom senso no nosso amigo sir Sidney, que é mais seguro empregá-lo sob comando do que em comando", palavras atribuídas a lorde Barham.[13]

No dia 17 de maio de 1808, chegou ao Rio de Janeiro, embarcado na *Foudroyant* e escoltado pela *Agamemnon* e pelo brigue *Pitt*, para assumir o posto de comandante-em-chefe do esquadrão do contra-almirante, baseado na costa brasileira.[14]

Por sua atuação na migração da família real portuguesa para o Brasil em 1807-08, o príncipe regente condecorou-o com a grã-cruz da Ordem da Torre-e-Espada e presenteou-o com as armas de Portugal, para que sir Sidney as acrescentasse ao seu brasão.[15] Por decreto de 17 de setembro de 1808, o príncipe regente ofereceu-lhe uma propriedade, na costa perto de São Domingos, seis escravos e uma canoa.[16]

Por seu apoio aberto aos ambiciosos planos de d. Carlota Joaquina, às suas freqüentes indiscrições e ao conflito com a política de lorde Strangford, foi chamado de volta em 1809.[17] Seu último cargo foi o de vice-comandante da esquadra do Mediterrâneo, durante os anos 1812-14.

Mais tarde, interessou-se pela libertação dos escravos brancos, retidos pelos países conhecidos na época de "Estados Bárbaros" (Argélia, Marrocos, Líbia e Tunísia), sendo nomeado presidente da Sociedade de Cavaleiros Libertadores e Antipiratas.

A Inglaterra tardou em reconhecer oficialmente os feitos de Sidney Smith, embora diversos governos estrangeiros (Portugal, o Império Otomano, as Duas Sicílias e a Suécia) o tenham condecorado por suas contribuições. Somente em 1838, aos 74 anos – dois anos antes de falecer –, recebeu da jovem rainha Vitória o merecido título da grã-cruz da Ordem do Banho, tornando-se finalmente um *sir* inglês. Morreu em Paris, onde viveu os últimos anos de vida, e foi enterrado numa sepultura simples no cemitério Père-Lachaise.[18]

Capítulo Quatro

~ *Sir Graham Moore (1764-1843)*

Sir Graham teve uma longa e ilustre carreira na Marinha. Ingressou no serviço em 1777, com 13 anos de idade; nos primeiros anos comandava a corveta *Bonetta* (1790) e depois as fragatas *Syren* (1794) e *Melampus* (1795). Participou de inúmeras batalhas, inclusive da defesa de Gibraltar contra os franceses. Em 1801, após um turno de 18 meses nas Antilhas, adoeceu e teve que se retirar do serviço.

Com a retomada da guerra, em 1803, recusou-se a continuar em terra e foi designado para comandar a fragata *Indefatigable*. Em 5 de outubro de 1804, no comando de um esquadrão de quatro fragatas, interceptou um número igual de fragatas, perto de Cádiz, carregando tesouros; como o almirante espanhol recusou-se a capitular, um combate ocorreu, no qual três das fragatas foram capturadas, e a quarta explodiu com perda total da sua tripulação. Os tesouros, que somavam mais de 3,5 milhões de dólares (valores da época, hoje seriam talvez mais de um bilhão de dólares), foram declarados "Direitos do Almirantado", em consideração de que a guerra não tinha ainda sido declarada. Os oficiais e tripulantes receberam uma pequena recompensa, a título de "*ex gratia*".

Depois de servir como capitão-de-mar-e-guerra na *Marlborough*, em 1811 foi-lhe oferecido o posto de comandante do iate *Royal Sovereign*, o qual declinou; assim passou a comandar a base naval de Chatham. Em 1812 foi promovido a contra-almirante. Em 1815, após ter sido condecorado com o título de cavaleiro, foi nomeado um dos lordes do Almirantado. Em 1819 foi promovido a vice-almirante e, em 1837, a almirante. Durante o período 1839-49, foi o comandante da base naval de Plymouth. Irmão mais novo do famoso tenente-general sir John Moore, casou-se com Dora Eden em 1812.

Capítulo Cinco

D. Pedro Carlos de Bourbon e Bragança: infante da Espanha

O senhor infante d. Pedro Carlos foi almirante-general da Marinha portuguesa (nomeado em 13 de março de 1810); cavaleiro da Insigne Ordem do Tosão d'Ouro, da Espanha; grão-cruz das Ordens Militares de Cristo, de São Bento d'Avis, e da antiga ordem da Torre-e-Espada, de Portugal; grão-cruz da distinta Ordem de Carlos III e de São João de Jerusalém, da Espanha; grão-prior da Ordem de Jerusalém, de Castela e Leão. Nasceu no palácio d'Aranjuez em 18 de julho de 1787. Faleceu no Rio de Janeiro, em 26 de maio de 1813; filho do senhor infante da Espanha, d. Gabriel e de sua esposa, a senhora infanta de Portugal, d. Marianna Victoria, filha de Sua Majestade a rainha d. Maria I e de seu esposo e tio, el-rei d. Pedro III.

Casou-se no Real Paço do Rio de Janeiro em 13 de maio de 1810, com sua prima S.A.R. a senhora d. Maria Thereza Francisca d'Assis Antonia Carlota Joanna Josefa de Paula Michaela Rafaela Izabel Gonzaga de Bragança e Bourbon, princesa da Beira, grão-cruz da Ordem de Nossa Senhora da Conceição de Vila Viçosa, dama das Ordens de Santa Izabel, rainha de Portugal, e de Maria Luiza da Espanha; filha primogênita de d. João VI e de d. Carlota Joaquina.

Conde da Ponte

D. João de Saldanha da Gama Mello Torres Guedes de Brito, 6º conde da Ponte. Nascido em 4 de dezembro de 1773; 6º senhor d'Assequins; comendador da ordem de Cristo; governador e capitão-general da Bahia; major de Cavalaria; sucedeu no título e senhoria a sua prima, d. Leonor de Saldanha Mascarenhas Mello e Torre. Herdou de seu pai o engenho d'açúcar d'Accupe, e os demais bens que ele possuía na capitania da Bahia. Casou-se em 10 de maio de 1796 com d. Maria Constança de Saldanha Oliveira Daun (1771-1833), filha dos 1ºˢ condes de Rio Maior. Morreu no governo da Bahia, em 24 de maio de 1809.

Conde dos Arcos

D. Marcos de Noronha e Brito, 8º conde dos Arcos de Val-de-vêz, nasceu em 7 de junho de 1771 e faleceu em 6 de maio de 1828. Foi par do reino por Carta Régia de 30 de abril de 1826; gentil-homem da Câmara da rainha d. Maria I; conselheiro de Estado efetivo, em 1823; presidente do Conselho de Ministros e ministro e secretário de Estado dos Negócios da Marinha e Ultramar. Membro da Junta do Governo do Reino, criada por el-rei d. João VI, por decreto de 6 de março de 1826, para coadjuvar a sereníssima senhora infanta d. Isabel Maria na regência do reino, decidindo-se todos os negócios por maioria de votos, sendo sempre decisivo o da sereníssima infanta, determinação que vigoraria também no caso de morte do mesmo rei d. João VI, enquanto o legítimo herdeiro e sucessor da coroa não tomasse as suas providências a este respeito. Foi governador e capitão-general da capitania do Grão-Pará e Rio Negro (1795), vice-rei e capitão-general-de-mar e terra do Estado do Brasil (1799) até a chegada ao Rio de Janeiro da rainha d. Maria I e seu filho, o príncipe regente, depois rei d. João VI, em 7 de março de 1808. Foi nomeado governador e capitão-general da capitania da Bahia (1809), ministro e secretário de Estado dos Negócios da Marinha e

Ultramar no Rio de Janeiro (1817). Grão-cruz das ordens de São Bento d'Avis e da antiga Ordem da Torre-e-Espada; comendador da Ordem de Nossa Senhora da Conceição de Vila Viçosa e da de Santa Maria da Vila do Rei na Ordem de Cristo; padroeiro do Mosteiro de Salvador de Lisboa; tenente-general do Exército. Sucedeu a sua mãe na Casa dos Arcos em 8 de janeiro de 1814.

Casou-se em 7 de agosto de 1791, com d. Maria Rosa Caetana de Lorena, nascida em 10 de janeiro de 1769 e falecida em 31 de julho de 1795, 3ª filha dos 6os condes São Vicente, Manuel Carlos da Cunha, vice-almirante da Armada Nacional, e da condessa d. Luiza Caetana de Lorena, filha dos 3os duques de Cadaval.

~ *Duque de Cadaval*

D. Miguel Caetano Álvares Pereira de Melo, 5º duque de Cadaval, 7º marquês de Ferreira e 8º conde de Tentúfal, nasceu em 6 de fevereiro de 1765 e faleceu, na Bahia, em 14 de março de 1808. Sua carreira militar iniciou-se no regimento de Cavalaria do Cais, depois regimento de Mecklemburgo e Castelo Branco. Em 1801, foi promovido a marechal-de-campo.

Foi do Conselho de d. Maria I, seu mordomo-mor e grão-cruz das Ordens de Cristo e da Legião de Honra.

Casou-se em 7 de outubro de 1791, com d. Maria Madalena Henriqueta Carlota Emília de Montmorency Luxemburgo, dama das Ordens de Santa Isabel e de São João de Jerusalém.

Capítulo Seis

~ *Marquês de Viana*

D. João Manuel de Meneses nasceu em 27 de abril de 1783. Era filho dos 3os marqueses de Tancos. Ingressou cedo na Marinha. Em 1807, comandou a fragata *Urânia*, único navio que comboiou durante toda a viagem o príncipe regente. Comandou a esquadra em que d. João VI regressou a Portugal. Em 1821, foi promovido a vice-almirante e, em 1826, major-general da Armada e par do reino. Em 1808 casou-se com d. Ana de Castelo Branco, filha dos 1os marqueses de Belas.

~ *Luiz Gonçalves dos Santos (padre Perereca)*

Nascido em 1767, na cidade de São Sebastião, era filho de José Gonçalves dos Santos, natural do Porto, e de Rosa Maria de Jesus. Quando ainda muito jovem, seu pai, que era prateiro, foi levado à falência; retirando-se, foi morar numa pequena propriedade rural no interior do estado do Rio. Foi ordenado sacerdote em 1794; dedicou-se ao magistério, até se tornar surdo, em 1825. Foi autor de vários livros, sendo o mais conhecido as *Memórias para servir à história do Reino do Brasil.* Veio a falecer em 1844.

~ *Conde Thomas O'Neil*

Tenente na Real Companhia de Fuzileiros Navais, encontrava-se embarcado na nau *London*, navio capitânia do contra-almirante sir Sidney Smith, quando partiu de Plymouth, em 11 de novembro de 1807. Participou do bloqueio no rio Tejo, durante aquele mês de novembro. Designado para uma missão especial, transferiu-se para a fragata *Solebay*. A missão não teve sucesso e, após muitas aventuras, finalmente chegou ao Rio de Janeiro, em 27 de fevereiro de 1808, retornando à *London*. Nos meses seguintes, a *London* esteve em missão de patrulha em São Salvador. No início de 1809, escoltou o príncipe regente até a sua fazenda em Santa Cruz. Quando retornou à Inglaterra, mais tarde naquele ano, preparou o manuscrito para publicar o relato dos acontecimentos envolvendo a viagem da família real ao Brasil. O livro é dedicado aos duques de Clarence e Kent, ambos filhos do rei Jorge III.

A lista de assinantes que consta do livro inclui todos os filhos de Jorge III e um grande número de membros da aristocracia inglesa e do Parlamento.

Apêndice B
Perfil da esquadra portuguesa[1] e do esquadrão britânico

Os navios portugueses que fizeram a viagem ao Brasil, em 1807, eram pouco diferentes daqueles construídos nas décadas anteriores. Veleiros de madeira tinham vida útil entre 50 e 60 anos, no caso de naus de linha, entre 20 e 30 para fragatas, e menos para brigues e escunas. Uma ou duas vezes durante a sua vida, os navios maiores eram levados ao dique seco, para passar por uma revisão. A extensão do trabalho pode ser calculada a partir do tempo necessário (até dois anos). Ao voltar a ser lançado, com freqüência o seu nome era trocado.

Avarias poderiam ser provocadas por tempestades, seqüelas de batalhas ou por manobras em espaços confinados em um mar de vagas; conforme ocorreu na colisão entre as fragatas *Minerva* e *Medusa*, em 1791, tendo como resultado a morte do chefe-de-esquadra José de Melo Bryner. Quando o vento se tornava fresco e a costa estava próxima, apressavam-se para o abrigo; muitas vezes, navios que tinham partido de Lisboa e se deparavam com um forte vento ocidental, voltavam para dar fundo no protegido Tejo. Por outro lado, ao estar em um porto sem proteção quando o vento começava a soprar, por razões de segurança eram forçados a sair para o mar aberto e lá aguardar uma melhoria no tempo; isto aconteceu com o *N.S. do Bom Sucesso* em 1780, quando carregava ouro de um galeão espanhol, em Faial (Açores). Fazia parte dos regulamentos náuticos navegar sempre junto a outro navio para, em caso de necessidade, poder oferecer socorro. Perda total devido ao mau tempo (*Ulisses*, perdida próximo ao Cabo Verde em 1808) ou captura (*N.S. da Vitória* e *Minerva*, pelos franceses, perto de Sri Lanka em 1809) eram relativamente raras. Acidentes e enfermidades eram, de longe, as mais importantes causas de perda de vidas.[2]

A fim de manter livre de piratas a rota prescrita para os navios mercantes, missões de patrulha eram organizadas com freqüência. O patrulhamento da costa, especialmente dos Algarves e dos Estreitos (baseados em Gibraltar), desencorajava os muitos corsários (baseados na costa da África do Norte, até a altura de Trípoli) a saírem para o mar aberto; a primeira reação nos encontros, que aconteciam por acaso, era de fuga. Ou, caso os navios conseguissem se aproximar, os bem treinados marujos portugueses, com seus canhões, normalmente capturavam sua presa.

Navios mercantes se agrupavam, formando comboios de 60 ou mais naus, para serem escoltados até as ilhas do Atlântico. Além deste ponto, longe da terra, o perigo era bem menor, até alcançarem a costa brasileira. No retorno, em data marcada, um esquadrão era enviado para patrulhar a área, no alto-mar, por onde o comboio deveria passar; dali este era escoltado até o estuário do Tejo. De vez em quando, o esquadrão fazia a escolta por todo o caminho até o Brasil, principalmente para trazer ouro e pedras preciosas pertencentes à Coroa portuguesa. Em 25 de abril de 1769, a nau de linha *N.S. dos Prazeres* partiu de Lisboa escoltando dois navios que iam para a Índia e várias outras naus mercantes que tinham como destino diferentes portos do Brasil. Em julho, arribou na Bahia com água aberta, por causa do mau tempo que encontrou na travessia. No dia 29 de maio de 1770, entrou no Tejo, tendo completado a travessia desde o Rio de Janeiro em 94 dias. Trazia ouro, cartas de crédito e moedas para a Coroa, num total de 908.087.712 réis, além de 11 cofres repletos de diamantes. Também trazia uma soma ainda maior, enviada por particulares.

Outra atividade da Marinha era transportar dignitários a seus postos e deportados para o seu local de desterro. A carga dos navios de guerra era muitas vezes composta de mala postal, madeiras, especiarias e outras riquezas do Novo Mundo.

No período 1773-77, uma esquadra comandada por Robert MacDouall, composta de quatro naus de linha (nau capitânia *Santo Antônio e São José*), 10 fragatas e outros navios menores, esteve em ação no sul do Brasil, defendendo Santa Catarina de ataques dos espanhóis.

Perfil da Esquadra Portuguesa

~ Naus de linha

Príncipe Real

Construída sob a direção de Manuel Vicente Nunes.	
Estaleiro	Arsenal da Marinha, Lisboa
Lançamento	13 de julho de 1771
Mudança de nome	*N.S. da Conceição,* em 1794
Deixou a Marinha (vendida ou desmanchada)	1830 (depois de 1822 como navio-prisão)
Comprimento x boca x calado	200'x 50'x 21'
Guarnição	950 homens
Canhões calibre 36/18/9 libras	n. 30/32/18
Capitão-de-mar-e-guerra em novembro de 1807	Francisco José do Canto de Castro e Mascarenhas

Afonso de Albuquerque

Construída sob a direção de Manuel Vicente Nunes.	
Estaleiro	Arsenal da Marinha, Lisboa
Lançamento	26 de julho de 1767
Mudança de nome	*N.S. dos Prazeres*, em 1797
Deixou a Marinha (vendida ou desmanchada)	1825
Comprimento x boca x calado	182'x 44'x 19'
Guarnição	634 homens
Canhões calibre 24/18/9 libras	n. 26/28/8
Capitão-de-mar-e-guerra em novembro de 1807	Inácio da Costa Quintela

Rainha de Portugal

Construída sob a direção de Torcato José Clavina.	
Estaleiro	Arsenal da Marinha, Lisboa
Lançamento	28 de setembro de 1791
Mudança de nome	–
Deixou a Marinha (vendida ou desmanchada)	1848
Comprimento x boca x calado	181'6" x 47'6"
Guarnição	669 homens
Canhões calibre 36/24/12 libras	n. 28/22/16
Capitão-de-mar-e-guerra em novembro de 1807	Francisco Manuel de Souto Maior

Conde D. Henrique

Construída sob a direção de Manuel Vicente Nunes.	
Estaleiro	Arsenal da Marinha, Lisboa
Lançamento	1763
Mudança de nome	*N.S. do Pilar* (*Cananea*), em 1794
Deixou a Marinha (vendida ou desmanchada)	1820
Comprimento x boca x calado	191'x 47'x21'
Guarnição	753 homens
Canhões calibre 26/18/9 libras	n. 28/30/16
Capitão-de-mar-e-guerra em novembro de 1807	José Maria de Almeida

Martim de Freitas

Construída sob a direção de Antônio da Silva.	
Estaleiro	Bahia, Brasil
Lançamento	29 de janeiro de 1763
Mudança de nome	*S. Antônio e S. José*, em 1794, *Infante D. Pedro Carlos*, em 1807
Deixou a Marinha (vendida ou desmanchada)	1828
Comprimento x boca x calado	182'x 44'x 21'
Guarnição	634 homens
Canhões calibre 24/12/9/1 libras	n. 26/28/12/4
Capitão-de-mar-e-guerra em novembro de 1807	Manuel de Menezes

D. João de Castro

Construída sob a direção de Manuel Vicente Nunes.	
Estaleiro	Ribeira das Naus, Lisboa
Lançamento	1766
Mudança de nome	*N.S. do Bom Sucesso*, em 1800
Deixou a Marinha (vendida ou desmanchada)	1822
Comprimento x boca x calado	182'x 44'x 20'
Guarnição	633 homens
Canhões calibre 24/12/9 libras	n. 26/32/12
Capitão-de-mar-e-guerra em novembro de 1807	Manuel João de Lócio

Medusa

Construída sob a direção de Torcato José Clavina.	
Estaleiro	Arsenal da Marinha, Lisboa
Lançamento	24 de agosto de 1786
Mudança de nome	*N.S. do Monte do Carmo*, em 1786
Deixou a Marinha (vendida ou desmanchada)	1825 (depois de 1819 como navio-prisão)
Comprimento x boca x calado	171'3" x 45'
Guarnição	663 homens
Canhões calibre 24/18/9 libras	n. 28/32/9
Capitão-de-mar-e-guerra em novembro de 1807	Henrique da Fonseca de Souza Prego

Príncipe do Brasil

Construída sob a direção de Manuel da Costa.	
Estaleiro	Bahia, Brasil
Lançamento	12 de setembro de 1801
Mudança de nome	—
Deixou a Marinha (vendida ou desmanchada)	1822
Comprimento x boca x calado	186'9" x 48'6"
Guarnição	663 homens
Canhão calibre	n. 74
Capitão-de-mar-e-guerra em novembro de 1807	Francisco de Borja Salema Garção

Golfinho e *N.S. do Livramento*

Construída sob a direção de Torcato José Clavina.	
Estaleiro	Ribeira das Naus, Lisboa
Lançado	27 de junho de 1782
Mudança de nome	—
Deixou a Marinha (vendida ou desmanchada)	1816
Comprimento x boca x calado	135' x 32'
Guarnição	300 homens
Canhões calibre	n. 36
Capitão-de-mar-e-guerra em novembro de 1807	Luís da Cunha Moreira

N.S. Vitória e *Minerva*

Construída sob a direção de Torcato José Clavina.	
Estaleiro	Arsenal da Marinha, Lisboa
Lançamento	19 de julho de 1788
Mudança de nome	—
Deixou a Marinha (vendida ou desmanchada)	Capturada em 1809 pela fragata francesa *Bellone*, na costa do Sri Lanka
Comprimento x boca x calado	156'9" x 58'
Guarnição	349 homens
Canhão calibre	n. 50
Capitão-de-mar-e-guerra em novembro de 1807	Rodrigo José Ferreira Lobo

Urânia

Construída sob a direção de Torcato José Clavina.	
Estaleiro	Arsenal da Marinha, Lisboa
Lançamento	15 de dezembro de 1792
Mudança de nome	*Ulisses*, em 1807
Deixou a Marinha (vendida ou desmanchada)	Afundou em Cabo Verde em 1809
Comprimento x boca x calado	132'6" x 34'
Guarnição	391 homens
Canhão calibre	n. 38
Capitão-de-mar-e-guerra em novembro de 1807	D. João Manuel de Menezes

Santa Teresa, Thetis

Construída sob a direção de Manuel Joaquim; em 1807, armado como navio-transporte.	
Estaleiro	Bahia, Brasil
Lançamento	Setembro de 1793
Mudança de nome	—
Deixou a Marinha (vendida ou desmanchada)	1824
Comprimento x boca x calado	135' x 34'
Guarnição	300 homens
Canhão calibre	n. 40
Primeiro-tenente em novembro de 1807	Paulo José Miguel de Brito

~ Corveta

Voador

Construída sob a direção de Torcato José Clavina.	
Estaleiro	Arsenal da Marinha, Lisboa
Lançamento	1790
Mudança de nome	—
Deixou a Marinha (vendida ou desmanchada)	Transferida para a Marinha brasileira em 1823
Comprimento x boca x calado	97' x 30'
Guarnição	135 homens
Canhão calibre	n. 24
Capitão-tenente em novembro de 1807	Francisco Maximiliano de Sousa

~ Brigues

Lebre

Construído sob a direção de Torcato José Clavina.	
Estaleiro	Arsenal da Marinha, Lisboa
Lançamento	16 de outubro de 1788
Mudança de nome	*Lebre Grande*, pois existia outro navio, o *Lebre Pequena*
Deixou a Marinha (vendido ou desmanchado)	1818
Comprimento x boca x calado	97'x 30'
Guarnição	135 homens
Canhão calibre	n. 24
Capitão-de-mar-e-guerra em novembro de 1807	Daniel Thompson (inglês)

Vingança

Comprado em 1800; originalmente armado como cúter; armado como brigue em 1804.	
Deixou a Marinha (vendido ou desmanchado)	1814
Guarnição	97 homens
Canhão calibre	n. 18
Capitão-de-mar-e-guerra em novembro de 1807	James Nicolas Keating (inglês)

Boa Ventura[3]

Origem desconhecida, primeira referência em 1799.	
Deixou a Marinha (vendido ou desmanchado)	1819
Comprimento x boca x calado	182'x 44'x 21'
Guarnição	112 homens
Canhão calibre	n. 6

Condessa de Resende

Adquirida no Brasil.	
Guarnição	79 homens
Canhão calibre	n. 20
Primeiro-tenente em novembro de 1807	Basílio Ferreira de Carvalho

Escunas

Curiosa

Adquirida em Lisboa, em 1807. Avariada nos primeiros dias da viagem, e com água para apenas 15 dias, regressou a Lisboa em 7 de dezembro de 1807, quando então foi capturada pelos franceses.	
Mudança de nome	*Minerva*
Deixou a Marinha (vendida ou desmanchada)	O registro cessa com a transferência para a província do Cabo Verde, em 1813
Comprimento x boca x calado	182'x 44'x 21'
Guarnição	43 homens
Canhão calibre	n. 14
Primeiro-tenente em novembro de 1807	Isidoro Francisco Guimarães

Furão

Adquirida em Lisboa, em 1806.	
Guarnição	60 homens
Canhão calibre	n. 8
Capitão-tenente em novembro de 1807	Joaquim Martins

Perfil do esquadrão britânico

Naus de linha

Achilles

Classe Achille 1795, no desenho do Pompée, navio francês capturado em 1793.	
Estaleiro	Clevely, Gravesend
Lançamento	16 de abril de 1795
Deixou a Marinha (vendida ou desmanchada)	1865
Comprimento x boca x calado	182'2" x 49'0 1/2" x 21"10 1/2"
Deslocamento/guarnição	1.916 toneladas/640 homens
Canhões calibre 32/18 libras	n. 30/36
Caronadas calibre 32 libras	n. 18
Capitão em novembro de 1807	Sir Richard King

Audacious

Classe Arrogant 1758, desenho de sir Thomas Slade.	
Estaleiro	Randell, Rotherhithe
Lançamento	23 de junho de 1783
Deixou a Marinha (vendida ou desmanchada)	1815
Comprimento x boca x calado	168' x 46'9" x 19'9"
Deslocamento/guarnição	1.604 toneladas/550 homens
Canhões calibre 32/18/9 libras	n. 28/28/28
Capitão em novembro de 1807	T. Le M. Gosselin

Bedford

Classe Royal Oak 1765, desenho de Williams.	
Estaleiro	Arsenal de Woolwich
Lançamento	27 de outubro de 1775
Deixou a Marinha (vendida ou desmanchada)	1817
Comprimento x boca x calado	168'6" x 46'9" x 20'
Deslocamento/guarnição	1.606 toneladas/550/600 homens
Canhões calibre 32/18/9 libras	n. 28/28/18
Capitão em novembro de 1807	James Walker

Conqueror

Classe Conqueror 1795, dois conveses, desenho de John Henlow, classe Mars modificada.	
Estaleiro	Graham, Harwich
Lançado	23 de novembro de 1801
Deixou a Marinha (vendida ou desmanchada)	1825
Comprimento x boca x calado	176'x 49" x 20'9"
Deslocamento/guarnição	1.842 toneladas/500 homens
Canhões calibre 32/18/9 libras	n. 28/30/16
Caronadas calibre 32/18 libras	n. 2/6
Capitão em novembro de 1807	Israel Pellow

Elizabeth

Classe Repulse 1800, desenho de William Rule.	
Estaleiro	Perry, Blackwall
Lançamento	23 de maio de 1807
Deixou a Marinha (vendida ou desmanchada)	1820
Comprimento x boca x calado	174'x 47'4" x 20'
Deslocamento/guarnição	1.706 toneladas/590 homens
Canhões calibre 32/18 libras	n. 28/32
Caronadas calibre 32/18 libras	n. 14/6
Capitão em novembro de 1807	hon. Henry Curzon

Foudroyant

Classe Foudroyant 1788, dois conveses, desenho de John Henslow ex Superb.	
Estaleiro	Arsenal de Plymouth
Lançamento	31 de agosto de 1798
Deixou a Marinha (vendida ou desmanchada)	1861
Comprimento x boca x calado	184' x 50'6" x 22'6"
Deslocamento/guarnição	2.054 toneladas/650 homens
Canhões calibre 32/24/12 libras	n. 30/32/18
Capitão em novembro de 1807	N. Thompson

Hibernia

Classe Hibernia 1790 (1ª classe), três conveses. Versão estendida do Ville de Paris. *Inicialmente classificada com 110 canhões, mais tarde com 120 canhões.*	
Estaleiro	Arsenal de Plymouth
Lançamento	17 de novembro de 1804
Deixou a Marinha (vendida ou desmanchada)	1855
Comprimento x boca x calado	201'2" x 53' x 22'4"
Deslocamento/guarnição	2.499 toneladas/850 homens
Canhões calibre 32/24/18 libras	n. 32/32/36
Caronadas calibre 32 libras	n. 16
Capitão em novembro de 1807	John Conn

London

Classe London 1759, três conveses, desenho de sir Thomas Slade, depois de 98 canhões.	
Estaleiro	Arsenal de Chatham
Lançamento	24 de maio de 1766
Deixou a Marinha (vendida ou desmanchada)	1811
Comprimento x boca x calado	177'6" x 49' x 21'
Deslocamento/guarnição	1.870 toneladas/750 homens
Canhões calibre 32/18/12/6 libras	n. 28/30/30/2
Capitão em novembro de 1807	Thomas Western

Marlborough

Classe Fame/Hero 1799 (3ª classe), dois conveses, desenho de John Henslow.	
Estaleiro	Barnard, Deptford
Lançamento	22 de junho de 1807
Deixou a Marinha (vendida ou desmanchada)	1835
Comprimento x boca x calado	175' x 47'6" x 20'6"
Deslocamento/guarnição	1.791 toneladas/640 homens
Canhões calibre 32/18 libras	n. 28/32
Caronadas calibre 32/18 libras	n. 14/6
Capitão em novembro de 1807	Graham Moore

Monarch

Classe Monarch/Ramille 1760, desenho de sir Thomas Slade.	
Estaleiro	Arsenal de Deptford
Lançamento	21 de julho de 1765
Deixou a Marinha (vendida ou desmanchada)	1813
Comprimento x boca x calado	168'6" x 46'9" x 19'9"
Deslocamento/guarnição	1.697 toneladas/550/600 homens
Canhões calibre 32/18/9 libras	n. 28/28/18
Capitão em novembro de 1807	R. Lee

Plantagenet

Classe Plantagenet 1794, desenho de William Rule.	
Estaleiro	Arsenal de Woolwich
Lançamento	22 de outubro de 1801
Deixou a Marinha (vendida ou desmanchada)	1817
Comprimento x boca x calado	181'47"x 19'9"
Deslocamento/guarnição	1.777 toneladas/590 homens
Canhões calibre 32/18/9 libras	n. 28/28/18
Capitão em novembro de 1807	William Bradley

Theseus

Classe Culloden/Thunder 1769, desenho de sir Thomas Slade.	
Estaleiro	Perry, Blackwall
Lançamento	25 de setembro de 1786
Deixou a Marinha (vendida ou desmanchada)	Maio de 1814
Comprimento x boca x calado	170'x 46'6" x 19'11"
Deslocamento/guarnição	1.650 toneladas/550/600 homens
Canhões calibre 32/18/9 libras	n. 28/28/28
Capitão em novembro de 1807	J.P. Beresford

~ Fragatas

Amazon

Classe Amazon 1796, desenho de William Rule.	
Estaleiro	Arsenal de Woolwich
Lançamento	18 de maio de 1799
Deixou a Marinha (vendida ou desmanchada)	1817
Comprimento x boca x calado	150' x 39'5" x 13'9"
Deslocamento/guarnição	1.038 toneladas/284 homens
Canhões calibre 18/9 libras	n. 28/10
Caronadas calibre 32 libras	n. 8
Capitão em novembro de 1807	William Parker

Solebay

Classe Thetis Amazon 1771, desenho de sir John Williams.	
Estaleiro	Adams & Barnard, Deptford
Lançamento	26 de março de 1785
Deixou a Marinha (vendida ou desmanchada)	Perdida em julho de 1809, na costa da África
Comprimento x boca x calado	126' x 35' x 12'2"
Deslocamento/guarnição	677 toneladas/220 homens
Canhões calibre 12/6 libras e 12 giratórios	n. 26/6
Capitão em novembro de 1807	A. Sproule

~ Corvetas

Confiance

Anterior ao corsário La Confidence, 1796, capturado em Bordéus em 1805.	
Comprimento x boca x calado	117' x 31'2 3/4" x 14'
Deslocamento/guarnição	491 toneladas/140 homens
Canhão calibre 6 libras	n. 2
Caronada calibre 32 libras	n. 22
Capitão em novembro de 1807	James Lucas Yeo

Redwing

Classe Cruiser 1796, desenho de William Rule.	
Estaleiro	Warren, Brightlingsea
Lançamento	30 de agosto de 1806
Deixou a Marinha (vendida ou desmanchada)	Perdida em 1817, na costa da África Oriental
Comprimento x boca x calado	100' x 30'6" x 12'9"
Deslocamento/guarnição	382 toneladas/121 homens
Canhão calibre 6 libras	n. 2
Caronada calibre 32 libras	n. 16
Capitão em novembro de 1807	Thomas Usher

Posição de S.M. *Bedford* ao meio-dia, na sua viagem ao Brasil

1807	Latitude	Longitude	Posição e distância
Quarta 9 dez	33º.. 45'N	19º.. 6'W	Ponta W. Madeira S 17ºW 18 léguas
Quinta 10 dez	32º.. 53'N	18ºW	Madeira Ponta W E4½ºSE 12 léguas
Sexta 11 dez	31º..49'N	18º..37'W	ilha de Ferro S7ºE 82 léguas
Sábado 12 dez	29º..45'N	18º..20'W	ilha de Ferro S¾SE 42 léguas
Domingo 13 dez	28º..27'N	18º..36'W	Ponta SW da ilha de Ferro S½SE 15 léguas
Segunda 14 dez	27º..41'N	18º..12'W	SW P[t] da ilha de Ferro à vista NE 2 léguas
Terça 15 dez	25º..59'..15"N	18º..24'W	ilha do Sal S24ºW 205 léguas
Quarta 16 dez	24º..8'..30"N	19º..8'W	ilha do Sal S26ºW 167 léguas
Quinta 17 dez	23º..14'..45"N	19º..25'W	ilha do Sal S27ºW 149 léguas
Sexta 18 dez	22º..39'..44"N	19º..41'W	ilha do Sal S27ºW 135 léguas
Sábado 19 dez	21º..12'..55"N	20º..19'W	ilha do Sal S30ºW 102 léguas
Domingo 20 dez	18º..49'..19"N	20º..27'W	ilha do Sal S51ºW 64 léguas
Segunda 21 dez	16º..46'..48"N	20º..29'W	Bonavista Nº P[ta] S75ºW 44 léguas
Terça 22 dez	11º..11'..15"N	20º..54'W	São Paulo S31ºW 244 léguas
Quarta 23 dez	11º..11'..15"N	20º..54'W	São Paulo S31ºW 244 léguas
Quinta 24 dez	9º..15'..40"N	20º..6'W	São Paulo S36ºW 207 léguas
Sexta 25 dez	7º..25'N	21º..20'W	São Paulo S42ºW 175 léguas
Sábado 26 dez	6º..2'..58"N	21º..26'W	São Paulo S49ºW 156 léguas
Domingo 27 dez	4º..23'..29"N	21º..29'W	São Paulo S59ºW 134 léguas
Segunda 28 dez	3º..45'N	21º..32'W	São Paulo S69ºW 157 léguas
Terça 29 dez	3º..33'N	21º..39'W	São Paulo S70ºW 152 léguas
Quarta 30 dez	3º..36'N	21º..36'W	São Paulo S70ºW 155 léguas
Quinta 31 dez	3º..20'N	21º..18'W	São Paulo S72ºW 157 léguas
1808			
Sexta 1 jan	2º..58'N	21º..48'W	São Paulo S77ºW 180 léguas
Sábado 2 jan	2º..39'N	21º..52'W	São Paulo S79ºW 176 léguas
Domingo 3 jan	2º..19'..29"N	22º..9'W	São Paulo S80ºW 161 léguas
Segunda 4 jan	2º..7'N	22º..9'W	São Paulo S80ºW 138 léguas
Terça 5 jan	2º..31'..15"N	22º..15'W	São Paulo S76ºW 133 léguas
Quarta 6 jan	—	—	—
Quinta 7 jan	1º..33'..50'N	23º..23'W	Cabo Frio S36ºW 1.780 milhas
Sexta 8 jan	0º..46'..52'N	24º..12'W	Cabo Frio S35ºW 1.710 milhas
Sábado 9 jan	0º..4'..28"S	25ºW	Cabo Frio S34ºW 1.670 milhas
Domingo 10 jan	0º..55'..17"S	25º..29'W	Cabo Frio S39ºW 1.690 milhas
Segunda 11 jan	2º..0'..0"S	26º..39'W	Cabo Frio S34ºW 1.495 milhas
Terça 12 jan	3º..9'..35"S	27º..19'W	Cabo Frio S34ºW 1.410 milhas
Quarta 13 jan	4º..35'..43"S	28º..3'W	Cabo Frio S33ºW 1.290 milhas
Quinta 14 jan	5º..30'..45"S	28º..37'W	Cabo Frio S33ºW 1.220 milhas
Sexta 15 jan	6º..34'..36"S	29º..15'W	Cabo Frio S32ºW 1.170 milhas
Sábado 16 jan	7º..22'..40"S	30ºW	São Salvador S45ºW 162 léguas
Domingo 17 jan	8º..24'..19"S	30º..20'W	C. Augustin S88ºW 185 Ms S. Salvador 560 milhas
Segunda 18 jan	9º..28'..45"S	32º..49'..15"W	São Salvador S62ºW 460 milhas
Terça 19 jan	10º..43'..31"S	34º..1'..30"W	São Salvador S68ºW 370 milhas
Quarta 20 jan	11º..38'..30"S	38º..15'W	São Salvador S69ºW 235 milhas
Quinta 21 jan	12º..25'..49"S	37º..15'W	São Salvador S77ºW 151 milhas

1808	Latitude	Longitude	Posição e distância
Sexta 22 jan	13º..5'..21"S	38º..4'..15"W	São Salvador N60ºW 35 milhas; à tarde, chegada
Sexta 26 fev	—	—	Saída de S. Salvador
Sábado 27 fev	14º..11'..48"S	37º..22'W	Trinidade S50ºE 205 léguas
Domingo 28 fev	15º..50'..16"S	36º..35'W	Cabo Frio S36ºW 186 léguas
Segunda 29 fev	17º..38'..6"S	35º..55'W	Cabo Frio S48ºW 168 léguas
Terça 1 mar	19º..47'..57"S	35º..47'W	Cabo Frio S62ºW 141 léguas
Quarta 2 mar	21º..27'..39"S	36º..4'W	Cabo Frio S76ºW 126 léguas
Quinta 3 mar	22º..30'..52"S	37º..4'W	Cabo Frio S85ºW 102 léguas
Sexta 4 mar	22º..35'..35"S	38º..9'W	Cabo Frio S85ºW 80 léguas
Sábado 5 mar	23º..45'S	39º..20W	Cabo Frio S88ºW 56 léguas
Domingo 6 mar	22º..54'..1"S	41º..6'W	Cabo Frio Oeste 20 léguas
Segunda 7 mar			De manhã entrando na baía; à tarde, chegada

Posição de S.M. *Marlborough* ao meio-dia, na sua viagem ao Brasil

1807	Latitude	Longitude	Posição e distância
Domingo 29 nov	38º..36'N	9º..32'W	Madeira S46ºW 165 léguas
Segunda 30 nov	38º..29'N	9º..42'W	Berlenga N4ºE 19 léguas
Terça 1 dez	38º..47'N	10º..56'W	Porto Santo 165 léguas
Quarta 2 dez	38º..13'N	12º..0'W	Cabo Raso N75ºE 43 léguas
Quinta 3 dez	37º..59'N	13º..18'W	—
Sexta 4 dez	37º..46'N	—	Porto Santo S28ºW 89 léguas
Sábado 5 dez	37º..25'N	14º..27'W	Madeira S23ºW 99 léguas
Domingo 6 dez	37º..5'N	14º..52'W	S. Maria Açores Oeste 169 léguas
Segunda 7 dez	35º..56'N	15º..2'W	Madeira S24ºW 69 léguas
Terça 8 dez	34º..53'N	15º..20'W	Madeira S30ºW 47 léguas
Quarta 9 dez	35º..5'N	16º..10'W	Madeira S13ºW 46 léguas
Quinta 10 dez	33º..12'N	16º..40'W	—
Sexta 11 dez	—	18º..8'W	ilha da Palma S7ºE 79 léguas
Sábado 12 dez	30º..23'N	18º..22'W	Palma S20ºE 37 léguas
Domingo 13 dez	29º..16'N	18º..10'W	ilha do Sal Cabo Verde S18ºW 266 léguas
Segunda 14 dez	28º..53'N	18º..5'W	ilha do Sal S20ºW 260 léguas
Terça 15 dez	27º..41'N	17º..50'W	ilha do Sal S23ºW 241 léguas
Quarta 16 dez	25º..40'N	—	—
Quinta 17 dez	25º..5'N	18º..55'W	ilha do Sal Cabo Verde S24ºW
Sexta 18 dez	24º..48'N	18º..50'W	Cabo Branco S23ºE 90 léguas
Sábado 19 dez	24º..32'N	19ºW	ilha do Sal S24º..57'W 523 milhas
Domingo 20 dez	23ºN	19º..45'W	ilha do Sal S 26ºW 140 léguas
Segunda 21 dez	20º..42'N	20º..56'W	ilha do Sal S20ºW 92 léguas
Terça 22 dez	18º..13'N	21º..47'W	ilha do Sal S35ºW
Quarta 23 dez	16º..2'N	22º..37'W	S.Tiago Ponta N S38ºW 29 léguas
Quinta 24 dez	—	—	Fundeada na baía de Porto Praia, S.Tiago
Sexta 25 dez	—	—	Fundeada
Sábado 26 dez	—	—	Fundeada
Domingo 27 dez	—	23º..28'W	Cabo Frio no Brasil S25ºW 823 léguas

1807	Latitude	Longitude	Posição e distância
Segunda 28 dez	11°..27'N	23°..28'W	ilha de São Paulo S8°W
Terça 29 dez	8°..26'N	23°..35'W	ilha de São Paulo S22°W 164 léguas
Quarta 30 dez	6°..5'N	23°..12'W	—
Quinta 31 dez	5°..2'N	23°..10'W	Cabo Frio S33°..4'W 1975 milhas
1808			
Sexta 1 jan	3°..21'N	23°..0'W	Cabo Frio S34°..53'W 1.899 milhas
Sábado 2 jan	2°..34'N	22°..57'W	Cabo Frio S35°..52'W 1.853 milhas
Domingo 3 jan	1°..43'N	23°..44'W	Cabo Frio S35°..32'W 1.799 milhas
Segunda 4 jan	0°..55'N	24°..50'W	Cabo Frio S34°..57'W 1.721 milhas
Terça 5 jan	0°..38'S	26°..4'W	Cabo Frio S33°W 1.580 milhas
Quarta 6 jan	1°..52'S	26°..48'W	Cabo Frio S34°..59'W 1.506 milhas
Quinta 7 jan	3°..33'S	27°..46'W	Cabo Frio S35°..19'W 1.388 milhas
Sexta 8 jan	5°..46'S	28°..40'W	Cabo Frio S36°..49'W 1.265 milhas
Sábado 9 jan	8°..22'S	29°..7'W	Cabo Frio S39°..25'W 1.073 milhas
Domingo 10 jan	11°..18'S	30°..4'W	Cabo Frio S40°..15'W 926 milhas
Segunda 11 jan	13°..56'S	30°..50'W	Cabo Frio S30°..50'W 781 milhas
Terça 12 jan	16°..37'S	31°..15'W	Cabo Frio S31°..15'W 661 milhas
Quarta 13 jan	19°..17'S	32°..36'W	—
Quinta 14 jan	20°..41'S	—	—
Sexta 15 jan	22°..5'S	37°..29'W	Cabo Frio S83°..48'W 203 milhas
Sábado 16 jan	22°..49'S	39°..39'W	Rio de Janeiro 211 milhas
Domingo 17 jan	23°..12'S	—	Rio de Janeiro 4 léguas; à tarde, chegada

Posição de S.M. *London* ao meio-dia, e nquanto velejava só

1807	Latitude	Longitude	Posição e distância
Segunda 7 dez	35°..47'w	15°..46W	Ponta leste da Madeira S12°W 61 léguas
Terça 8 dez	33°..52'N	15°..46'W	Porto Santo S37°W 27 léguas
Quarta 9 dez	33°..11'N	16°..0'W	Porto Santo S22°W 8 léguas
Quinta 10 dez	32°..34'N	—	Ponta S. de S°. Desertos W½S
Sexta 11 dez	—	—	Fundeada Funchal ilha da Madeira
Sábado 12 dez	—	—	Fundeada
Domingo 13 dez	32°..10'N	17°..20'W	Madeira N28° 11 léguas
Segunda 14 dez	32°..11'N	17°..39'W	Ponta W. da Madeira N4°NE 3 léguas
Terça 15 dez	31°..19'N	17°..39'W	Palma S6°W 54 léguas
Quarta 16 dez	29°..41'N	17°..59'W	NW Ponta de Palma S5°W 13 léguas
Quinta 17 dez	29°..21'N	19°..53'W	Palma à vista SE 15 léguas
Sexta 18 dez	27°..46'N	—	Leste de Ferro SW 11 milhas
Sábado 19 dez	27°..31'N	17°..21'W	—
Domingo 20 dez	26°..5'N	17°..33'W	ilha do Sal 212 milhas
Segunda 21 dez	24°..19'N	19°..4'W	ilha do Sal 162 léguas
Terça 22 dez	22°..15'N	21°..17'W	Bonavista 125 léguas
Quarta 23 dez	19°..47'N	21°..11'W	Bonavista 83 léguas
Quinta 24 dez	17°..48'N	21°..26'W	Bonavista 41 léguas
Sexta 25 dez	15°..15'N	22°..23'W	S.Tiago Porto Praia 30 léguas

Apêndice C
Tratados, decretos, ordens e cartas

Capítulo Um

Ofício sobre o barão de Humboldt[1]
Havendo notícias de que um tal barão de Humboldt tenta seguir suas excursões pelos sertões deste Estado, se faz preciso que Vmc. fique prevendo que no caso de se verificarem as referidas notícias, ou sucedendo-se aparecer outro algum estrangeiro viajando por esse distrito, o faça conduzir a esta capital, e com toda a sua comitiva, sem contudo lhe faltar a decência, nem ao bom tratamento, e comodidades, mas só acompanhando-o, e interceptando-lhes os meios de nos transportes fazer indagações políticas e filosóficas. Deus guarde a Vmc.

Palácio de S. Luiz do Maranhão 12 de outubro de 1800.

D. Diogo de Souza – Sr. capitão Domingos Lopes Ferreira.

Tratado de Fontainebleau[2]
Tratados secretos concluídos em 27 de outubro entre o imperador dos franceses e Sua Majestade católica Carlos IV, da Espanha; os quais eram firmados sobre as bases e artigos seguintes.

Artigo I. A província Entre Douro e Minho com a cidade do Porto se dará em toda a propriedade e soberania a S.M. El-Rei da Etrúria, com o título de rei da Lusitânia Setentrional.

Artigo II. A província do Além-Tejo, e o reino dos Algarves se darão em toda a propriedade e soberania ao Príncipe da Paz, para que as desfrute com o título de príncipe dos Algarves.

Artigo III. As províncias da Beira, Trás-os-Montes e a Extremadura portuguesa ficarão em depósito até a paz geral, para dispor delas segundo as circunstâncias, e conforme ao que se convenha entre as duas partes contratantes.

Artigo IV. O reino da Lusitânia Setentrional será possuído pelos descendentes de S.M. El-Rei da Etrúria hereditariamente, e segundo as leis de sucessão, que então em uso na família reinante de S.M. El-Rei da Espanha.

Artigo V. O principado dos Algarves será possuído pelos descendentes do Príncipe da Paz hereditariamente, e segundo as leis de sucessão, que estão em uso na família reinante de S.M. El-Rei da Espanha.

Artigo VI. Na falta de descendentes, ou herdeiros legítimos de El-Rei da Etrúria, da Lusitânia Setentrional ou do príncipe dos Algarves, estes países se darão por investidura por S.M. El-Rei da Espanha, sem que jamais possam ser reunidos debaixo de uma mesma cabeça, com a Coroa da Espanha.

Artigo VII. O reino da Lusitânia Setentrional e o principado dos Algarves reconhecerão por protetor a S.M. católica El-Rei da Espanha, e em nenhum caso dos soberanos destes países poderão fazer nem a paz nem a guerra sem a sua intervenção.

Artigo VIII. No caso em que as províncias da Beira, Trás-os-Montes e Estremadura portuguesa, todas em seqüestro, fossem entregues à paz geral, a Casa de Bragança em câmbio de Gibraltar, Trindade, e outras colônias, que os ingleses têm conquistado sobre a Espanha, e seus aliados, o novo soberano destas províncias teria, com respeito a S.M. Católica El-Rei da Espanha, os mesmos vínculos, que El-Rei da Lusitânia Setentrional, e o príncipe dos Algarves; e serão possuídas por aquele, debaixo das mesmas condições.

Artigo IX. S.M. El-Rei da Etrúria cede, em toda a propriedade e soberania o reino da Etrúria à S.M. o imperador dos franceses da Itália.

Artigo X. Quando se efetuar a ocupação definitiva das províncias de Portugal, os diferentes príncipes, que devem possuí-las, nomearão de acordo, comissários para fixar seus limites naturais.

Artigo XI. O imperador dos franceses, rei da Itália, constitui-se garantidor de S.M. Católica El-Rei da Espanha da possessão de seus Estados do continente, situados ao meio-dia dos Pireneus.

Artigo XII. S.M. imperador dos franceses, rei da Itália, obriga-se a reconhecer a S.M. Católica El-Rei da Espanha, como imperador das duas Américas, quando tudo esteja preparado para que S.M. possa tomar este título: o que poderá efetuar-se na ocasião da paz geral ou, o mais tardar, dentro de três anos.

Artigo XIII. As duas altas partes contratantes se entenderão para fazer uma divisão das ilhas, colônias e outras propriedades ultramarinas de Portugal.

Artigo XIV. O presente tratado ficará secreto: ratificado; e as ratificações serão trocadas em Madri 20 dias, ao mais tardar, depois do dia em que se tenha firmado. Feito em Fontainebleau em 27 de outubro de 1807. Firmado: Miguel Duroc; d. Eugenio Izquierdo de Ribeira e Lezaun.

Foram aprovados, aceitos, ratificados e confirmados debaixo de inviolável promessa os artigos do tratado precedente pelo imperador Napoleão, e firmado pela sua mão, referendado e selado com seu selo em 29 de outubro de 1807.

O tratado acima resultou em afirmarem uma convenção secreta entre ambas as altas partes contratantes, na qual:

Artigo I. Um corpo de tropas imperiais francesas de 25 mil homens de infantaria e 3 mil de cavalaria entrará na Espanha, e marchará em direção a Lisboa: reunir-se-á a este corpo outro de 8 mil espanhóis de infantaria e 3 mil de cavalaria de tropas espanholas, com 30 peças de artilharia.

Artigo II. Ao mesmo tempo uma divisão de tropas espanholas de dez mil homens tomará posse da província de Entre Minho e Douro e da cidade do Porto; e outra divisão de 6 mil homens, composta igualmente de tropas espanholas, tomará posse das províncias do Além-Tejo e do Reino dos Algarves.

Artigo III. As tropas francesas serão sustentadas e mantidas pela Espanha, e seus soldos pagos pela França durante todo o tempo do seu trânsito pela Espanha.

Artigo IV. Desde o momento em que as tropas combinadas tenham entrado em Portugal, as províncias da Beira, Trás-os Montes e Extremadura portuguesa, que devem ficar seqüestradas, serão administradas pelo general comandante das tropas francesas; e as contribuições que se lhes impuserem reverterão em benefício da França. As províncias, que devem formar o reino da Lusitânia Setentrional e o principado dos Algarves, serão administradas e governadas pelos generais comandantes das divisões espanholas que nelas entrarem; e as contribuições que se lhes impuserem reverterão em benefício da Espanha.

Artigo V. O corpo do centro estará debaixo das ordens do comandante das tropas francesas; e a ele estarão subordinadas as tropas espanholas, que se reunirem àquelas; sem embargo do que, se El-Rei da Espanha ou o Príncipe da Paz julgarem conveniente passar-se a este corpo do Exército, o general comandante das tropas francesas e estas mesmas estarão debaixo das suas ordens.

Artigo VI. Um corpo de 40 mil homens de tropas francesas se reunirá em Bayona, o mais tardar até 20 de novembro, a fim de estar pronto para entrar na Espanha com o intuito de se transferir para Portugal, no caso de que os ingleses enviem reforços, e ameacem atacá-lo. Este corpo não entrará com tudo na Espanha, até que as altas partes contratantes se ponham de acordo para este efeito.

Artigo VII. A presente convenção será ratificada; e a troca das ratificações se fará ao mesmo tempo em que a do tratado deste dia. Feito em Fontainebleau em 27 de outubro de 1807. Firmado: Duroc; E. Izquierdo.

Foi esta convenção aprovada, aceita, ratificada e firmada por Napoleão, firmada e selada em 29 de outubro de 1807.

Convenção de 22 de outubro de 1807[3]

D. João, por graça de Deus, príncipe regente de Portugal e dos Algarves, daquém e dalém mar, em África de Guiné, e da conquista, navegação e comércio da Etiópia, Arábia, Pérsia e da Índia etc. Faço saber a todos que a presente Carta de Confirmação, Aprovação e Ratificação virem: que em 22 de outubro do corrente ano se concluiu e assinou na cidade de Londres uma convenção entre mim e o sereníssimo e potentíssimo príncipe Jorge III, rei do Reino Unido da Grã-Bretanha e da Irlanda, meu bom irmão e primo, com o fim de conservar intacta à monarquia portuguesa a ilha da Madeira e as mais possessões ultramarinas, sendo plenipotenciários para esse efeito, da minha parte d. Domingos Antônio de Sousa Coutinho, do meu conselho, fidalgo da minha Casa, e meu enviado extraordinário e ministro plenipotenciário naquela corte; e da parte de Sua Majestade britânica, o muito honrado Jorge Canning, conselheiro privado de Sua dita Majestade, e seu principal secretário de Estado dos Negócios Estrangeiros; da qual Convenção o teor é o seguinte:

Em nome da Santíssima e Indivisa Trindade

Tendo Sua Alteza Real o príncipe de Portugal feito comunicar a Sua Majestade britânica as dificuldades em que se acha em conseqüência das exigências injustas do governo francês, e a sua determinação de transferir para o Brasil a sede e a fortuna da monarquia portuguesa, antes que aceda a totalidade das ditas exigências ...

... E a fim de discutir estas medidas e de preencher este saudável fim, Sua Alteza Real o príncipe regente de Portugal nomeou por seu plenipotenciário o cavaleiro de Sousa Coutinho do seu conselho e seu enviado extraordinário e ministro plenipotenciário residente em Londres; e Sua Majestade El-Rei do Reino Unido da Grã-Bretanha e Irlanda nomeou por seu plenipotenciário o seu honrado Jorge Canning, conselheiro privado de Sua dita Majestade, e seu principal secretário d'Estado na Repartição dos Negócios Estrangeiros; os quais depois de terem comunicado os respectivos plenos poderes, e achando-os em boa e devida forma, convieram nos artigos seguintes:

Artigo I. Até que haja a certeza de algum passo ou declaração hostil da França contra Portugal, ou que Portugal, a fim de evitar a guerra com a França, consinta em cometer de alguma sorte um ato de hostilidade contra a Grã-Bretanha, fechando os seus portos à bandeira inglesa, nenhuma expedição será feita pelo governo britânico contra a ilha da Madeira nem outra qualquer possessão portuguesa; e quando uma semelhante expedição se julgar necessária, será a mesma notificada ao ministro de Sua Alteza Real o príncipe regente residente em Londres, e com ele conceituada.

Pelo seu lado, Sua Alteza Real o príncipe regente obriga-se de ora em diante a não permitir a remessa de reforço algum de tropas (exceto de inteligência e acordo com Sua Majestade britânica) para o Brasil e para a ilha da Madeira, nem de para ali mandar nem ali permitir a assistência de nenhum oficial francês, seja no serviço da França, seja no serviço de Portugal.

Outrossim se obriga a transmitir sem demora ao governo da ilha da Madeira ordens secretas eventuais, para que não faça resistência a uma expedição inglesa cujo comandante lhe anunciar, debaixo de sua palavra de honra, que a dita expedição tenha sido preparada de inteligência e acordo com Sua Alteza Real o príncipe regente.

Artigo II. No caso em que Sua Alteza Real o príncipe regente se visse obrigado a levar a pleno e inteiro efeito a sua magnânima resolução de passar ao Brasil; ou se mesmo, sem ser a isso forçado pelos procedimentos dos franceses dirigidos contra Portugal, Sua Alteza se decidisse empreender a viagem do Brasil ou mandar para ali um príncipe de sua família, estará pronto Sua Majestade britânica a ajudá-lo nesta empresa, a proteger o embarque da família real e a escoltá-los à América. Para este fim obriga-se Sua Majestade britânica a mandar aprestar imediatamente nos portos da Inglaterra um esquadrão de seis naus de linha a qual partirá logo para as costas de Portugal, e de ter nelas igualmente, pronto a embarcar-se, um exército de 5 mil homens, que partirá para Portugal ao primeiro pedido do governo português.

Uma parte deste exército ficará de guarnição na ilha da Madeira, mas não entrará ali senão depois que Sua Alteza Real tiver tocado na mesma, ou passado a ilha indo para o Brasil.

Artigo III. Mas no caso infeliz em que o príncipe regente, a fim de evitar a guerra com a França, se visse obrigado a fechar os portos de Portugal às embarcações inglesas, o príncipe regente consente que as tropas sejam admitidas na ilha da Madeira depois da troca das ratificações desta Convenção; declarando o comandante da expedição inglesa ao governo português que a ilha será guardada em depósito para Sua Alteza Real o príncipe regente, até a conclusão da paz definitiva entre a Grã-Bretanha e a França.

As instruções que se derem ao dito comandante inglês para o governo da ilha, durante a sua ocupação pelas armas de Sua Majestade britânica, serão acordadas com o ministro de Sua Alteza Real o príncipe regente em Londres.

Artigo IV. Sua Alteza Real o príncipe regente promete jamais ceder em caso algum, seja no todo, seja em parte, a sua Marinha militar ou mercante, ou de as reunir às da França ou da Espanha, ou de outra qualquer potência.

Obriga-se, outrossim, no caso de passar para o Brasil, a levar consigo a sua Marinha militar e mercante, seja perfeita ou incompletamente aparelhada, ou não podendo executar-se isto, de transferir como depósito para a Grã-Bretanha aquela parte que não puder levar imediatamente consigo; e Sua Alteza Real ajustará depois com Sua Majestade britânica os meios de mandar ir estas mesmas embarcações para o Brasil com toda a segurança.

Artigo V. No caso da clausura dos portos de Portugal, obriga-se Sua Alteza Real a mandar sair imediatamente para o Brasil metade da sua Marinha de guerra e a conservar a outra metade em número mais ou menos de cinco ou seis naus de linha e de oito ou dez fragatas, em meio armamento (pelo menos), no porto de Lisboa, de sorte que, à primeira indicação de uma intenção hostil da parte dos franceses ou dos espanhóis, aquela força naval possa reunir-se à esquadra britânica destinada a este serviço, e servir ao transporte de Sua Alteza Real e da família real para o Brasil. Com o fim de melhor assegurar o bom êxito deste acordo, obriga-se o príncipe regente a dar o comando da sua esquadra no porto de Lisboa, bem como o comando da que enviar para o Brasil, a oficiais cujos princípios políticos sejam aprovados pela Grã-Bretanha. As duas Altas Partes Contratantes convieram em autorizar os comandantes portugueses e ingleses nas respectivas estações de Lisboa por um lado, e das costas de Portugal pelo outro, a corresponderem-se secretamente sobre tudo que possa ter relação com a reunião eventual das esquadras inglesa e portuguesa. Quando a metade da Marinha militar que possa ser enviada para o Brasil será a mesma ali desarmada à sua chegada, a não ser que os dois governos determinem outra coisa.

Artigo VI. Uma vez que se acha estabelecida a sede da monarquia portuguesa no Brasil, obriga-se Sua Majestade britânica, em seu nome e no de seus sucessores, a não reconhecer jamais como rei de Portugal príncipe algum que não seja o herdeiro e representante legítimo da família real de Bragança; e mesmo a renovar e manter com a regência que Sua Alteza Real puder deixar estabelecida em Portugal, antes de partir para o Brasil, as relações de amizade que tem há tanto tempo ligado as duas Coroas de Portugal e Grã-Bretanha.

Artigo VII. Quando o governo português estiver estabelecido no Brasil, proceder-se-á à negociação de um tratado de auxílio e de comércio entre o governo português e a Grã-Bretanha.

Artigo VIII. Esta convenção será tida secreta para o presente, e não se publicará sem o consentimento das duas Altas Partes Contratantes.

Artigo IX. Será ratificada de uma e outra parte, e as ratificações trocadas em Londres no prazo de seis semanas, ou antes se puder ser, a contar do dia da assinatura.

Em fé do que, nós abaixo assinados, plenipotenciários de Sua Alteza Real o príncipe regente de Portugal e de Sua Majestade britânica, em virtude de nossos respectivos poderes, assinamos a presente convenção, e lhe pusemos o sinete de nossas armas.

Feita em Londres a 22 de outubro de 1807.

O cavaleiro Sousa Coutinho
George Canning

O abaixo assinado principal secretário de Estado dos Negócios Estrangeiros de Sua Majestade britânica, consentindo em subscrever o artigo II desta convenção, recebeu as ordens de El-Rei para declarar que a execução daquela parte do dito artigo, pela qual se estipula o mandar-se uma esquadra e tropas de Sua Majestade para o Tejo, a fim de proteger o embarque da família real de Portugal, depende da segurança, que será dada, de que os fortes sobre o Tejo, a saber: os fortes de S. Julião e do Bugio serão previamente entregues ao comandante das tropas britânicas, bem como o forte de Cascais, se o embarque tiver lugar naquele sítio, ou então do de Peniche, no caso de que a família real se tenha retirado àquela península; e ficarão em poder do dito comandante, até que o objeto para o qual as tropas são mandadas estiver preenchido, ou que Sua Alteza Real tiver determinado a quem as tropas inglesas devem restituí-los.

O cavaleiro de Sousa Coutinho, plenipotenciário de Sua Alteza Real o príncipe regente de Portugal, não se achando autorizado, pelas instruções de que atualmente está munido, a contratar obrigação alguma a tal respeito, o abaixo assinado recebeu ordem de acompanhar o tratado com esta declaração explicativa, e de pedir que a segurança acima mencionada seja enviada com a ratificação do príncipe regente.

Feita em Londres, a 22 de outubro de 1807.

George Canning

Artigo I adicional. No caso da clausura dos portos de Portugal à bandeira inglesa, será estabelecido um porto na ilha de Santa Catarina ou em qualquer outro lugar da costa do Brasil, onde todas as mercadorias inglesas, que ao presente são admitidas em Portugal, serão importadas livremente em embarcações inglesas, pagando os mesmos direitos que se pagam atualmente pelos mesmos artigos nos portos de Portugal, e este arranjamento durará até novo acordo.

Este artigo adicional terá a mesma força e valor como se fora inserto palavra por palavra na convenção assinada hoje, e será ratificada ao mesmo tempo.

Em fé do que nós abaixo assinados, plenipotenciários de Sua Alteza Real o príncipe regente de Portugal e de Sua Majestade britânica, em virtude de nossos respectivos plenos poderes, assinamos o presente artigo adicional, e lhe pusemos o sinete de nossas armas.

Feito em Londres, a 22 de outubro de 1807.

O cavaleiro de Sousa Coutinho
George Canning

Assino *sub spe rati*, declarando que não tenho instruções a tal respeito, contando que Sua Alteza Real, tornando a abrir os portos de Portugal, possa reconsiderar ou alterar este artigo.

Artigo II adicional. Fica plenamente entendido e ajustado que desde o momento em que os portos de Portugal forem fechados à bandeira inglesa, e por todo o tempo que assim continuem, os tratados existentes entre a Grã-Bretanha e Portugal devem considerar-se como suspensos, pois que concedem à bandeira portuguesa privilégios e isenções de que as outras nações neutras não gozam, e que, segundo o direito das gentes, não pertencem ao estado de simples neutralidade.

Este artigo adicional terá a mesma força e valor como se fora inserto palavra por palavra na convenção assinada hoje, e será ratificada ao mesmo tempo.

Em fé do que, nós abaixo assinados, plenipotenciários de Sua Alteza Real o príncipe regente de Portugal e de Sua Majestade britânica, em virtude de nossos respectivos plenos poderes, assinamos o presente artigo adicional, e lhe pusemos o sinete de nossas armas.

Feito em Londres, a 22 de outubro de 1807.

O cavaleiro de Sousa Coutinho
George Canning

Assino *sub spe rati*, declarando que não tenho instruções a tal respeito, e contando que Sua Alteza Real, tornando a abrir os portos de Portugal, possa reconsiderar ou alterar este artigo. E sendo-me presente a mesma convenção, cujo teor acima fica inserto, e bem visto, considerando e examinando por mim tudo o que nela se contém, a aprovo, ratifico, e confirmo, assim no todo, como em cada uma das suas cláusulas e estipulações, excetuando algumas expressões do preâmbulo; o parágrafo primeiro do artigo quarto; o parágrafo primeiro do artigo quinto; a declaração ao artigo segundo, que se ratifica com restrição; e o artigo primeiro adicional; pelas razões indicadas nas observações que esta convenção vão juntar, assinados pelo meu ministro e secretário de Estado dos Negócios Estrangeiros e da Guerra: prometendo em fé e palavra real observá-la e cumpri-a inviolavelmente, e fazê-la cumprir e observar, sem permitir que se faça coisa alguma em contrário, por qualquer modo que se possa. E em testemunho e firmeza do sobredito, fiz passar a presente carta por mim assinada, selada com o selo grande das minhas armas, e referendado pelo dito ministro e secretário de Estado dos Negócios Estrangeiros e da Guerra abaixo assinado.

Dada no palácio de Nossa Senhora da Ajuda aos 8 de novembro de 1807.

O príncipe regente
Antônio de Araújo de Azevedo

Observação a que se refere a ratificação supra

O preâmbulo da convenção de 22 de outubro de 1807 principia por uma suposição, que é a que acha nas seguintes palavras ("*ayant fait communiquer ... totalité de ces damandes*"), Sua Alteza Real prometeu sim sempre a Sua Majestade britânica, já diretamente, já por meio dos respectivos ministros, não aceder à proposição da apreensão das pessoas e confiscação de bens; mas nunca disse que antes queria transferir para o Brasil o assento da monarquia portuguesa, do que aceder a todas as proposições.

Os lugares em que se acha feita e repetida esta promessa são os que se seguem:

Um ofício para o ministro de Sua Alteza Real em Londres, de 12 de agosto de 1807. Disse nele:

> Ordena-me Sua Alteza Real que expresse a V.Sª. a sua firme resolução de não assentir jamais à confiscação dos bens dos vassalos ingleses: isto deve V.Sª. assegurar ao Ministério Britânico, mas sua Alteza Real espera, em reciprocidade desta tão justa como decorosa ação, que este governo não dê ordens aos seus comandantes das forças marítimas para fazer hostilidades contra navios portugueses. Qualquer procedimento desta natureza serviria para que a França e a Espanha clamassem altamente contra a nossa renitência sobre a sua proposição.

Outro ofício de 20 de agosto para o mesmo ministro:

> Aos bens dos ingleses não hão de ter perigo algum, e quando seja preciso comboiá-los, não se faz necessária uma esquadra ou divisão de esquadra para esse fim: um ou dois navios de guerra fora ou dentro do Tejo parece ser quanto basta: mas torno a assegurar a V.Sª que Sua Alteza Real está determinada mais depressa a perder o seu supremo domínio neste país do que a sacrificar os sujeitos britânicos e seus cabedais.

No mesmo ofício se acrescenta:

> Por esta mesma razão reservo escrever a V.Sª em outra ocasião, para V.Sª tratar nessa corte sobre o modo como ela poderá contribuir para a segurança da família real, protegendo com as suas forças navais a sua retirada. No caso que as circunstâncias obriguem a esta mesma resolução, tomarei as ordens de Sua Alteza Real a respeito deste triste e importante negócio, que interessa tanto nossos corações, pois só por este modo poderá salvar uma parte da monarquia portuguesa, e transmiti-la aos seus descendentes.

Capítulo Dois

Edital

O Príncipe Regente Nosso Senhor foi servido
Mandar remeter à mesa do desembargo do Paço o decreto do teor seguinte.

Tendo sido sempre o meu maior deslevo conservar meus estados, durante a presente guerra, na mais perfeita neutralidade pelos reconhecidos bens, que dela resultavam aos vassalos desta Coroa; contudo não sendo possível conservá-la por mais tempo, e considerando, outrossim, o quanto convém à humanidade a pacificação geral; houve por bem aceder à causa do continente, unindo-me à Sua Majestade o imperador dos franceses, rei da Itália, e à Sua Majestade católica, com o fim de contribuir, quanto em mim for, para a aceleração da paz marítima. Portanto, sou servido ordenar que os portos deste reino sejam logo fechados à entrada dos navios, assim de guerra, como mercantes da Grã-Bretanha. A mesa do desembargo do Paço o tenha entendido, e faça executar, mandando afixar este por edital, e remeter a todos os lugares, aonde convier, para que chegue a notícia de todos.

Palácio de Mafra em 20 de outubro de 1807. Com a rubrica do Príncipe Regente Nosso Senhor.

Gibraltar Chronicle (sábado, 5 de dezembro)

Do *Madrid Gazette*, Irun, 8 de novembro
Uma descrição detalhada da composição das tropas francesas que entraram na Espanha, através de Irun.

Outubro 19:	70º Regimento de Infantaria de Linha: 63 oficiais, 2.299 praças; general-de-brigada Labril. 47º Regimento: 32 oficiais, 1.247 praças; general-de-divisão Laborde. 4º Regimento (suíço): 41 oficiais, 1.260 praças.
20:	2 Batalhões do n, 86: 63 oficiais, 2.382 praças; general-de-brigada Brenier.
21:	1 Batalhão do 15: 25 oficiais, 937 praças. Corpo de Artilharia: 12 oficiais, 306 praças. Equipamento: 36 peças de artilharia de várias naturezas, 82 caixas de munição, 7 carroças, 4 forjas ambulantes. Condutores: 4 oficiais, 280 praças.
22:	1 Batalhão do 2º Regimento de Infantaria Ligeira: 16 oficiais, 1.004 praças. 1 Batalhão do 4º Regimento de Infantaria Ligeira: 11 oficiais, 750 praças.
23:	1 Batalhão do 12º Regimento de Infantaria Ligeira: 16 oficiais, 900 praças. 1 Batalhão do 15º Regimento: 24 oficiais, 1.020 praças.
24:	1 Batalhão do 58º Regimento de Linha: 22 oficiais, 1.030 praças. 1 Batalhão do 32º Regimento: 20 oficiais, 1.019 praças.
25:	Infantaria Suíça n.2: 35 oficiais, 1.100 praças; general-de-brigada Carlot. 21 carroças do hospital ambulante, 1 forja ambulante do dito hospital: 12 oficiais de saúde, 5 oficiais, 44 praças.
26:	1 Batalhão do 31º Regimento de Infantaria Ligeira: 20 oficiais, 496 praças. 32º Regimento: 30 oficiais, 106 praças; general-de-divisão Travot. Duas Divisões de Artilharia com 81 carroças pertencentes ao parque: 64 carroças de munição, 7 carruagens, 3 forjas: 6 oficiais, 131 praças. Condutores: 5 oficiais, 200 praças. Outras 21 carroças, 1 forja; 11 oficiais de saúde, 44 condutores e 5 praças.
27:	1 Batalhão do 26º Regimento de Infantaria de Linha: 29 oficiais, 412 praças. 2 Batalhões das Legiões do Sul e 1ª da Infantaria Ligeira: 31 oficiais, 859 praças. 21 carroças da Infantaria Ligeira, 1 forja do hospital ambulante: 12 oficiais de saúde. Condutores: 12 oficiais, 52 praças.
28:	2 Batalhões do 66º Regimento de Linha: 51 oficiais, 848 praças. Legião Hanoveriana de Infantaria Ligeira: 20 oficiais, 740 praças.
29:	Destacamento de Infantaria Ligeira n.32: 1 oficial, 32 praças. Destacamento da Legião do Sul: 1 oficial, 28 praças. 2º Batalhões do 82º Regimento de Infantaria de Linha: 30 oficiais, 572 praças; general-de-brigada Fuzier. Destacamento constituído por condutores: 10 oficiais e 182 praças.
30:	Companhia de Flanco do 82º: 3 oficiais, 120 praças; comandante-em-chefe com o seu Estado-Maior. Regimento de Caçadores n.26 com o comandante-em-chefe: 6 oficiais, 160 praças. Cavalos: 62 no piquete do comandante-em-chefe e 40 na Gendarmaria Imperial, com vários oficiais imperiais.
31:	Regimento Provisório do 1º e 3º de Dragões: 13 oficiais, 498 praças, 522 cavalos; general-de-brigada Margaron. Equipagens militares: 53 carroças, 1 forja; 3 oficiais, 166 praças.
Novembro 1:	3º Regimento Provisório constituído pelo 4º e 5º Dragões: 9 oficiais, 502 praças. Ramo Civil da Artilharia: 1 oficial, 25 artífices. 5 carroças; condutores: 3 oficiais, 16 praças; general-de-divisão Kellermann. 1 ajudante-de-campo, 1 chefe-de-Estado-Maior, 20 cavalos, 10 serventes. Soldados de diferentes corpos: 1 oficial, 87 praças.
2:	9º e 15º Regimento Provisório de Dragões: 11 oficiais, 521 cavalos; general-de-divisão Tiebault, com 2 ajudantes-de-campo e 5 comissários. Parte do Regimento de Cavalaria: 11 carroças de bagagem, 20 oficiais, 28 condutores.
3:	14 carroças com a caixa militar do Exército: 3 oficiais, 54 condutores.

Gibraltar Chronicle (Sábado, 26 de dezembro)
Extrato do *Le Moniteur*, Paris, 11 de novembro de 1807:

A Inglaterra enviou, no intervalo de dois anos, quatro expedições.
A primeira foi contra Constantinopla...
A segunda expedição da Inglaterra foi contra o Egito...
A terceira expedição inglesa foi contra Montevidéu e Buenos Aires...
Sua quarta expedição foi a mais notória. Foi aquela de Copenhague...

Após estas quatro expedições, que tão manifestamente mostram o declínio moral e militar da Inglaterra, falemos da situação à qual trouxe Portugal. O príncipe regente de Portugal perde seu trono: ele o perde influenciado pelas intrigas da mercadoria que estava em Lisboa [sic]. O que então faz a Inglaterra, aquele poderoso aliado? Vê com indiferença o que se passa em Portugal. O que fará quando Portugal for tomado? Irá se apoderar do Brasil? Não; se os ingleses fizerem tal tentativa, os católicos os expulsarão. A queda da Casa de Bragança permanecerá como uma nova prova de que a destruição de todos aqueles que se associarem à Inglaterra é inevitável.

Assento do Conselho de Estado convocado por Sua Alteza Real o Príncipe Regente Nosso Senhor na noite de 24 de novembro de 1807[4].

Convocando-se o Conselho de Estado, na real presença de S.A.R. e por ordem do mesmo senhor, ordenou S.A.R. que se comunicasse aos conselheiros abaixo assinados as notícias vindas do interior do reino, que certificavam a entrada efetiva das tropas francesas nesta monarquia, havendo chegado a Abrantes.

Ordenou o mesmo senhor que se comunicasse igualmente aos conselheiros de Estado a nota que lorde Strangford dirigiu ao conselheiro e secretário de Estado Antônio de Araújo, pela qual pedia uma audiência a S.A.R., em que se propunha a fazer proposições que deveriam decidir absolutamente e em última instância as relações que deviam existir entre as duas monarquias, vindo ao mesmo tempo um ofício de sir Sidney Smith, comandante da esquadra inglesa que bloqueia o porto desta capital, dirigido ao mesmo ministro e secretário de Estado, em que anuncia o tratamento hostil que praticaria se as disposições de Portugal não fossem amigáveis, ameaçando com o estrito bloqueio, requisição dos navios de guerra portugueses e dos mercantes que navegam para o Brasil.

Pareceu aos conselheiros de Estado abaixo assinados que se havendo esgotado todos os meios de negociação e não havendo a menor esperança que por tais expedientes se removesse o perigo iminente que ameaça a existência da monarquia, da soberania e da independência de S.A.R., visto que as tropas francesas já penetraram em seus domínios, não se devia perder um só instante para acelerar o embarque de S.A.R. o Príncipe Regente Nosso Senhor e de toda a real família para o Brasil.

Que em tais circunstâncias se devia responder a lorde Strangford, participando-lhe a audiência que S.A.R. lhe concedia.

Que se responda ao ofício de sir Sidney Smith comunicando-lhe a disposição de Sua Alteza Real de receber a esquadra inglesa nos seus portos, e o desejo que isso se faça o quanto antes.

Que as tropas que se acham atualmente guarnecendo as margens, fortalezas e baterias do Tejo se retirem daquelas posições e passem a ocupar os sítios que S.A.R. lhes destinar, expedindo-se ordens aos governantes das torres e fortalezas para que passem a franquear a entrada do porto a todos os navios ingleses, tanto de guerra como mercantes.

Que ao decidir S.A.R. a transferência para o Brasil, deverá ser estabelecido um Conselho de Regência na forma que se tem praticado em tais ocorrências e nas ocasiões em que este reino esteve sem legítimo soberano, devendo esta regência, com os poderes que lhe forem delegados por S.A.R., ser composta das figuras mais proeminentes e de altas graduações militares que S.A.R. houver por bem indicar.

Palácio de Nossa Senhora da Ajuda, 24 de novembro de 1807.

MARQUÊS DE POMBAL – MARQUÊS REGEDOR (MARQUÊS DE BELAS) – VISCONDE D'ANADIA – D. JOÃO DE ALMEIDA DE MELO E CASTRO – D. FERNANDO JOSÉ DE PORTUGAL – D. ANTÔNIO DE ARAÚJO DE AZEVEDO.

Edital[5]

Tendo procurado, por todos os meios possíveis, conservar a neutralidade, de que até agora tem gozado os meus fiéis e amados vassalos, chegando ao excesso de fechar os portos dos meus reinos aos vassalos do meu antigo e leal aliado, o rei da Grã-Bretanha, expondo o comércio dos meus vassalos a total ruína, e a sofrer por este motivo graves prejuízos nos rendimentos da minha Coroa; vejo que pelo interior do meu reino marcham tropas do imperador dos franceses e rei da Itália, a quem eu me havia unido no continente, na suposição de não ser mais inquietado; e que as mesmas se dirigem a esta capital. E querendo evitar as funestas conseqüências que podem seguir de uma defesa, que seria mais nociva do que proveitosa, servindo só para derramar sangue em prejuízo da humanidade, e capaz de acender mais a dissensão de umas tropas que têm transitado por este reino, com o anúncio e a promessa de não cometerem a menor hostilidade; conhecendo igualmente que elas se dirigem muito particularmente contra a minha real pessoa, e que meus vassalos leais serão menos inquietados, ausentando-me eu deste reino; tenho resolvido, em benefício dos meus vassalos, passar com a rainha minha senhora e mãe, e com toda a real família, para os estados da América, e estabelecer-me na cidade do Rio de Janeiro até a paz geral. E considerando mais quanto convém deixar o governo destes reinos naquela ordem, que cumprem ao bem deles e de meus povos, como coisa a que tão essencialmente estou obrigado, tendo nisto todas as considerações, que em tal caso me são presentes; sou servido nomear, para na minha ausência governarem estes meus reinos, o marquês d'Abrantes, meu muito amado e prezado primo; Francisco da Cunha de Menezes, tenente-general dos meus exércitos; o principal da igreja patriarcal Francisco Rafael de Castro; Pedro de Melo Breyner, do meu conselho, que servirá de presidente do meu Real Erário, na falta e impedimento de Luiz de Vasconcelos e Souza, que se acha impossibilitado com as suas moléstias; Francisco de Noronha, tenente-general dos meus exércitos e presidente da Mesa da Consciência e Ordens; e na falta de qualquer deles, o conde Monteiro Mor, que tenho nomeado presidente do Senado da Câmara, com a assistência de dois secretários, o conde de Sampaio, e em seu lugar Miguel Pereira Forjaz, e do desembargador do Paço, e o procurador da Coroa, João Antônio Salter de Mendonça, pela grande confiança que de todos eles tenho, e larga experiência que eles têm tido das coisas do mesmo governo; tendo por certo que os meus reinos e povos serão governados e regidos por maneira que a minha consciência seja desencarregada; e eles, governadores, cumpram inteiramente a sua obrigação, enquanto Deus permitir que eu esteja ausente desta capital, administrando a justiça com imparcialidade, distribuindo os prêmios e castigos conforme os merecimentos de cada um.

Os mesmos governadores tenham assim entendido, e cumprirão na forma sobredita, as instruções, que serão com este decreto por mim assinadas; e farão as participações necessárias as repartições competentes.

Palácio de Nossa Senhora da Ajuda, novembro de 1807. Com a rubrica do Príncipe Regente Nosso Senhor.

Instruções que acompanharam o decreto

Os governadores que houveram por bem nomear pelo meu real decreto da data destas instruções, para na minha ausência governarem estes reinos, deverão prestar o juramento do estilo, nas mãos do cardeal patriarca, e cuidarão com todo o desvelo, vigilância e atividade na administração da justiça, distribuindo-a imparcialmente e conservando em rigorosa observância as leis deste reino.

Guardarão aos nacionais todos os privilégios, que por mim, e pelos senhores reis meus antecessores, se acham concedidos.

Decidirão pela pluralidade de votos as consultas, que pelos respectivos tribunais lhes forem apresentadas, regulando-se sempre pelas leis e costumes do reino.

Proverão os lugares de letras, e os ofícios da Justiça e Fazenda, na forma até agora por mim praticada.

Defender as pessoas e bens dos meus leais vassalos, escolhendo para os empregos militares as que deles se conhecer serem beneméritas. Procurarão, quando possível for, conservar em paz este reino; e que as tropas do imperador dos franceses, rei da Itália, sejam bem aquarteladas, e assistidas de tudo que lhes for preciso, enquanto se detiverem neste reino, evitando todo e qualquer insulto que se possa perpetrar, e castigando rigorosamente quando aconteça; conservando sempre a boa harmonia, que se deve praticar com os exércitos das nações, com as quais nos achamos unidos no continente.

Quando suceda por qualquer motivo faltar algum dos ditos governadores, elegerão pela pluralidade de votos quem lhes suceda.

Confio muito da sua honra, e virtude, que os meus povos não sofrerão incômodo na minha ausência; e que permitindo Deus que eu volte a estes meus reinos com brevidade, encontre todos contentes e satisfeitos, reinando sempre entre eles a boa ordem e tranqüilidade, que deve haver entre vassalos, que tão dignos se têm feito do meu paternal cuidado.

Palácio de Nossa Senhora da Ajuda, em 26 de novembro de 1807.

Príncipe [Regente].

Capítulo Quatro

Ordens da corte de 25/11/1807
Gibraltar Chronicle (2 de janeiro de 1808)

Sua Majestade, tomando em consideração as circunstância sob as quais Portugal foi compelido a fechar seus portos aos navios e bens dos súditos de Sua Majestade, tem a satisfação de – por meio e com o parecer de seu Conselho privado – ordenar, e fica por meio desta ordenado, que todos os navios e bens pertencentes a Portugal, que tenham sido e agora estejam detidos nos portos deste reino, ou outro lugar, sejam restituídos, ao serem pronunciados pela alta corte do Almirantado, ou pela corte do Vice-Almirantado na qual processos possam ter sido ou sejam iniciados, à posse e à propriedade dos súditos e habitantes de Portugal, e de outro modo não sujeitos ao confisco; e que os ditos navios e bens sejam autorizados a seguir viagem para qualquer porto neutro ou para Portugal.

Na corte do palácio da rainha, em 25 de novembro de 1807, presente o rei Sua Majestade Excelentíssima em Conselho.

Capítulo Cinco

Ordens para o capitão-de-mar-e-guerra Arvorar um galhardete após Madeira[6]

Por causa das extraordinárias circunstâncias da transferência do governo e da Marinha portuguesa, da Europa para o Brasil, e também porque a frota portuguesa levando Sua Alteza Real e toda a família real requer a proteção de uma esquadra de navios de Sua Majestade, torna-se necessário que um oficial com graduação mais elevada que a de capitão-de-mar-e-guerra deva comandar esta esquadra, e permanecer naquela posição para proteger o governo e território de quaisquer tentativas por parte do inimigo. Decidi que V.Sª. deverá arvorar um galhardete a bordo da *Marlborough*, da qual é comandante, tão logo ultrapassada a ilha da Madeira, está assim autorizado e comandado a arvorar um galhardete a bordo e usá-lo na ausência de um comandante mais graduado ou até receber outras ordens.

Dado sob minhas ordens a bordo do *Hibernia*, em 3 de dezembro de 1807.

(assinado) W. Sidney Smith

Ao capitão-de-mar-e-guerra Moore, da *Marlborough*

Por ordens do contra-almirante (assinado) Richard Speare

Instruções ao capitão-de-mar-e-guerra Comandado Divisão Moore
Marlborough[7]

Enquanto pela convenção entre Sua Majestade britânica e Sua Alteza Real, o príncipe regente de Portugal, assinado em Londres em 22 de outubro de 1807, é determinado que no caso em que o príncipe real for forçado a adotar em total e com todas as suas conseqüências a magnânima decisão de transportar-se aos Brasis [sic] ou, sem ser forçado Sua Alteza Real decida empreender essa viagem, Sua Majestade britânica estará pronta para ajudar o empreendimento, proteger o embarque da família real e escoltá-la até a América. Sua Majestade tendo concordado em fornecer uma esquadra para este serviço, e tendo recebido minha ordem para arvorar um galhardete depois de ultrapassar a ilha da Madeira a bordo do S.M. *Marlborough*, do qual é e deverá continuar sendo comandante, e assumir sob o seu comando os capitães dos outros navios.

Deverá portanto, de acordo com a convenção já mencionada, prosseguir com esta esquadra e com a frota portuguesa, particular e preferencialmente com aqueles navios em que se encontram o príncipe e a família real de Portugal, e comboiá-los até o porto ou local nos Brasis [sic] a ser determinado por Sua Alteza Real, dando-lhes toda a ajuda e assistência em seu poder. Sua Alteza Real, tendo prometido na convenção de não ceder sob quaisquer circunstâncias o total ou parte de sua frota militar ou mercante, ou uni-las com as da França ou Espanha ou qualquer outra potência, mas, tendo decidido conduzir (com a sua presença) sua Marinha militar e mercante, deverá facilitar tudo em seu poder; porém, caso algum navio se encontre tão avariado que não possa prosseguir, deverá, em conformidade com o 4º artigo da Convenção, indicar Plymouth como sendo o porto para onde devem prosseguir para reparos e suprimentos; preparativos assim tendo sido feitos em caso de tal contingência e, com o consentimento do príncipe, poderá pôr a bordo um ou dois pilotos para lá indicar o curso. Ao chegar nos Brasis [sic], deverá dispor das forças sob seu comando da forma mais eficaz na proteção do território contra a invasão pelo inimigo, e dando apoio ao governo do príncipe regente, em comum acordo com Sua Alteza Real. Deverá proteger o comércio dos súditos de Sua Majestade e atrapalhar o do inimigo, sem levar qualquer navio a tal distância dos pontos vulneráveis do território brasileiro, que ficaria exposto a qualquer ataque imprevisto pelo inimigo, das bases francesas ou espanholas na América do Sul ou da Europa. É minha intenção reforçá-la [a defesa] com fragatas e pequenos navios, tão logo os tenha disponíveis.

Se, considerando o estado em que se encontram as defesas dos Brasis [sic], achar que três naus de linha somadas àquelas medidas são suficientes para defender-se de qualquer ataque previsto, poderá, confiante que qualquer força inimiga proveniente da Europa será seguida por uma britânica, reduzir a esquadra para três naus de linha e, caso decida que a *Marlborough* deve ser um dos navios a voltar para a Europa, deverá entregar o comando, com qualquer parte destas ordens não cumpridas ou outras que julgar necessárias, ao comandante mais antigo. Parando (e ordenando que parem todos os navios de regresso à Europa) na Madeira e ao largo de Lisboa, a fim de fazer um relato da situação na base do sul e receber minhas ordens, e assim serão suas ordens. Dado sob minhas ordens, a bordo do HMS *Hibernia*, no mar, em 5 de dezembro de 1807.

(assinado) W. Sidney Smith
Ao comodoro Moore, *Marlborough*.
Por ordens do contra-almirante (assinado) Richard Speare

Capítulo Seis

Ofício do conde da Ponte ao conde dos Arcos, em 7 de janeiro de 1808[8]

Ilmo. e Exmo. Sr.
Fundeou neste porto, com 36 dias de viagem, o navio mercante desta praça denominado *Príncipe*, vindo em direitura da cidade de Lisboa, e pela voz geral de 33 passageiros, pela voz do mestre da embarcação, pelo murmúrio de toda a equipagem, consta que o dito navio saíra de Lisboa no dia 29 de novembro, em companhia de toda a nossa esquadra, comandada pelo vice-almirante Manoel da Cunha Couto, e na qual se transporta para essa cidade o Príncipe Regente Nosso Senhor, a nossa augusta rainha, e toda a família real, com a nobreza que foi possível acomodar-se nas embarcações do comboio; esta notícia faz-se mais acreditável não só pela uniforme publicidade com que se assevera que, ao sair da barra, se encontrara a nossa esquadra com a inglesa, que bloqueia o porto, e esta fizera as mais demonstrativas ações de respeito e abséquio, e que atravessando ambas, o almirante inglês estivera a bordo da capitânia *Príncipe Real*, perto de três horas, mas também pela cópia inclusa do decreto, que trouxeram todos, e que me apresentaram, espero que esta confidencial comunicação seja de real vontade de nosso soberano, uma vez que este ofício seja apresentado a V. Ex. conformemente às ordens que fiz expedirem ao sobredito comandante, do qual confio a inteira execução delas.

Deus guarde a V. Ex. muitos anos.
Bahia, 7 de janeiro de 1808
Ilmo. e Exmo. sr. conde dos Arcos
Conde da Ponte

Carta régia

Conde da Ponte, do meu Conselho, governador e capitão-geral da Capitania da Bahia, amigo. Eu, o príncipe regente, vos envio muito saudar, como aquele que amo. Atendendo a representação, que fizestes subir à minha real presença, sobre se achar interrompido e suspenso o comércio desta capitania, com graves prejuízos dos meus vassalos, e da minha Real Fazenda, em razão das críticas e públicas circunstâncias da Europa, e querendo dar sobre este importante objeto alguma providência pronta e capaz de melhorar o progresso de tais danos, sou servido ordenar interina e provisoriamente, enquanto não consolido um sistema geral que efetivamente regule semelhantes materiais, o seguinte – primo: que sejam admissíveis nas alfândegas do Brasil todos e quaisquer gêneros, fazendas e mercadorias transportadas, ou em navios estrangeiros das potências, que se conservam em paz e harmonia com minha real Coroa, ou em navios dos meus vassalos, pagando por entrada 24 por cento, a saber: 20 de direitos grossos e 4 do donativo já estabelecido, regulando-se a cobrança destes direitos pelas pautas, ou aforamentos, porque até o presente se regulam cada uma das ditas alfândegas, ficando os vinhos, aguardentes e azeites doces, que se denominam molhados, pagando o dobro dos direitos, que até agora nelas satisfaziam; segundo: que não só os meus vassalos, mas também os sobreditos estrangeiros possam exportar para os portos que lhes bem parecer, a benefício do comércio e agricultura, que tanto desejo promover, todos e quaisquer gênero e produções, coloniais, à exceção do pau-brasil, ou outros notoriamente estancados, pagando por saída os mesmos direitos já estabelecidos nas respectivas capitanias, ficando entretanto como em suspenso e sem vigor todas as leis, cartas régias ou outras ordens que até aqui proibiam neste Estado do Brasil o recíproco comércio e navegação entre os meus vassalos e estrangeiros. O que tudo assim fareis executar com o zelo e atividade que de vós espero.

Escrita da Bahia, aos 28 de janeiro de 1808.

PRÍNCIPE – Para o conde da Ponte

Ofício do conde da Ponte ao visconde de Anadia em 8 de março de 1808[9]

Ilmo. Exmo. Sr.

No dia 6 do presente mês, pela sumaca *Nossa Senhora da Conceição*, recebi o ofício de V. Ex., em data de 5 de fevereiro próximo passado, e com maior prazer e alegria tive pela primeira vez a certeza de se acharem nesse porto a senhora princesa d. Maria Benedita, e as sereníssimas infantas d. Marianna, d. Maria Francisca e d. Izabel Maria; assim como de estar V. Ex. igualmente livre dos perigos e incômodos de uma viagem por tantos títulos lastimosa; e obedecendo ao que V. Ex. me determina, lhe participo que, no dia 22 de janeiro deste ano, pelas duas horas da madrugada, me foi dada a notícia de se terem avistado embarcações grandes na costa do Norte, no 21, pelas quatro horas da tarde; redobrei as vigias ordinárias, e sucessivamente se me comunicou aparecerem três naus, uma galera e dois bergantins, dando-se por certo serem embarcações inglesas; nesta certeza me conservei até o meio-dia, em que, diferençando-se as bandeiras, se reconheceu o pavilhão real; mandei logo tirar balas às peças das baterias para se darem as devidas salvas, e me dirigi pessoalmente a bordo da nau *Príncipe Real*, a receber as ordens do príncipe, nosso senhor, que cheio de alvoroço e consolação, achei em perfeita saúde, com toda a mais real família, e fundearam pelas quatro horas da tarde as naus *Príncipe Real, Afonso de Albuquerque*, e a inglesa *Bedford*, a fragata *Urânia*, o bergantim *Trez-Corações* [sic], e uma escuna americana.

Foi S.A.R. servido ensinar-me que desembarcaria, se fosse possível recebê-lo, sem que das naus tirassem camas, ou qualquer outro traste, não só para a sua pessoa e mais família real, mas também para os criados, e famílias que o acompanhavam; diligenciei, quanto em mim coube, fazer possível com a maior brevidade a acomodação necessária, conseguindo que S.M. a rainha, nossa senhora, e Suas Reais Altezas com seus criados e famílias desembarcassem no dia 24 pelas cinco horas da tarde, que o príncipe nosso senhor fixou para não sofrer o ardente sol.

No dia 10 de fevereiro fundeou neste porto a nau *D. João de Castro*, que conduzia o duque e a duquesa de Cadaval, com seus filhos, os condes de Belmonte e algumas outras famílias, a qual, desarvorando no dia 30 de novembro, veio arribada com água aberta à Paraíba, e daí a este porto, onde, por ordem de S.A.R., desarmou, e ficou a reparar-se da grande avaria que sofreu, dividindo-se os passageiros, oficialidade e equipagem pelos outros navios, aprontando-se por este motivo, para seguir viagem com a esquadra, a charrua *Activo* e o navio da praça *Imperador Adriano*.

Entrou no dia 16 do dito mês a nau *Meduza*, que, tendo desarvorado, lhe foi necessário arribar a Pernambuco, e aí refazendo-se como foi possível, se dirigiu a este porto transportando o Exmo. Sr. Antônio de Araujo, o conselheiro José Egídio, o desembargador Thomas Antônio Corte-Real, e mais famílias.

Demoraram-se Sua Majestade e Altezas até o dia 24 do referido mês de fevereiro, em que resolveram continuar a sua viagem, porém embarcando pelo meio-dia, ofereceram-se certos inconvenientes, que obstaram a saída nessa tarde, e no dia 25 aparecendo o horizonte bastante carregado, e o vento pouco favorável, determinou o Príncipe Regente Nosso Senhor largar no dia seguinte, 26; o que efetuou pelas quatro horas da tarde, com excelente vento, e maré, deixando-nos na esperança de entrar no porto dessa capital com seis ou sete dias de feliz viagem.

Nesta suposição deixo de narrar os acontecimentos, que durante este tempo ocorreram, pois que a V. Ex. serão fielmente referidos pelas boas testemunhas, que os presenciaram. S.A.R. encheu de graças os oficiais militares, promovendo-os aos postos imediatos, e que se achavam vagos, e condecorando-os com os hábitos das ordens de Cristo e Avis. As autoridades eclesiásticas conferiram-lhes benefícios e conezias, os ministros com a graça do hábito de Cristo aos que não o tinham, e os mais particulares deferindo-lhes com indefectível justiça as suas pretensões.

É o que resumidamente posso informar a V. Ex. sobre as reais pessoas dos nossos augustos soberanos, e se não comuniquei logo a V. Ex. este fato, foi porque todos os dias esperávamos neste porto o resto da esquadra, não havendo indício algum de haver varado esta altura, e a maior incerteza de uma feliz viagem, pelos estragos, que todos os dias nos eram presentes, das embarcações que aqui aportaram.

Deus guarde a V. Ex.
Bahia, 8 de março de 1808.
Ilmo. e Exmo. Visconde de Anadia
CONDE DA PONTE

Ofício do conde da Ponte ao conde dos Arcos, em 8 de março de 1808[10]

Ilmo. e Exmo. Sr.

No dia cinco do presente mês, recebi o ofício de V. Ex. de 5 de fevereiro próximo passado, podendo, em resposta ao importante objeto, a que ele se refere, segurar V. Ex., que no dia 22 de janeiro fundearam neste porto as naus *Príncipe Real, Afonso de Albuquerque, Bedford*, e a fragata *Urânia* conduzindo Sua Majestade a Rainha nossa senhora, S.A.R. o Príncipe Regente Nosso Senhor, sua augusta esposa, e mais real família, com todas as pessoas de seu serviço, que os acompanharam desde o porto de Lisboa; e desembarcando nesta cidade, se demoraram até o dia 26 de fevereiro, em que saíram desta Bahia com vento favorável, com o destino desta capital: agradeço infinitamente a V. Ex. as boas notícias da feliz viagem das senhoras princesas e infantas, que se achavam nesse porto, e pelo bergantim *Santo Antônio* eu espero ansioso as boas-novas, que V. Ex. me promete em ofício de 29 de janeiro, que nesta mesma ocasião me dirigiu.

Deus guarde a V. Ex.
Bahia, 8 de março de 1808.
Ilmo. e Exmo. Conde dos Arcos
CONDE DA PONTE

Decreto de 13 de maio de 1808[11]
Instaura a nova Ordem da Espada

Sendo da mais alta preeminência aos augustos soberanos, reis e imperadores a ação de criar novas Ordens de Cavalaria, com que possam remunerar os mais relevantes serviços, assim dos seus vassalos, como de ilustres estrangeiros, que não tiveram outro prêmio que lhes seja equivalente senão o da honra; e sendo a referida ação praticada pelos maiores príncipes quase sempre nas épocas mais assinaladas; não podendo deixar de se contar entre estas a presente da minha feliz jornada para estes Estados do Brasil, donde espero hajam de resultar não só grandes reparos aos danos atualmente experimentados pelos meus povos no reino de Portugal, mas também muitos lucros e sucessos de honra e de glória devidos à sua fidelidade, e abundância de meus tesouros da América, e liberdade de comércio que fui servido conceder aos meus naturais. E considerando que nenhuma das três ordens militares que atualmente persistem nestes meus reinos, por serem justamente religiosas, se pode aplicar àquelas pessoas que não tiveram a felicidade de professarem a nossa santa religião, aliás merecedoras das mais distintas honras por armas, ou por outros quaisquer empregos ou serviços, de cujo merecimento me seja necessário usar com muita freqüência, para as grandes empresas a que me conduz uma nova ordem de negócios; por estes e por outros motivos igualmente dignos e ponderosos, tenho resolvido renovar e aumentar a única Ordem de Cavalaria que se acha ter sido instituída puramente civil por alguns dos senhores reis portugueses, a qual a intitulada Ordem da Espada, que o foi pelo senhor rei d. Affonso V, de muito e esclarecida memória; para cujo fim fui já servido, na cidade da Bahia, mandar abrir uma medalha com esta letra – Valor e Lealdade – e com que tenho gratificado dois beneméritos vassalos do meu fiel e antigo aliado El-Rei da Grã-Bretanha. E porque não cabe ao tempo determinar o número de cavaleiros, grão-cruzes e comendadores, com as sesmarias ou pensões que lhes devem ficar anexas, e outras mais considerações em favor das pessoas que tão lealmente me acompanharam e assistiram, sacrificando os seus próprios interesses ao maior bem da honra e da vassalagem que me é devida; e por outra parte, não convém demorar mais tempo a publicação desta tão importante obra, tanto mais estimável quanto mais próxima for da sua origem; hei por bem confirmar a sobredita Ordem de Cavalaria denominada da Espada, que se acha haver sido instituída pelo meu avô de gloriosa memória, o senhor d. Affonso V, chamado o Africano, na era de 1459, para que haja de ter o seu devido efeito, como se fosse novamente criada por mim, e suscitada logo depois que cheguei tão felizmente ao porto da cidade da Bahia. Quero que sirva este decreto de base da criação, que mando formar: e ordeno a d. Fernando José de Portugal, do meu Conselho de Estado, ministro assistente ao despacho do meu gabinete e presidente do Real Erário, me haja de apresentar os novos estatutos que houveram de resultar das conferências de que eu o tenho incumbido, e das mais instruções que for servido dar-lhe.

Palácio do Rio de Janeiro em 13 de maio de 1808. Com a rubrica do Príncipe Regente Nosso Senhor.

Capítulo Oito

Edital [11]

O governador de Paris, primeiro ajudante-de-campo de S.M. o imperador dos franceses e rei da Itália, general-em-chefe grão-cruz da Ordem de Cristo nestes reinos habitantes de Lisboa

O meu exército vai entrar na vossa cidade. Eu vim salvar o vosso porto e o vosso príncipe da influência maligna da Inglaterra. Mas este príncipe, aliás respeitável pelas suas virtudes, deixou-se arrastar pelos conselheiros pérfidos, de que era cercado, para ser por eles entregue aos meus inimigos; atreveram-se a assustá-lo quanto a sua segurança pessoal, os seus vassalos não foram sacrificados à covardia de uns poucos cortesãos.

Moradores de Lisboa, vivei sossegados em vossas casa: não receeis coisa alguma do meu Exército, nem de mim: os nossos inimigos, e os malvados, somente devem temer-nos.

O Grande Napoleão, meu amo, envia-me para vos proteger, e eu vos protegerei.

Junot

Edital [13]

Lucas de Seabra da Silva, do conselho do Príncipe Regente Nosso Senhor, fidalgo cavaleiro de sua casa real, e desembargador do Paço, chanceler da corte e da Casa de Suplicação, intendente-geral da polícia da corte e reino.

Faço saber a todos os moradores desta capital, e seu termo, que ninguém deve recusar a moeda francesa e espanhola com o que as tropas de Sua Majestade imperador e rei se oferecem a comprar os gêneros, de que precisam; quem assim o não praticar, será punido com graves penas ao arbítrio da polícia. E que para assim indefectivelmente se observe, enquanto o governo não dá mais circunstanciadas providências, manda lavrar, e afixar o presente edital. Lisboa aos 30 de novembro de 1807, Lucas de Seabra da Silva.

Edital[14]

O governador de Paris, primeiro ajudante-de-campo de S.M. o imperador dos franceses e rei da Itália, general-em-chefe grão-cruz da Ordem de Cristo nestes reinos habitantes de Lisboa

Um Exército francês vai entrar no vosso território. Ele vem para vos tirar do domínio inglês, e faz marchas forçadas para livrar a vossa bela cidade de Lisboa da sorte de Copenhague. Mas será desta vez iludida a esperança do pérfido governo inglês. Napoleão, que fitou os olhos na sorte do continente, visa que a presa do tirano dos mares antecipadamente devoraram em seu coração; e não sofrerá que ela caia em seu poder. O vosso príncipe declarou guerra à Inglaterra; nós, pois, fazemos causa comum. Habitantes pacíficos do campo, nada receeis. O meu Exército é tão bem disciplinado, como valoroso. Eu respondo sobre a minha honra, pelo seu bom comportamento. Ache ele por toda parte agasalho, que lhe é devido, como a soldados de Napoleão, o Grande. Ache ele, como tem direito a esperar, os víveres de que tiver precisão; mas, sobretudo, habitante do campo, fique sossegado em sua casa. Todo soldado do Exército francês que for achado roubando será punido com o mais rigoroso castigo.

Todo o indivíduo, de qualquer ordem que seja, que tiver percebido alguma contribuição injustamente, será conduzido perante um Conselho de Guerra para ser julgado, segundo todo o rigor das leis.

Todo o indivíduo do reino de Portugal, não sendo soldado de tropa de linha, que se apanhar fazendo parte de qualquer ajuntamento armado, será arcabuzado.

Todo o indivíduo convencido de ser chefe de ajuntamento ou de conspiração, tendente a armar os cidadãos contra o Exército francês, será arcabuzado.

Toda a vila ou aldeia, em cujo território for assasinado um indivíduo pertencente ao Exército francês, pagará uma contribuição, que não poderá ser menor do que três vezes o seu rendimento anual. Os quatro habitantes principais servirão de reféns para o pagamento da soma; e para que a justiça seja exemplar, a primeira cidade, vila, ou aldeia, onde for um francês assassinado, será queimada e arrasada inteiramente.

Mas eu quero me persuadir que os portugueses hão de conhecer os seus verdadeiros interesses, que auxiliando as vistas pacíficas do seu príncipe, nos receberão como amigos; e que particularmente a bela cidade de Lisboa me verá com prazer entrar nos seus muros, à frente de um Exército que só pode preservar dela ser presa dos eternos inimigos do continente.

Dado no meu quartel-general d'Alcântara, aos 17 de novembro de 1807.

Edital[15]

O governador de Paris, primeiro ajudante-de-campo de S.M. o imperador dos franceses e rei da Itália, general-em-chefe grão-cruz da Ordem de Cristo nestes reinos habitantes de Lisboa

Os vossos interesses fixaram a atenção de S.M. o imperador nosso augusto senhor: toda a irresolução deve desaparecer: decidiu-se a sorte de Portugal, assegurou-se a sua felicidade futura; pois que Napoleão, o Grande o tomou debaixo da sua onipotente proteção.

O príncipe do Brasil, abandonando Portugal, renunciou a todos os seus direitos à soberania deste reino. A Casa de Bragança acabou de reinar em Portugal.

O imperador Napoleão quer que este belo país seja administrado e governado todo inteiro no seu nome, e pelo general-em-chefe do seu Exército.

A tarefa que me impõe este sinal de benignidade, e confiança de meu amo, é difícil de cumprir, mas eu espero preenchê-la dignamente, ajustado do trabalho dos homens mais instruídos do reino, e da boa vontade de todos os seus habitantes.

Eu tenho estabelecido um Conselho de Governo para me aluminar a respeito do bem que devo fazer: mandar-se-ão administradores às províncias para assegurarem-se dos meios de melhorar a administração, e estabelecerem nelas a ordem, e a economia.

Eu ordeno que se abram estradas, e rompam canais para facilitar as comunicações, e tornar florescente a agricultura, e a indústria nacional, dois ramos tão necessários à prosperidade de um país, a qual será fácil de restabelecer com um povo espirituoso, sofredor, e intrépido.

As tropas portuguesas, comandadas pelos mais recomendáveis dos seus chefes, formaram bem depressa uma só família com os soldados de Marengo, de Austerlitz, de Jena, de Friedland; e não haverá entre eles outra rivalidade, que a do valor, e da disciplina.

As rendas públicas bem administradas assegurarão a cada empregado o prêmio do seu trabalho; e a instrução pública, esta mãe da civilização dos povos, se derramará pelas províncias; e o Algarve, e Beira-Alta, terão também um dia o seu Camões.

A religião do vosso país, a mesma que todos professamos, será protegida, e socorrida pela mesma vontade, que soube restaurá-la no vasto império francês, mas livre de superstições que a desonram: a justiça e arbítrios voluntários, que a sopeavam.

A tranqüilidade pública não será mais perturbada por horríveis salteadores, resultado da ociosidade; e se acaso existirem malvados incorrigíveis, uma polícia ativa livrará deles a sociedade: a deformada mendicidade não arrastará mais os seus fatos imundos na soberba capital, nem pelo interior do reino; estabelecer-se-ão casas de trabalho para este fim; o pobre desafortunado ali achará um asilo, e o preguiçoso será empregado em trabalhos necessários à sua própria conservação.

Habitantes do reino de Portugal, estão seguros e tranqüilos; repeli as instigações daqueles que quererão conduzir-vos à rebelião, e a quem não importa que se derrame o sangue, contanto que seja o sangue do continente: entregai-vos com confiança aos vossos trabalhos: vós recolhereis o seu fruto: se for necessário que façais alguns sacrifícios nos primeiros momentos, isto é para pores o governo em estado de melhorar a vossa sorte. Eles são aliás indispensáveis para a subsistência de um grande exército, necessários aos vastos projetos do grande Napoleão: seus olhos vigilantes estão fixados em vós; e a vossa futura felicidade está segura: ele vos amará tanto quanto aos seus vassalos franceses; cuidai porém em merecer os seus benefícios por vosso respeito, e sujeição à sua vontade.

Dado no palácio do quartel-general em Lisboa no 1º de fevereiro de 1808.

Junot

Edital[16]

Em nosso palácio real de Milão em 23 de dezembro de 1807

Napoleão, imperador dos franceses, rei da Itália e protetor da Confederação do Reno, havemos decretado e decretamos o seguinte:

Título I

Artigo I. Uma contribuição extraordinária de guerra de 100 milhões de francos será imposta sobre o reino de Portugal, para servir de resgate de todas as propriedades, debaixo de quaisquer denominações que possam ser, pertencentes a particulares.

Artigo II. Esta contribuição será por províncias, e por cidades, segundo as posses de cada uma, pelos cuidados do general-em-chefe do nosso Exército; e tomar-se-ão as medidas necessárias para a sua pronta arrecadação.

Artigo III. Todos os bens pertencentes à rainha de Portugal, ao príncipe regente, e aos príncipes que desfrutam apanágios serão seqüestrados.

Todos os bens dos fidalgos que acompanharam o príncipe quando abandonou o país, que não se tiveram recolhido ao reino até o dia 15 de fevereiro de 1808, serão igualmente seqüestrados.

NAPOLEÃO

EPÍLOGO

Decreto de 17 de setembro [17]

Querendo dar uma demonstração de quanto prezo e estimo a pessoa de sir Sidney Smith, contra-almirante e comandante-em-chefe da esquadra de Sua Majestade britânica surta neste porto; hei por bem fazer-lhe mercê das terras situadas da banda dalém, junto à armação de S. Domingos, que foram arrendadas pela minha real fazenda a Manoel Martins Ferreira, a Agostinho Vicente e a Joaquim Pereira, e de que ora é possuidor Jacinto de Mello Menezes Palhares, e igualmente uma chácara que foi de João de Deus, com casa de vivenda, seis escravos e uma canoa do serviço da mesma chácara, que parte com as sobreditas terras na forma que consta dos títulos apresentados pelo referido último proprietário, para que ele, sir Sidney Smith, e seus sucessores as gozem, e possuirão como suas, que ficam sendo, sem pensão ou outro algum ônus, com faculdade de dispor deles livremente como lhe parecer. O conselheiro da fazenda o tenha assim entendido, e lhe passe a competente carta de doação.

Palácio de Rio de Janeiro, 17 de setembro de 1808 – com a rubrica do Príncipe Regente Nosso Senhor – a folhas 88, v. do Liv. 1º de Decretos na Secretaria do Império.

Glossário de termos náuticos

A BARLAVENTO – direção de onde sopra o vento
À CAPA – parado
A TODO PANO – velocidade máxima, com todas as velas içadas
ABALROAR – colidir
ABATER – desmontar
ADRIÇA – cabo para içar sinal ou bandeira
ALCATROAR – vedar com alcatrão
ALINHAMENTO NOROESTE-SUDESTE – posição relativa a pontos da bússola
ALMANAQUE NÁUTICO – almanaque com informações úteis para a navegação
ANCORADOURO – local reservado para ancorar navios
ANCOROTE – pequena âncora
ANTEAVANTE – em frente de
ANTENAS – vergas (v. *mastro*)
AO TEMPO – ao ar livre, descoberto
APARELHO – conjunto de cabos a bordo
APORTAR – chegar
APRESTO – pertences
APROAR – direcionar a proa (frente) do navio
ARFAGEM – balanço da embarcação no sentido longitudinal, da popa à proa
ARINQUE – cabo da bóia
ARRIBAR – entrar e ancorar (no porto)
ARVORAR – içar bandeira ou sinal
ATERRAR – chegar à terra
ATRAVESSAR – parar a embarcação

BALANÇO – balanço da embarcação no sentido latitudinal, de lado a lado
BARQUINHA – peça de madeira amarrada a um cabo, usada para medir a velocidade
BARRA – área de confluência
BATERIA – conjunto de canhões
BATERIA FLUTUANTE – embarcação servindo de base para uma bateria
BELONAVE – navio de guerra
BERGANTIM – navio de dois mastros, com duas grandes velas triangulares (latinas)
BIVAQUE – acampamento
BOMBORDO – lado esquerdo (olhando de frente) de uma embarcação
BORDADA – disparo da bateria de um navio de guerra
BORDEJAR – navegar em ziguezague para poder avançar contra o vento
BORDO – lado de uma embarcação
BORESTE OU ESTIBORDO – lado direito (olhando de frente) de uma embarcação

BRAÇA – medida inglesa (*fathom*) equivalente a seis pés (1,83cm)
BRIGUE – pequeno navio de guerra de dois mastros
BRIGUE-CHALUPA – um brigue com castelo de proa e tombadilho
BUJARRONA – v. *velas*

CABO – nome dado ao cordame em uma embarcação
CABRESTANTE – peça de metal com ranhuras na parte superior onde eram inseridas barras; usado quando havia a necessidade de aplicação de força
CACHORRO – canhão montado na proa do navio para poderem disparar para a frente
CALABROTE – chicote utilizado para punição
CALAFATE – pessoa empregada no serviço de calafetar
CALAFETAR – vedar juntas nas tábuas com estopa alcatroada
CÂMARA – aposentos do capitão ou do almirante
CAPA MORTA – parado
CAPITÂNIA – nau onde se encontra o comandante do esquadrão
CAPITÃO-DE-MAR-E-GUERRA – comandante de um navio de guerra
CARLINGAS DE PIÃO – recipientes para coletar água
CARONADA – canhão de cano curto e boca larga
CARTA DE PREGO – instruções secretas dadas ao comandante, por meio de carta a ser aberta numa predeterminada data ou posição do navio
CASTELO DE POPA – superestrutura construída na parte de vante do navio
CAVERNAME – estrutura de madeira que dá forma ao casco
CERRAR FORMAÇÃO – manter posição
CEVADEIRA – v. *velas*
CHALUPA – pequeno navio de dois mastros
CHARRUA – veleiro de velocidade lenta, com grande porão e armamento reduzido
CHEFE-DE-DIVISÃO – antiga denominação de comodoro
CHEGAR [-SE] AO VENTO – aproar em direção ao vento
COBERTA SUPERIOR (*UPPER DECK*) – piso superior da nau que leva uma bateria de canhões
COM POUCO PANO – com poucas velas
COMODORO – na Inglaterra, um posto temporário quando se tornava necessário destacar parte de um esquadrão. O comodoro então comandava esses navios até voltarem ao esquadrão e ao comando do almirante
CONVÉS – piso de uma embarcação
CONVÉS DE BATERIA – piso de embarcação que leva canhões
CONVÉS DE COBERTA OU PORÃO (*ORLOP DECK*) – piso inferior, normalmente abaixo da linha d'água
CONVÉS INFERIOR OU SEGUNDA COBERTA (*LOWER OR GUN DECK*) – segundo piso que leva uma bateria de canhões
CORDAME – v. *cordoalha*
CORDOALHA – conjunto de cordas
CORSÁRIO – navio mercantil armado com permissão para capturar navios inimigos
CORSO – v. *corsário*
CORRENDO COM O TEMPO – velocidade imposta pelo vento soprando da popa
CORVETA – navio de guerra com uma só bateria de canhões, menor que uma fragata
CÚTER – pequena embarcação levada a bordo de uma nau
CUTELO – v. *velas*
CUTELOS DE JOANETE – v. *velas*

DAR FUNDO – ancorar
DE CONSERVA – v. *em conserva*
DEMANDAR TERRA – aproar em direção à terra
DESARVORAR – perder um mastro ou verga
DESENVERGAR – preparar uma vela a ser usada
DESLOCAMENTO – peso (quantidade de água deslocada pelo casco do navio)

EM CONSERVA – navios velejando juntos
EMBOCADURA – foz de um rio
EMBARGO – confisco
ENCRAVAR A ARTILHARIA – inserir obstrução de forma que o canhão não possa disparar
ESCALAR – breve passagem (porto)
ESCALER – pequena embarcação levada no convés
ESCOTEIRO – navio que viaja só
ESCUNA – embarcação de dois mastros, com vergas apenas no mastro de vante
ESPIA – cabo da âncora
ESQUADRA – conjunto de navio pertencente a uma nação
ESQUADRÃO – parte de uma esquadra
ESTAÇÃO – posição
ESTAI – v. *velas*
ESTEIRA – turbulência no mar após a passagem de um navio
ESTIVAR – guardar

FAZER-SE AO MAR – partir
FAZER FORÇA DE VELA – utilizar as velas para alcançar velocidade
FAZER-SE DE VELAS – abrir as velas (partir)
FERRO – âncora
FERRO DE BORESTE – ferro grande amarrado à proa no lado direito
FERRO DE BOMBORDO – ferro grande amarrado à proa no lado esquerdo
FERRO MAIOR OU FERRO DE SERVIÇO OU DE AMURA – âncora principal (de maior peso)
FLOTILHA – numerosas pequenas embarcações do mesmo tipo
FORÇA DE TEMPESTADE – designação de velocidade de vento
FORMAR NA ORDEM DO CRUZEIRO – diversas embarcações velejando juntas seguem uma ordem disciplinada, previamente determinada
FRAGATA – navio de guerra de três mastros com duas cobertas de canhões
FUNDEAR – ancorar um navio
FUNDEAR NAVIO A DOIS FERROS – ancorar um navio usando dois ferros para impedir que ele gire
FUNDEADOURO – local reservado para ancorar navios

GALHARDETE – antigo nome para flâmula
GALEOTA – embarcação a remo usada para levar passageiros da terra para o navio
GALÃO – medida inglesa para líquidos (4,546 l)
GATA – v. *mastro*
GÁVEA – v. *velas*
GIBA – v. *velas*
GUARDA-MORRÃO – recipiente para conter o material incendiário que fará o canhão disparar
GUARNECER – prover homens para uma determinada tarefa
GUARNECER AS VERGAS – colocar a guarnição nas vergas, forma tradicional inglesa de salvar

GUARNIÇÃO – conjunto de oficiais, marinheiros e outras pessoas que completam a necessidade de uma embarcação
GUINDOLA – pequeno mastro improvisado para substituir a perda de um mastro
GURUPÉS – mastro apontado para a frente na proa

IMEDIATO – oficial que ocupa o segundo lugar na linha de comando de um navio

JOANETE – v. *mastro*
JEQUE – bandeira içada em pequeno mastro na proa dos navios de guerra

LAIS [**LAIS DE VERGA**] – extremo da verga; v. *mastro*
LARGAR A VELA – abrir a vela para poder receber o vento
LARGAR O PANO – v. *largar a vela*
LARGAR RIZADA NOS TERCEIROS – desamarrar os rizes da terceira fileira
LASTRO – peso colocado na parte mais baixa de uma embarcação para abaixar o centro de gravidade
LAZEIRA – espaço
LÉGUA – medida de distância de 6.000m
LÉS-NORDESTE – uma das denominações na bússola
LINHA DE BATALHA – conjunto de naus em alinhamento prontas para enfrentar o inimigo
LUGRE OU LÚGAR – pequena embarcação estreita na parte traseira e larga na frente

MACA – rede que servia de cama para os marinheiros
MAJOR-GENERAL – antiga denominação de almirante
MASTARÉU – v. *mastro*
MASTARÉU DA GÁVEA – v. *mastro*
MASTARÉU DE SOBREGATA – v. *mastro*
MASTARÉU DO VELACHO – v. *mastro*
MASTRO – uma nau tinha três mastros: o de traquete era o da vante; o do meio, o grande ou real; e o terceiro, o da gata ou da mezena. Os mastros tinham a parte inferior amarradas na nau, as partes superiores eram peças separadas. No mastro do traquete, em sucessão: mastaréu de velacho, mastaréu de joanete de proa e mastaréu de sobrejoanete de proa. No mastro grande: mastaréu da gávea, mastaréu de joanete grande e mastaréu de sobre. No mastro da gata: mastaréu da gata, mastaréu da sobregata e mastaréu da sobregatinha. As vergas, amarradas aos mastros, carregavam as velas e levavam o nome do mastro onde eram colocadas.
MASTREAÇÃO – conjunto de mastros
MASTRO DA MEZENA – v. *mastro*
MASTRO DA GATA – v. *mastro*
MASTRO DE TRAQUETE – v. *mastro*
MASTRO GRANDE OU REAL – v. *mastro*
MEIA-NAU – parte central do convés aberto ao céu
MEZENA – v. *velas* e *mastro*
MILHA MARÍTIMA – medida inglesa de distância, aproximadamente 1.852m
MOITÃO DE ESCOTA – bloco de madeira do cabo da vela
MONTAR – passar, enquanto se veleja, por um ponto de referência

NAU – navio de guerra de porte com três mastros
NAU DE LINHA – naus com armamento (normalmente um mínimo de 60 canhões) para enfrentar o inimigo

NAVIO ALMIRANTE – nau onde se encontra o comandante (almirante)
NAVIO DE LINHA – v. *nau de linha*
NAVIO CORSÁRIO – v. *corsário*
NAVIO IRMÃO – navio do mesmo esquadrão
NÓ – medida usada na Inglaterra para medir velocidade, equivalente a uma milha marítima por hora

ORÇAR – virar em direção do vento

PAIRAR – entrar no vento e parar a embarcação
PAQUETE – pequena embarcação utilizada para levar correspondência e ordens
PAU DE CUTELO – v. *velas*
PAVILHÃO – bandeira
PÉ – medida inglesa (30,48cm) dividida em 12 polegadas (2,54cm)
PLOTAR – calcular, por meio de coordenadas, a posição
POLACA – vela triangular amarrada no mastro do traquete
POPA – área na parte de trás de uma embarcação
PORTA-MACHADO – trabalhador que faz uso do machado
POSTO – posição predeterminada (por exemplo, na linha de batalha)
PRÁTICO – pessoa contratada temporariamente devido ao seu conhecimento do local
PROA – área de vante da embarcação

QUARTA – direção (bússola)
QUARTEL – medida da espia
QUARTILHO – medida inglesa para sólidos [1,1 litro] ou líquidos [0,95 litro]

RABANADA – forte vento com pouca duração
RASTEJAR – passar muito perto
REPICAR – ajustar a vela
RIZ – diversas fileiras de pequenos cabos em cada lado da vela, que quando amarrados por cima da verga reduziriam a área da vela
RIZAR – diminuir área da vela por meio de rizes
RONCEIRO – embarcação com andamento lento

S.A.R. – Sua Alteza Real
S.M. – Sua Majestade (termo usado na Grã-Bretanha)
SOB LASTRO – v. *lastro*
SOBRE AS ARMAS – de prontidão
SOBREJOANETE – v. *velas*
SONDAR COM O PRUMO GRANDE – medir a profundidade debaixo da embarcação
SOTAVENTO – direção para onde sopra o vento
SURTO – ancorado
SU-SUESTE – ponto da bússola
SUSPENDER – levantar âncora

TALHA – equipamento a bordo
TEMPORAL DESFEITO – tempestade com fortes ventos
TOCAR – ir até um ponto ou porto
TOCAR POSTOS DE COMBATE – sinal dado por tambores chamando a guarnição aos seus postos de combate

TOLDA A RÉ – área do convés de cima reservada para os aposentos do capitão ou almirante
TOMBADILHO (*QUARTERDECK*) – convés de cima aberto ao tempo
TOMAR ESTAÇÃO – tomar sua posição previamente determinada
TRANSBORDO – transferir pessoa ou mercadoria de uma embarcação para outra
traquete – v. *mastro*
TREM – reunião de objetos levados em viagem, como bagagem, roupas etc.
TRIMADO – distribuição de peso visando ao desempenho e à segurança da embarcação

UNHAR – prender [âncora]

VARIAÇÃO – vento leve
VARRER – velejar paralelo à costa
VAU DE JOANETE – ponto no mastro de amarração de outra peça [de mastro]; local com espaço para o vigia
VELAS – um navio de três mastros carregava velas no mastro do traquete, no mastro grande e no da gata. As velas quadrangulares, carregadas em vergas, eram denominadas pelo mastro e pela posição da vela no mastro: a mais baixa era a vela baixa ou papafigo (traquete e vela grande); em seguida, a vela de gávea (velacho, gávea e gata); a vela de joanete (joanete de proa, joanete grande e sobregata); o sobrejoanete (sobrejoanete 0de proa, sobrejoanete grande e sobregatinha); e a vela alta ou sobrinho. Uma pequena vela era algumas vezes carregada acima do sobrinho, sem verga, fixada ao próprio mastro. O mastro da gata não carregava vela baixa; em seu lugar, uma retranca carregava uma mezena, carangueja ou vela ré. Os cutelos eram carregados em paus que podiam ser estendidos das vergas dos mastros do traquete e grande, ficando suspensos sobre o mar. As velas de estai eram triangulares ou quadrangulares, suspensas entre mastros e também por anteavante do mastro do traquete, fixadas ao gurupés; as mesmas eram denominadas de acordo com o mastro e a verga em que sua extremidade superior estava amarrada. O pau do gurupés carregava a giba e as bujarronas de dentro e de fora, todas triangulares. As cevadeiras eram carregadas por vergas, suspensas sob o gurupés.
VELA DE ESTAI – v. *velas*
VELA DE ESTAI DO VELACHO – v. *velas*
VELA LATINA – vela com um lado preso ao mastro, quase sempre triangular
VELA MESTRA – v. *velas*
VELEIRO – pessoa com a função de cuidar, reparar e até fazer novas velas
VERGA – v. *mastro*
VERGA DE JOANETE DE PROA – v. *mastro*
VIRAR DE BORDO – alterar direção; v. *bordejar*
VIRAR EM CABRESTANTE – movimento da embarcação enquanto ancorada
VIRAR EM RODA – manobra para trocar de posição quando se está bordejando. Na baixa velocidade, a embarcação não consegue atravessar o vento com a proa, desse modo tem que virar por completo para chegar à nova posição
VIRAR POR D'AVANTE – alterar o rumo atravessando o vento

NOTAS

Prefácio

1. D. João, 1767-1826, mais tarde 27º rei de Portugal. Ver apêndice A.
2. Joaquim Pedro de Oliveira Martins. *História de Portugal*, p.395, 1ª ed. 1879.
3. L.A. Boiteaux. *A Marinha de Guerra brasileira nos reinados de d. João VI e D. Pedro I.*, p.9.
4. M. de O. Lima. *D. João VI no Brazil. 1808-1821*, p.37.
5. A.E.M. Züquete. *Nobreza de Portugal e do Brasil*, p.658.
6. Cópias desses livros de quartos e relatórios foram depositadas, pelo autor, no Arquivo Histórico do Museu Imperial, em Petrópolis, RJ.
7. K.H. Light. *A migração da família real portuguesa para o Brasil.*
8. Muitos leitores devem ter exemplos em sua própria família.

Capítulo um

1. D. Antônio de Araújo de Azevedo, 1754-1817, 1º conde da Barca (1815). Ver apêndice A.
2. Ibid., p.38; A. Pereira. *D. João VI, príncipe e rei*, p.107.
3. A. Pereira, Ibid., p.102.
4. Percy Clinton Sidney Smith, 1780-1855, 6º visconde Strangford e barão Panhurst (1825). Ver apêndice A.
5. D. Domingos Antônio de Souza Coutinho, 1760-1833, ministro plenipotenciário junto à corte de S. James, 1º conde (1812) e 1º marquês do Funchal (1833). Ver apêndice A.
6. Jean Lannes, 1769-1809, duque de Montebello (1807), quando foi nomeado marechal por Bonaparte.
7. D. João de Almeida de Melo e Castro, 1756-1814, 5º conde das Galvêas. Ver apêndice A.
8. D. Diogo Inácio de Pina Manique, 1733-1805. Ver apêndice A.
9. E. de Noronha. *Pina Manique: O intendente de antes quebrar...*, p.150.
10. Ibid., p.113-26.
11. D. Rodrigo de Sousa Coutinho, 1745-1812, presidente do Real Erário (1801); 1º conde de Linhares (1808). Ver apêndice A.
12. A. Pereira. Ibid., p.123-4.
13. M. Graham. *Journal of a Voyage to Brasil*, p.37-8.
14. Jean Andoche Junot, 1771-1813, duque de Abrantes. Ver apêndice A.
15. François Maximilien Gérard, 1755-1827, conde de Rayneval.
16. A. Schom. *Trafalgar: Countdown to Battle*, p.69.
17. Charles James Fox, 1749-1806. Então ministro do Exterior.
18. M. Graham, Ibid., p.40.
19. M. de O. Lima. *Dom João VI no Brazil: 1808-1821*, p.20.
20. M. Graham, Ibid., p.39-40.
21. T. Monteiro, *História do império*, p.6.
22. D. Lourenço de Lima, 1767-1839, 1º conde de Mafra (1836). Ver apêndice A.
23. A. Pereira. Ibid., p.149-51.
24. D. Carlota Joaquina, 1777-1830. Ver apêndice A.
25. O.T. de Sousa. *A vida de d. Pedro I*, p.28.
26. D. Pedro de Almeida Portugal, 1754-1813, 3º marquês d'Alorna (1795) e 6º conde d'Assumar (1802). Ver apêndice A.
27. D. Tomás José Xavier de Lima Vasconcelos Brito Nogueira Teles da Silva, 1779-1822, 2º marquês de Ponte de Lima e 15º visconde de Vila Nova de Cerveira.
28. D. Bernardo José Maria da Silveira e Lorena, 1756-1818, 5º conde de Sarzedas.

29. Sabugal – depois de 1678, este título pertenceu aos condes de Óbidos e de Palma. De 1770 até 1839 este título não foi renovado.
30. D. Carlos IV, 1748-1819, casou-se com sua prima, d. Maria Luiza de Bourbon, 1751-1819, o filho mais velho sobrevivente era d. Carlota Joaquina.
31. M. Cheke, *Carlota Joaquina*, p.18-19.
32. W. Durant e A. Durant. *The Story of Civilization: The Age of Napoleon*, vol.9, p.212-13).
33. D. Manoel Álvares de Faria Ríos Sánchez Zarzosa Godoy, 1767-1851, príncipe da Paz e de Basano, duque de La Alcudia e Sueca.
34. Fontainebleau, 27 out 1807. Texto completo, ver apêndice C.
35. M.O. Lima. Ibid., p.30.
36. Lucien Bonaparte, 1775-1840.
37. W. Durant e A. Durant. Ibid., p.665.
38. M.O. Lima. Ibid., p.38.
39. Ibid., p.40.
40. Ibid., p.38.
41. P.R.O. F.O. 63/55 (01).
42. E.F. Martins. *O Conselho de Estado português e a transmigração da família real em 1807*, p.5.
43. D. Ayres José Maria de Saldanha Albuquerque Coutinho Mattos e Noronha, 1784-1864, 2º conde da Ega (1771). Ver apêndice A.
44. D. Manuel Antônio Hilário, 2º conde de Campo-Alange.
45. P.R.O. F.O. 63/55 (02).
46. E.F. Martins. Ibid., p.5.
47. A.K. Manchester, p.5.
48. D. José Egídio Álvares de Almeida, 1767-1832, barão (título português, 1818) e marquês (título brasileiro, 1826) de Santo Amaro.
49, p.O.B. (02).
50. P.R.O. F.O. 63/55 (03).
51. P.R.O. F.O. 63/55 (04).
52. D. José Xavier de Noronha Camões de Albuquerque Souza Moniz, 1741-1811, 4º marquês d'Angeja e 6º conde de Vila Verde. Ver apêndice A.
53. D. Henrique José de Carvalho e Melo, 1748-1812, 2º marquês de Pombal (1786). Ver apêndice A.
54. D. José Luís de Vasconcelos e Sousa, 1740-1812, 1º marquês de Belas (1801) e 6º conde de Pombeiro (1783). Ver apêndice A.
55. D. João Rodrigues de Sá e Melo, 1755-1809, 1º conde d'Anadia (1808). Ver apêndice A.
56. D. Fernando José de Portugal e Castro, 1752-1817, 1º conde (1808) e 2º marquês d'Aguiar (1813). Ver apêndice A.
57. E.F. Martins. Ibid., p.23-9.
58. Ibid., p.25.
59. Ver apêndice C.
60. Lucas Alexandre Boiteaux, em *A Marinha de Guerra brasileira*, escreveu que esta proposta foi rejeitada de forma sumária pela Grã-Bretanha.
61. E.F. Martins. Ibid., p.26.
62. P.R.O. F.O. 63/55 (01).
63. P.R.O. F.O. 63/55 (03).
64. P.R.O. F.O. 63/55 (05).
65. A. Pereira. *Os filhos d'El-Rei d. João VI*, p.102.
66. Antônio Marques Esparteiro. Subsídio para a história da Marinha de Guerra: Nau *Rainha de Portugal*. *Anais do Clube Naval*, Lisboa, nov-dez 1943, p.677-701.
67, p.O.B. (03).
68. D. Pedro, 1798-1834, príncipe da Beira, 1º imperador do Brasil, 28º rei (Pedro IV) de Portugal. Ver apêndice A.
69. D. Maria Francisca Benedita, 1746-1829.
70. E.F. Martins, *O Conselho de Estado português*, p.7.
71. D. Miguel, 1802-66, 29º rei de Portugal. Ver apêndice A.
72. P.R.O. F.O. 63/55 (08).
73. A.M. Esparteiro, p.325.
74. A. Moraes. *História da trasladação da corte portuguesa para o Brasil em 1807-1808*, p.31.
75. A. Pereira, *Os filhos d'El-Rei*, p.104.
76. E.F. Martins, *O Conselho de Estado português*, p.36.
77. P.R.O. F.O. 63/55 (07).
78. A. Pereira, *Os filhos d'El Rei*, p.104-6; Martins, *O Conselho de Estado Português*, p.7.
79. E.F. Martins, *O Conselho de Estado português*, p.38-9.
80. P.R.O. F.O. 63/55 (09).
81. Ibid.
82. Ibid.
83. A. Pereira, *Os filhos d'El-Rei*, p.129-32. Estas cartas encontram-se no Arquivo Histórico Nacional de Madri.

84. P.R.O. F.O. 63/55 (08).
85. P.R.O. F.O. 63/55 (10).

Capítulo Dois

1. P.R.O. F.O. 63/58 (01).
2. Manuel de Oliveira Lima. *D. João VI no Brazil*, p.44.
3. Angelo Pereira. *Os filhos d'El-Rei*, p.106.
4. Tobias Monteiro, *História do império*, p.16.
5. P.R.O. F.O. 63/58 (01).
6. D. Vasco Manuel de Figueiredo Cabral da Câmara, 1767-1830, 1º conde de Belmonte (1805). Ver apêndice A.
7. A. Pereira, Ibid., p.107.
8. D. Thomé Xavier de Souza Coutinho de Castello Branco e Menezes, 1753-1813, 13º conde de Redondo (1791) e 1º marquês de Borba (1811), administrador da Real Ucharia. Ver apêndice A.
9. A. Pereira. Ibid., p.108.
10. P.R.O. F.O. 63/58 (01).
11. A. Pereira. Ibid., p.103-7.
12. Enéas Filho Martins, *O Conselho de Estado português*, p.48. Texto completo, ver apêndice C.
13. P.R.O. F.O. 63/58 (02).
14. P.R.O. F.O. 63/58 (03).
15. P.R.O. F.O. 63/58 (04).
16. Ibid.
17. Ibid.
18. P.O.B. (04). Almirante lorde Cuthbert Collingwood, 1750-1810.
19. P.R.O. F.O. 63/55 (11).
20. P.O.B. (05).
21. P.O.B. (06).
22. T. Monteiro, *História do império*, p.27; Alexandre Moraes, *História da trasladação da corte portuguesa para o Brasil em 1807-1808*, p.49-50. Inclui o texto completo.
23. E.F. Martins, Ibid., p.50. Cita Louis Madelin. *Histoire du Consolat et de l'Empire*, vol.7: *L'affaire d'Espagne*. Paris, Hachette, 1958; "Si le Portugal ne fait pas ce que je veux, la maison de Bragance ne régnera plus dans deux mois".
24. E.F. Martins, Ibid., p.59.
25. A. Pereira. *D. João VI, príncipe e rei*, vol.1, p.162-3.
26. Jean-Baptiste Nompère, 1756-1834, conde de Champagny, depois duque de Cadore.
27. A. Pereira. *D. João VI, príncipe e rei*, vol.1, p.162.
28. A. Moraes, *História da trasladação da corte portuguesa para o Brasil em 1807-1808*, p.52.
29, p.O.B. (07).
30. D. Pedro José Joaquim Vito de Menezes Coutinho, 1777-1823, 6º marquês de Marialva (1795), 8º conde de Castanhede. Ver apêndice A.
31. P.O.B. (08).
32. T. Monteiro, *História do império*, p.32.
33. A. Moraes, *História da trasladação da corte portuguesa para o Brasil em 1807-1808*, p.52.
34. T. Monteiro, *História do império*, p.32.
35. W. Beckford. *A corte da rainha d. Maria I: Correspondência de W. Beckford (1787).*
36. Ministro russo na corte de Madri.
37. A. Pereira. *D. João VI, príncipe e rei*, vol.1, p.172-3.
38. P.O.B. (9).
39. P.O.B.(10).
40. Horward, Donald D. "Portugal and the Anglo-Russian naval crisis (1808)." *Naval War College Review*, Newport, RI, Naval War College, vol.34, n.4, 1981, p.49-50; Moraes, Alexandre. *História da translada-ção da corte portuguesa*, p.52.
41. J.F.B. de Castro. *Collecção de tratados, convenções, contratos e actos públicos celebrados entre a coroa de Portugal e as mais potências desde 1640 até o presente,* vol.4, 1881-87, p.236-54. Ver apêndice C.
42, p.O.B. (11).
43. E.F. Martins, *O Conselho de Estado português*, p.63-4.
44. P.R.O. F.O. 63/55 (06).
45. A. Moraes. *História da trasladação da corte portuguesa para o Brasil em 1807-1808*, p.50.
46. D. Ferdinando VII, 1784-1833, 42º rei da Espanha, 1808 e 1814-33.
47. E.F. Martins, *O Conselho de Estado português*, p.54-67. Quase todos os ofícios são datados de 2 de novembro.
48. P.O.B. (12).
49. T. Monteiro, *História do império*, p.27.
50. P.O.B. (13).
51. E.F. Martins, *O Conselho de Estado português*, p.68. D. Lourenço alegou que estava enfermo e, de fato, não voltou.

52. Ibid., p.68-9.
53. Para uma explicação, ver capítulo IV, p.83.
54. P.R.O. ADM. 1/19 (03).
55. A. Pereira, *D. João VI, príncipe e rei*, vol.1, p.160-72.
56. *Gibraltar Chronicle*, 5 dez 1807, biblioteca de Fortaleza, Gibraltar. Ver apêndice C.
57. A. Pereira, *D. João VI, príncipe e rei*, vol.1, p.192-203.
58. Ibid., p.161.
59. Ibid., p.177. Oliveira Barreto deveria ter sido um comerciante, amigo dE Junot quando este serviu como embaixador.
60. Ibid., p.177-9.
61. J.A. das Neves. *História geral da invasão dos francezes em Portugal e da restauração deste reino*, p.201-2.
62. A. Pereira, *D. João VI, príncipe e rei*, vol.1, p.181.
63. T. Monteiro, *História do império*, p.49-50.
64. Ibid., p.43-4. Ver também o *Gibraltar Chronicle*, 26 dez 1807, Ver apêndice C.
65. Ver no apêndice C o texto completo desta reunião histórica do Conselho de Estado.
66. D. Joaquim José de Azevedo, 1761-1835, 1º barão (1813) e 1º visconde com grandeza (1819); no Brasil, marquês de Jundiaí (1826). Ver apêndice A.
67. Francisco Bartollozi, 1725-1815, e Henri L'Evêque, 1769-1832.
68, p.O.B. (14).
69. D. Francisco da Silva Telo e Meneses, 1723-1808, 1º marquês de Vagos (1802) e 6º conde d'Aveiras (1779). Ver apêndice A.
70. Octávio Tarqüínio de Sousa, *A vida de D. Pedro I*, p.55.
71. M.O. Lima, *D. João VI no Brazil*, p.47.
72. Ibid., p.49.
73. Edital completo, ver apêndice C.
74. Monsenhor Lourenço Caleppi, 1741-1817. Ver apêndice A.
75. C. L. de Rossi. "Memória sobre a evasão do núncio apostólico monsenhor Caleppi ...", p.19-20.
76. D. José Caetano da Silva Coutinho.
77. D. Pedro de Sousa Holstein, 1781-1859, 1º conde, marquês e duque de Palmela (1833). Após embarcar, foi forçado, por falta de lugar, a voltar à terra; somente chegou ao Brasil 12 anos depois, em 23 de dezembro de 1820. Ver apêndice A.
78. Alexandre Moraes, *História da trasladação da corte portuguesa para o Brasil em 1807-1808*, p.58.
79. P.O.B. (15).
80. R. Brandão. *El-Rei Junot*, p.107
81. M. Cheke, *Carlota Joaquina*, p.38.
82. T. O'Neil, *A vinda da família real portuguesa para o Brasil.*
83. J.A. Neves, *História geral da invasão*, p.177 e 204.
84. Desembargador Lucas de Seabra da Silva, que sucedeu Pina Manique.
85. C.L. Rossi, *Memória sobre a evasão do núncio apostólico*, p.21-2.
86. S.J. da L. Soriano. *História da guerra civil*, p.676.
87. A. Pereira, *D. João VI, príncipe e rei*, vol.1, p.182.

Capítulo Três

1. P.R.O. F.O. 94/163 (01).
2. P.R.O. ADM. 1/19 (18).
3. A.M. Esparteiro. *Três séculos no mar (1640-1910).*
4. W.G.F. Jackson. *The Rock of the Gibraltarians*, p.203.
5. P. Calmon. *História naval brasileira: A abertura dos portos*, p.337.
6. Arthur Wellesley, 1768-1852, duque de Wellington, duque de Talavera (Espanha), duque de Vitória, marquês de Torres Vedras e conde de Vimeira (Portugal), príncipe de Waterloo (Países Baixos) e cavaleiro da insigne Ordem do Tosão d'Ouro (Espanha) e da Jarreteira (Inglaterra).
7. William Carr Beresford, 1768-1854, visconde e barão Beresford de Albuera e Cappoquin (Inglaterra), duque de Elvas (Espanha), conde de Trancoso (Portugal), cavaleiro Grão-Cruz da Ordem de Bath e da de Hanover, cavaleiro da Ordem da Torre-e- Espada e da de San Fernando.
8. E. Longford. *Wellington: The Years of the Sword*, p.232-4.
9. George Canning, 1770-1827.
10. P.R.O. F.O. 94/163 (01).
11. Ibid.
12. Ibid.
13. Sir William Sidney Smith, 1764-1840, contra-almirante de pavilhão azul. Ver apêndice A.

14. P.R.O. ADM. 1/19 (02).
15. P.R.O. ADM. 1/19 (02). Sir John Moore, 1761-1809. Era o irmão mais velho do capitão (da *Marlborough*) Graham Moore.
16. Capitão Thomas Western, P.R.O. ADM. 1/19 (01).
17. Foi desmantelado em 1811.
18. Capitão John Conn, 1764-1810. Em Trafalgar, ele capturou o *Nepomuceno*, abalroando-o.
19. P.R.O. ADM. 1/19 (02).
20. D. King. *A Sea of Words*, p.15.
21. P. O'Brian. *Men-of-War: Life in Nelson's Navy*, p.18.
22. Almirante sir William Young, 1751-1821.
23. *Gibraltar Chronicle*, 28 nov 1807.
24. A distância, porém dentro do limite de observação (no original, *in the offing*).
25. P.R.O. ADM. 1/19 (01).
26. William Wellesley-Pole, 1763-1845, barão Maryborough (1821) e 3º conde Mornington (1842).
27. D. Sobel. *Longitude: The True Story of a Lone Genius Who Solved the Greatest Scientific Problem of His Time.*
28. Sir Richard King, 2º baronete, 1774-1834. Promovido a contra-almirante em 1812 e a vice-almirante em 1821.
29. Alan Schom, *Trafalgar*, p.348.
30. P.R.O. ADM. 1/19 (03).
31. Cascais.
32. Cabo Raso.
33. P.R.O. ADM. 1/19 (03).
34. P.R.O. ADM. 1/19 (03).
35. P.R.O. ADM. 1/19 (03).
36. A. Moraes, *História da trasladação da corte portuguesa para o Brasil em 1807-1808*, p.7.
37. P.R.O. ADM. 1/19 (03).
38. P.R.O. F.O. 63/56 (02).

Capítulo Quatro

1. Capitão Israel Pellow, 1758-1832. Em Trafalgar, o capitão Pellow, comandante da *Conqueror*, enviou um oficial de menor graduação e cinco fuzileiros a bordo do navio capitânia francês *Bucentaure* para receber, do seu almirante Villeneuve, a rendição da esquadra franco-espanhola. Um evento fora do comum, para dizer pouco.
2. P.R.O. F. O. 63/56 (01).
3. P.R.O. ADM. 1/19 (03).
4. P.R.O. ADM. 1/19 (15).
5. P.R.O. ADM. 1/19 (03).
6. P.R.O. ADM. 4206 (01).
7. P.R.O. ADM.1/19 (06).
8. P.R.O. ADM. 1/19 (06).
9. P.R.O. ADM. 1/19 (06).
10. P.R.O. ADM.1/19 (06).
11. Sotavento ou abrigado; a costa de sotavento é, portanto, perigosa.
12. P.R.O. ADM. 1/19 (08).
13. P.R.O. ADM. 1/19 (06).
14. P.R.O. ADM. 1/19 (08).
15. P.R.O. F.O. 63/56 (01).
16. P.R.O. ADM. 1/19 (04) e (09).
17. P.R.O. ADM. 1/19/ (06).
18. P.R.O. ADM. 1/19 (06).
19. P.R.O. F.O. 63/56 (01).
20. P.R.O. ADM. 1/19 (06).
21. P.R.O. ADM. 1/19 (10).
22. P.R.O. F. O. 63/56 (01).
23. P.R.O. F.O. 63/56 (01).
24. P.R.O. F.O. 63/56 (01).
25. P.R.O. F.O. 63/56 (01).
26. P.R.O. ADM. 1/19 (11).
27. P.R.O. ADM. 1/19 (12).
28. Sir James Lucas Yeo, 1782-1818.
29. T. O'Neil, *A A vinda da família real para o Brasil*, p.9.
30. P.R.O. F.O. 63/56 (01).
31. P.R.O. ADM. 1/19 (13).
32. *Gibraltar Chronicle*, 2 jan 1808. Ver apêndice C.
33. P.R.O. ADM.1/19 (25). O capitão Yeo poderia ter sido outro herói naval da Grã-Bretanha, caso não tivesse falecido de doença aos 36 anos de idade, em 1818, quando retornava da Jamaica.
34. J. Barrow. *The Life and Correspondence of Admiral Sir William Sidney Smith G.C.B.*, p.270.
35. A esquadra russa ficou presa no Tejo durante todo o ano de 1808. Eventualmente, os navios foram levados, em custódia, até a Inglaterra, e as tripulações enviadas à Rússia. No final da guerra, os navios foram devolvidos.
36. P.R.O. ADM. 1/19 (07).
37. Certamente um desafio, mas não beligerante.
38. A camaradagem, quando havia necessidade, era grande; durante uma batalha, porém, valia tudo.
39. C.L. de Rossi. "Memória sobre a evasão do núncio apostólico...", p.21; A. Pereira, *D. João VI, príncipe e rei*, vol.1, p.182.

40. A. Pereira, *D. João VI, príncipe e rei*, v.1, p.182.
41. A. Pereira, *Os filhos d'El-Rei d. João VI*, p.112.
42. Ibid., p.112.
43. T. Monteiro, *História do império*, p.39.
44. P.R.O. ADM. 1/19 (17).
45. A.M. Esparteiro. *História naval brasileira*, p.331.
46. A. Pereira, *D. João VI, príncipe e rei*, p.190.
47. G. Moore. *Diários manuscritos: ADD 9303/17 a 21.*

Capítulo Cinco

1. Thomas O'Neil, *A vinda da família real portuguesa para o Brasil*, p.64.
2. P.R.O. ADM. 1/19 (19).
3. D. Pedro Carlos, 1787-1812, infante da Espanha. Ver apêndice A.
4. As seis filhas de D. Carlota Joaquina eram: d. Maria Tereza, 1793-1874, casou-se, em primeiras núpcias, com seu primo-irmão d. Pedro; e, em segundas núpcias, com seu tio materno e cunhado d. Carlos V, 1788-1855, rei carlista da Espanha; d. Maria Izabel Francisca, 1797-1818, casou-se com d. Fernando VII, 1784-1833, rei da Espanha; d. Maria Francisca de Assis, 1800-34, primeira esposa de Carlos V, rei da Espanha; d. Isabel Maria, 1801-76, regente de Portugal, 1826-28; d. Maria da Assunção, 1805-34; d. Ana de Jesus, 1806-57, casou se com o duque de Loulé.
5. D. Maria Ana, 1736-1813, filha de José I, 1714-77, e d. Maria Ana Vitória de Bourbon, 1718-81.
6. A.M. Esparteiro, *História naval brasileira*, p.325.
7. P.R.O. ADM. 1/19 (19).
8. P.R.O. F.O. 63/56 (010).
9. T. O'Neil. Ibid., p.64.
10. Neill Macaulay. *Dom Pedro I: A luta pela liberdade no Brasil e em Portugal 1798-1834*. Rio de Janeiro, Record, 1993, p.344.
11. P.R.O. F.O. 63/56 (01).
12. W.E. Napier. *History of the War in the Peninsula*. Macaulay, em *Dom Pedro I: A luta pela liberdade*, p.345, escreve que a retratação de lorde Strangford deveu-se à publicação desta história. Ele menciona que considerável discussão pública do assunto teve lugar em Londres, em seguida à publicação do panfleto *A Sketch of the Causes and Consequences of the Late Emigration to the Brazils*, de Ralph Rylance, e da edição de agosto de 1808 do *Correio Braziliense*, de Hipólito da Costa. Angelo Pereira, em *Os filhos d'El-Rei d. João VI*, p.104, publica uma carta anônima escrita por um português, retirada dos arquivos particulares de d. João VI. A carta desmentia que a iniciativa da viagem tivesse sido do governo britânico, e teria sido escrita em seguida à discussão na imprensa, em outubro de 1814, principalmente no *Morning Chronicle*. Tobias Monteiro, em *História do império*, p.44-7, argumenta que o mérito de lorde Strangford não foi persuadir o príncipe regente a partir, mas sim convencê-lo, uma vez embarcado, a prosseguir com a viagem. Conforme já demonstrado, lorde Strangford não se encontrou com o príncipe regente na noite do dia 28.
13. Vice-almirante Manuel da Cunha Souto Maior.
14. P.R.O. ADM. 1/19 (19).
15. P.R.O. ADM. 1/19 (19).
16. Ibid.
17. Ibid.
18. Ibid.
19. T. O'Neil. Ibid., p.64.
20. P.R.O. ADM.1/19 (19).
21. Anonymo. *Observador portuguez histórico, e político de Lisboa desde o dia 27 de novembro do anno de 1807 em que embarcou para o Brasil o Príncipe Regente Nosso Senhor e toda a real família, por motivo da invasão dos francezes neste Reino etc. etc. Contém todos os editaes, ordens públicas e particulares, decretos, successos fataes e desconhecidos nas histórias do mundo; todas as batalhas, roubos e usurpações até o dia 15 de setembro de 1808, em que foram espulsos, depois de batidos, os franceses. Offerecido Ao Illustríssimo e Excellentíssimo senhor d. Rodrigo de Sousa Coutinho, conde de Linhares, grão-cruz das Ordens de Avis e da Torre e Espada etc.*, p.19.
22. A. Pereira, *D. João VI no Brasil*, p.186.
23. Arquivo Nacional, código 730, Rio de Janeiro.
24. Carta do conde de Linhares, datada de 26 de março de 1808, arquivo do Museu Imperial, Petrópolis, RJ.
25. J.P.M. Portella. t.65, pt. 2, 1882.

26. Arquivo Nacional, código 730, Rio de Janeiro.
27. J.A. das Neves, *História geral da invasão*, p.181.
28. A. Pereira, *D. João VI, príncipe e rei*, p.184. Carta de d. Antônio de Araújo para d. João VI, de 25 de janeiro de 1808, comunicando que esta nave se encontrava no Recife e que vira alguns navios da esquadra em São Tiago.
29. L.A. Boiteaux, *A marinha de guerra brasileira*, p.13.
30. Anonymo, *Observador portuguez...*, p.7.
31. J. Barrow, *The Life and Correspondence*, p.9.
32. M. Graham, *Journal of a Voyage to Brasil*, p.45.
33. P.R.O. ADM. 1/19 (1).
34. A.M. Esparteiro. *História naval brasileira*, p.331.
35. Anonymo, *Observador portuguez...*, p.22.
36. R. Brandão, *El-Rei Junot*, p.144.
37. P.R.O. ADM. 1/19 (19).
38. De fato, a decisão tinha sido tomada, porém só alcançariam a sua estação em 8 de dezembro.
39. P.R.O. ADM. 1/19(19).
40. A. Pereira, *D. João VI, príncipe e rei*, p.183.
41. Capitão hon. Henry Curzon do navio de S.M. *Elizabeth*.
42. P.R.O. ADM. 1/19 (25).
43. P.R.O. ADM. 1/19 (25).
44. Ver apêndice C.
45. Ibid.
46. P.R.O. ADM 1/824(02).
47. Arquivo Nacional, código 730, Rio de Janeiro.
48. P.R.O. 1/824 (01).
49. Ilhas de Cabo Verde.
50. A. Pereira, *Os filhos d'El-Rei*, p.115.
51. P.O.B. (16).
52. J.P.C. Soares. t.2, 1961-69, p.123-4; A.M. Esparteiro, *História naval brasileira*, p.332-3.
53. P.R.O. ADM. 1/2159 (01).
54. G. Moore. *Diários*. Transcrição de documento manuscrito. Biblioteca da Universidade de Cambridge. ADD 9303/17-21.
55. P.R.O. ADM. 1/2159(01).
56. A. Rangel. *Os dois ingleses: Strangford e Stuart*, p.7.
57. P.R.O. F.O. 63/58 (05).

Capítulo Seis

1. D. João Manuel de Meneses, 1783-1831, 1º conde (1810) e 1º marquês de Viana (1821). Ver apêndice A.
2. P.R.O. ADM. 1/2704 (01).
3. Ibid.
4. P.R.O. ADM. 1/2704 (01).
5. P.R.O. ADM. 1/2704 (01).
6. Ibid.
7. Livro de quartos da fragata *Urânia*.
8. P.R.O. ADM. 1/2704 (01).
9. Ibid.
10. A. Moraes. *História da trasladação da corte portuguesa para o Brasil em 1807-1808*, p.65.
11. L.A. Boiteaux, *A marinha de guerra brasileira*, p.14.
12. O livro de quartos da *Urânia* mostra que as salvas começaram na noite do dia anterior.
13. P.R.O. ADM. 1/2704 (01).
14. Ibid.
15. Ibid.
16. P.R.O. ADM. 1/2704 (01).
17. A. Pereira, *D. João VI, príncipe e rei*, p.184.
18. Cordame velho e sem uso, cortado para virar estopa; era a matéria, quando misturada ao piche, usada para calafetar.
19. P.R.O. ADM. 1/2704 (02)
20. T. Monteiro, *História do império*, p.59.
21. Um grau equivale a 60 milhas marítimas.
22. J.P.M. Portella, *Chegada da família real*, p.7. Ver apêndice C.
23. D. João de Saldanha da Gama Mello Torres Guedes de Brito, 1773-1809, 6º conde da Ponte (1802). Ver apêndice A.
24. D. Marcos Noronha de Brito, 1771-1828, 8º conde dos Arcos de Val-de-Vêz. Ver apêndice A.
25. P.R.O. ADM. 1/2704 (01).
26. P.R.O. ADM. 1/2704 (02).
27. Caetano Pinto de Miranda Montenegro, governador de Pernambuco, 1804-17.
28. Rainha Charlotte, 1744-1818, esposa de S.M. Jorge III.
29. P.R.O. ADM. 1/2704 (02).
30. Ver apêndice C.
31. A.M. Esparteiro, *História naval brasileira*, p.333.
32. P.R.O. ADM. 1/2159 (01).

33. A. Pereira. *D. João VI, príncipe e rei*, p.184. Carta datada de 25 de janeiro, de D. António de Azevedo ao príncipe regente.
34. A.M. Esparteiro, *História naval brasileira*, p.333.
35. Capitão-de-mar-e-guerra Henrique da Fonseca de Sousa Prego.
36. A. Pereira, *D. João VI, príncipe e rei*, p.184.
37. Ibid.
38. P.R.O. ADM. 1/2704 (02).
39. Ibid.
40. Arquivo Nacional, código 730, Rio de Janeiro.
41. J.V. Fazenda, p.531.
42. P.R.O. ADM. 1/2704 (02).
43. Ver apêndice C.
44. *Annaes do Senado do Império do Brasil.* Rio de Janeiro, Typografia Nacional, 1826, t.3, p.99.
45. P.R.O. ADM. 1/2704 (02).
46. T. O'Neil, *A vinda da família real portuguesa para o Brasil*, p.69-70.
47. Collecção das Leis do Brasil de 1808. Decreto de 13 de maio de 1808. Rio de Janeiro, Imprensa Nacional, 1891, p.28. Em 29 de novembro de 1808, os regulamentos detalhados da ordem foram publicados em *Collecção das Leis*, p.167-70.
48. P.R.O. ADM. 1/2704 (02).
49. Os ofícios contêm, à margem, numa caligrafia diferente: "10 de maio Recebido e Aprovo suas ações." P.R.O. ADM.1/2704 (01).
50. P.R.O. ADM. 1/2159 (01).
51. D. Miguel Caetano Álvares Pereira de Melo, 1765-1808, 5º duque de Cadaval, 7º marquês de Ferreira e 8º conde de Tentúgal. Ver apêndice A.
52. A. Pereira, *D. João VI, príncipe e rei*, p.185.

Capítulo Sete

1. P.R.O. ADM. 1/2159 (01).
2. Ibid.
3. P.R.O. ADM. 1/2159 (01).
4. Capitão-de-mar-e-guerra Francisco Manuel de Souto Maior.
5. Capitão-de-mar-e-guerra José Maria de Almeida.
6. P.R.O. ADM. 1/2159 (01).
7. Arquivo Nacional, código 730, Rio de Janeiro.
8. P.R.O. ADM. 1/2159 (01).
9. G. Moore, *Diário manuscrito*, ADD 9303/17-21.
10. A.M. Esparteiro, *História naval brasileira*, p.330.
11. T. O'Neil, *A vinda da família real portuguesa para o Brasil*, p.65-6.
12. De fato, esta informação é mais do que suficiente para identificar o navio; o seu livro de quartos também deve ter registrado o evento.
13. P.R.O. ADM. 1/19 (24).
14. G. Moore, Ibid., ADD 9303/17-21.
15. Arquivo Nacional, código 730, Rio de Janeiro.
16. G. Moore, Ibid., ADD 9303/17-21.
17. P.R.O. ADM .1/2159 (01).
18. *D. João de Castro*, capitão-de-mar-e-guerra Manuel João de Lossio. A.M. Esparteiro, Ibid., p.329.
19. P.R.O. ADM. 1/2159 (01).
20. G. Moore. Ibid., ADD 9303/17-21.
21. Ibid.
22. P.R.O. ADM. 1/2159 (01).
23. Arquivo Nacional, código 730, Rio de Janeiro.
24. A.M. Esparteiro, Ibid., p.334.
25. P.R.O. ADM. 1/19 (26).
26. Arquivo Nacional, código 730, Rio de Janeiro.
27. Ibid.
28. De acordo com o relatório do comodoro Moore ao Almirantado, datado de 9 de março, as notícias da chegada em segurança a São Salvador chegaram ao Rio em 12 de fevereiro. Como nenhum navio foi registrado como tendo arribado naquela data, presumivelmente as notícias chegaram com um brigue de guerra no dia 11.
29. L.G. dos Santos, *Memórias para servir à história do Reino do Brasil*, p.13-4.
30. Navio de um mastro com 68 pés de cumprimento e uma guarnição de 40 homens.
31. P.R.O. ADM. 1/2159 (01).
32. T. O'Neil, Ibid., p.35-6.
33. L.G. Santos, Ibid., p.20.
34. P.R.O. ADM. 1/2159 (01).
35. L.G. Santos, Ibid., p.32.

Capítulo Oito

1. T. Monteiro, *História do império*, p.50-1.
2. Ibid., p.51.

3. Anonymo, *Observador portuguez...* p.19-22. O diário de um observador anônimo, publicado em 1809, nos dá uma visão do que foi a vida no dia-a-dia neste período sob o jugo de Junot. A não ser quando indicado, todas as referências neste capítulo são desse diário.
4. J.A. das Neves, *História geral da invasão dos franceses*, p.205.
5. Ver apêndice C.
6. Ibid.
7. Camilo Luis de Rossi, *Memória sobre a evasão do núncio apostólico*, p.24-41.
8. J.W. Chambers, "Lisbon in Wartime, 1807." *Anuário.*
9. Ver apêndice C.
10. Este evento pode ter sido aquele mencionado por Lucas Alexandre Boiteaux, em *A marinha de guerra brasileira*, p.13.
11. Ver apêndice C.
12. Ibid.
13. J.W. Chambers. Ibid., p.27.

Epílogo

1. Sir Charles Cotton, 1753-1812; entrou na Marinha em 1772, recebeu o título de baronete em 1795, foi promovido a contra-almirante em 1797 e a vice-almirante em 1802. Comandante-em-chefe no Tejo em 1808, e nas ilhas do canal da Mancha em 1811.
2. J. Barrow, *The Life and Correspondence*, p.281. Esta informação é incorreta; sir Sidney viajou na nau de linha *Foudroyant.*
3. P.R.O. ADM. 1/2519 (02).
4. Sob o comando do capitão Jonas Rose.
5. Em honra do infante espanhol d. Pedro Carlos.
6. T. O'Neil, *A vinda da família real portuguesa para o Brasil*, p.75-9.
7. *Naval Chronicle*. Londres, vol. 20, p.438, 1808.
8. José Paulo de Figueirôa Nabuco Araújo, *Legislação brazileira ou collecção chronologica das leis, decretos, resoluções de consulta, procisões etc. etc.* Rio de Janeiro, s.n.,t.1, 1836, p.75.
9. J. Barrow, Ibid., p.277. Carta do Hon. W.W. Pole a sir Sidney Smith, Almirantado, 28 dez 1807.
10. A. Moraes, *História da trasladação da corte portuguesa para o Brasil em 1807-1808*, p.88.
11. A. Rangel, *Os dois ingleses: Strangford e Stuart*, p.44-113.

Apêndice A

1. A não ser que seja especificamente indicado, as fontes foram: Albano da Silveira Pinto. *Resenha das famílias titulares e grandes de Portugal.* Lisboa, Arthur da Silva, 2 vols., 1883; e Anselmo Braacamp Freire. *Brasões de sala de Cintra.* Coimbra, Imprensa da Universidade, 1921.
2. Portugal nunca introduziu a "lei sálica", conseqüentemente mulheres não eram excluídas da sucessão.
3. A. Rangel, *Os dois ingleses: Strangford e Stuart*, p.5-7.
4. E. de Noronha, *Pina Manique*, p.230; Adérito Tavares; José dos Santos Pinto. *Pina Manique: Um homem entre duas épocas*, 1990.
5. A. Pereira, *D. João VI, príncipe e rei*, vol.1, p.142.
6. Ibid., p.147, consta uma carta de d. Lourenço de Lima (de 2 de setembro de 1806) ao seu primo, o conde de Villa Verde, ministro assistente ao Despacho, após reunião com Talleyrand em 15 de agosto, e, no dia 26, com o imperador.
7. Ibid., p.143-5. Cartas de d. Lourenço de Lima ao conde de Palmela, pedindo ajuda (com data de 13 de outubro de 1818), e do conde de Palmela a d. João (com data de 17 de novembro de 1818), explicando as medidas adotadas, pedindo-lhes a sua aprovação. Da coleção particular de Angelo Pereira.
8. M.P. Chagas. *Dicionário popular.*
9. C.L. de Rossi. "Memória sobre a evasão do núncio apostólico...", p.6-11.
10. George Brydges, lorde Rodney, almirante de pavilhão branco, 1718-92.
11. Hoje Akko, em Israel
12. Almirante sir H.W. Richmond, 2º lorde Spencer, primeiro lorde do Almirantado, 1794-1801.
13. Sir John Knox Laughton, lorde Barham, 1758-1813.
14. G.S. Graham e R.A. Humphreys, 1962.
15. *Naval Chronicle*, vol.20, p.438. Para uma descrição romântica da investidura, ver T. O'Neil, *A vinda da família real portuguesa para o Brasil*, p.75-9.
16. Araújo, *Legislação Brazileira*, p.75.
17. G.S. Graham, Ibid., p.3.
18. Ibid.

Apêndice B

1. A.M. Esparteiro, *Três séculos no mar: História naval brasileira*, p.326-30.
2. B. Lavery. *Nelson's Navy*. Ele cita as surpreendentes cifras de perdas, na Marinha britânica, no período 1793-1815: devido à ação inimiga, 6.500; devido a naufrágios e incêndios, 13.000; devido a moléstias e acidentes individuais, entre 70.000 e 80.000.
3. Os seguintes navios, incluídos em A.M. Esparteiro, *História naval brasileira*, p.330, não constam da lista entregue pelo major-general da esquadra e chefe-de-divisão Joa-quim José Monteiro Torres a sir Sydney Smith: *Boa Ventura*, *Condessa de Resende*, *Furão* e *Ninfa*.

Apêndice C

1. A. Moraes, *História da trasladação da corte portuguesa para o Brasil em 1807-1808*, p.74.
2. Anonymo, *Observador portuguez...*, p.9.
3. J.F.B. de Castro. *Collecção de tratados*, p.236-62; P.R.O. F.O. 94/163 (01).
4. E. Martins, *Conselho de Estado português*, p.70-1.
5. Anonymo, *Observador portuguez...*, p.15.
6. P.R.O. London ADM. 1/19 (20).
7. Ibid.
8. J.P.M. Portella, *Chegada da família real*, p.7-8.
9. J.P.M. Portella, Ibid., p.8-10.
10. J.P.M. Portella, Ibid., p.10-1.
11. Colleção das leis do Brazil, p.28-9.
12. Anonymo, *Observador portuguez...*, p.20.
13. Ibid., p.20.
14. Ibid., p.25.
15. Anonymo, *Observador portuguez...*, p.151-5.
16. Ibid., p.161.
17. J.P. de F.N. Araújo. *Legislação brazileira*, p.75.

Referências bibliográficas

Almeida, João Ricardo Pires de. *D. João rei de Portugal e dos Algarves e imperador titular do Brasil: Elogio histórico.* Rio de Janeiro, s.n., 1885. Ed. comemorativa.

Anonymo. *Observador portuguez histórico, e político de Lisboa desde o dia 27 de novembro do anno de 1807 em que embarcou para o Brazil O Príncipe Regente Nosso Senhor e toda a real família, por motivo da Invasão dos francezes neste Reino etc. etc. – Contém todos os editaes, ordens públicas e particulares, decretos, successos fataes e desconhecidos nas histórias do mundo; todas as batalhas, roubos e usurpações até o dia 15 de setembro de 1808, em que foram expulsos, depois de batidos, os francezes – offerecido Ao Ilustríssimo e Execellentíssimo senhor d. Rodrigo de Sousa Coutinho, conde de Linhares, Grã Cruz das Ordens de Aviz e da Torre e Espada etc. etc.* Lisboa, Imprensa Régia, 1809.

Araújo, José Paulo de Figueirôa Nabuco. *Legislação brazileira ou collecção chronologica das leis, decretos, resoluções de consulta, procisões etc. etc.* Rio de Janeiro, s.n., 1836, t.1.

Azevedo, Manoel Duarte Moreira de. *No tempo do rei: Conto histórico.* Rio de Janeiro, Azevedo, 1899.

Barrow, John. *The Life and Correspondence of Admiral Sir William Sidney Smith G.C.B.* 2 vols., Londres, Richard Bentley, 1848.

Beckford, William. *A corte da rainha D. Maria I: Correspondência de W. Beckford* (1787). Lisboa, Tavares Cardoso & Irmão, 1901.

______. *The Journal of William Beckford in Portugal and Spain 1787-1788.* Ed. com intr. e notas por Alexander Boyd. Londres, Rupert-Hart Davis, 1954.

______. *Recollections of an excursion to Alcobaça and Batalha.* Paris, Société des Éditions Les Belles Letres, 1956, 1ª ed. 1840.

Beirão, Caetano. *História breve de Portugal.* Lisboa, Editorial Verbo, 1941.

Bellegarde, Henrique Luiz de Niemeyer. *Resumo da história do Brasil.* Rio de Janeiro, Typografia de J.E.S. Cabral, 1845.

Boiteaux, Lucas Alexandre. *A Marinha de Guerra brasileira nos reinados de d. João VI e d. Pedro I.* Rio de Janeiro, Imprensa Nacional, 1913.

Brandão, Raul. *El-Rei Junot.* Lisboa, Monteiro & Cia, 1912.

Calmon, Pedro. *O rei do Brasil: Vida de d. João VI.* Rio de Janeiro, J. Olympio, 1935.

______. *História naval brasileira: A abertura dos portos.* Rio de Janeiro, Serviço de Documentação Geral da Marinha, vol.2, t.2, pt.2, 1979.

Cancio, Henrique. *D. João VI.* Bahia, Diário da Bahia, 1909.

Castro, José Ferreira Borges de. *Collecção de tratados, convenções, contratos e actos públicos celebrados entre a coroa de Portugal e as mais potências desde 1640 até ao presente.* Lisboa, Imprensa Nacional, 1856-58.

Chagas, Manoel Pinheiro (org.). *Dicionário popular.* Lisboa, Typ. Lallement Frères, 14 vols., 1883.

Chambers, J.W. "Lisbon in Wartime 1807." *Anuário.* Lisboa, The Bristish Historical Society of Portugal, n.11, 1984.

Cheke, Marcus. *Carlota Joaquina: A rainha intrigante.* Rio de Janeiro, J. Olympio, 1949.

Cintra, Assis. *Rei fujão*. Rio de Janeiro, s.n., 1935.
Collecção das Leis do Brazil de 1808. Rio de Janeiro, Imprensa Nacional, 1891.
Constancio, Francisco Solano. *História do Brasil desde o seu descobrimento por Pedro Álvares Cabral até a abdicação do imperador d. Pedro I*. Paris, Livraria Portuguesa, 1839.
Denis, Ferdinand. *Résumé de l'histoire du Brésil*. 2ª ed., Paris, Lecointe et Durey, 1825.
Durant, Will e Ariel Durant. *The Story of Civilization*. Nova York, Simon & Schuster, 11 vols., 1975.
Esparteiro, Antônio Marques. *História naval brasileira: A viagem*. Rio de Janeiro, Serviço de Documentação Geral da Marinha, v.2, t.2, pt.1, 1979.
______. "Subsídios para a história da Marinha de Guerra: nau *Rainha de Portugal*." *Anais do Clube Naval*, Lisboa, 1943.
______. *Três séculos no mar: 1640-1910*. Lisboa, Ministério da Marinha, 30 vols., 1974-87.
Fazenda, José Vieira. "Antiqualhas e memórias: Chegada da família real." *Revista do Instituto Histórico e Geográfico Brasileiro*, Rio de Janeiro, vol.142, t.88, 1920, p.38-44.
______."Antiqualhas e memórias: Trasladação da família real." *Revista do Instituto Histórico e Geográfico Brasileiro*, Rio de Janeiro, t.93, v.147, 1923, p.531-5.
Freire, Anselmo Braacamp. *Brasões de sala de Cintra*. Coimbra, Imprensa da Universidade, 3 vols., 1921.
Graham, Maria. *Journal of Voyage to Brazil and Residence there During Part of the Years 1821, 1822, 1823*. Londres, Longman Hurst, 1824.
Graham, Gerald S. e R.A. Humphries (orgs.). *The Navy and South America 1807-1823*. Londres, Navy Records Society, 1962.
Howard, Donald D. "Portugal and the Anglo-Russian naval crisis (1808)." *Naval War College Review*, Newport, RI, Naval War College, 1981.
Imprensa Nacional. *Collecção das Leis do Brazil de 1808*. Rio de Janeiro, 1891.
Jackson, sir William G.F. *The Rock of the Gibraltarians*. 2ª ed., Londres, Ashford, Bucham & Enright, 1990.
Lavery, Brian. *Nelson's Navy: The Ships, Men and Organization*. Londres, Conway Maritime Press, 1989.
Junot, Laure Saint-Martin [duquesa de Abrantes]. *At the Court of Napoleon: Memoirs of the Duchesse d'Abrantès*. Londres, Windrush Press, 1991.
______. *Souvenirs d'une Ambassade*. Paris, s.n. 18 vols., 1834.
King, Dean. *A Sea of Words*. Nova York, Henry Holt & Co., 1995.
Light, Kenneth H. *The Migration of Royal Family of Portugal to Brazil 1807/08*: Livro de quartos dos navios de S.M. que se encontravam ao largo do Tejo em novembro de 1807 e daqueles que participaram da viagem até o Brasil, como também relatórios e cartas do capitão James Walker da nau S.M. *Bedford*, que escoltou a rainha e o príncipe regente até a Bahia, e do comodoro Graham Moore da nau de S.M. *Malborough*, que escoltou a frota portuguesa até o Rio de Janeiro. Impressão particular de Kenneth H. Light, 1995.
Lima, Alexandre de Azevedo. *Termos náuticos em português e em inglês*. Rio de Janeiro, Imprensa Naval, vol.1, 1935.
______. *Termos náuticos em português e em inglês*. 2ª ed., Rio de Janeiro, Imprensa Naval, vol. 2, 1939.
Lima, J.L. de Abreu, *Compêndio da história do Brasil*. Rio de Janeiro, Laemmert, 1843.
______. *Synopsis ou deducção chronologica dos fatos mais notáveis da história do Brasil*. Recife, Typ. de M.F. de Faria, 1845.
Lima, Manuel de Oliveira. *Dom João VI no Brazil: 1808-1821*. Rio de Janeiro, Typ. do Jornal do Commercio, 1908.
Longford, Elizabeth. *Wellington: The Years of the Sword*. Londres, Weiderfeld & Nicholson, 1969.
Lyons, David. *Lista naval*. Londres, National Maritime Museum, 1993. [Navy List de 1807].

Macaulay, Neill. *Dom Pedro I: A luta pela liberdade no Brasil e em Portugal (1798-1834)*. Rio de Janeiro, Record, 1993.
Macedo, Joaquim Manoel de. *Lições de história do Brasil para uso dos alunos do Imperial Colégio Pedro Segundo*. Rio de Janeiro, Domingos José Gomes Brandão, 1863.
Madelin, Louis. *Histoire du Consolat et de l'Empire*. Paris, Hachette, vol.7, L'Affaire D'Espagne, 1958.
Manchester, Alan K. "A transferência da corte portuguesa para o Rio de Janeiro." *Revista do Instituto Histórico e Geográfico Brasileiro*, Rio de Janeiro, vol.277, 1968, p.5.
Martins, Enéas. *O Conselho de Estado português e a transmigração da família real em 1807*. Rio de Janeiro, Arquivo Nacional, 1968.
Martins, Joaquim Pedro de Oliveira. *História de Portugal*. 9ª ed., Lisboa, Parceria Antonio Maria Pereira, 1991, 1ª ed. 1879.
Monteiro, Tobias. *História do Império: A elaboração da independência*. 2 vols., Rio de Janeiro, F. Briguet, 1927.
Moore, sir Graham. *Diários manuscritos*: ADD 9303/17-21. Cambridge, [18-]. Biblioteca da Universidade de Cambridge. Manuscrito.
Moraes, A.J. de Melo. *A independência e o império do Brasil*. Rio de Janeiro, Typ. O Globo, 1877.
______. *Chorographia Histórica*. 2 vols., t.I (2ª parte), Rio de Janeiro, Typ. De Pinheiro & Comp., 1863.
______. *História da trasladação da corte portuguesa para o Brasil em 1807-1808*. Rio de Janeiro, E. Dupont, 1872.
Napier, W.E. *History of the War in the Peninsula*. 4 vols., Londres, Constable, 1828.
Naval Chronicle. Vol. 20, Londres, 1808, p.438.
Neves, José Acursio das. *História geral da invasão dos francezes em Portugal e da restauração deste reino*. 5 vols., Porto, Edições Afrontamento, 1984.
Noronha, Eduardo de. *Pina Manique: O intendente de antes quebrar...* (costumes, banditismo e polícia no fim do século XVIII, princípios do século XIX) Porto, Livraria Civilização Editora, 1940.
O'Brian, Patrick. *Men-of-War: Life in Nelson's Navy*. New York, W.W. Norton & Company, 1995.
O'Neil, Lieutenant Count Thomas. *A vinda da família real portuguesa para o Brasil*. Trad. Ruth Sylvia de Miranda Salles. Rio de Janeiro, J. Olympio, 2007.
Pereira, Angelo. *As senhoras infantas filhas de El Rei d. João VI*. Lisboa, Editorial Labor, 1938.
______. *D. João VI, príncipe e rei: A retirada da família real para o Brasil*. Lisboa, Empresa Nacional de Publicidade, 1953. (D. João VI, príncipe e rei, 1.)
______. *D. João VI, príncipe e rei: A bastarda*. Lisboa, Empresa Nacional de Publicidade, 1955. (D. João VI, príncipe e rei, 2.)
______. *D. João VI, príncipe e rei: A Independência do Brasil*. Lisboa, Empresa Nacional de Publicidade, 1956. (D. João VI, príncipe e rei, 3.)
______. *D. João VI, príncipe e rei: Últimos anos dum reinado tormentoso*. Lisboa, Empresa Nacional de Publicidade, 1958. (D. João VI, príncipe e rei, 4.)
______. *Os filhos d'El-Rei d. João VI*. Lisboa, Empresa Nacional de Publicidade, 1946.
Pinheiro, José Pedro Xavier. *Epítome da história do Brasil desde o seu descobrimento*. 2 vols., Rio de Janeiro, Typ. Universal de Laemmert, 1870.
Pinto, Albano da Silveira. *Resenha das famílias titulares e grandes de Portugal*. 2 vols., Lisboa, Arthur da Silva, 1883.
Portella, Joaquim Pires Machado. "Chegada da família real portugueza à província da Bahia em janeiro de 1808." *Revista do Instituto Histórico e Geográfico Brasileiro*, Rio de Janeiro, t.65. pt.2, 1882.
Rangel, Alberto. *Inventário dos documentos do arquivo da Casa Imperial do Brasil existentes no castelo d'Eu* [atualmente no Museu Imperial, Petrópolis]. 2 vols., Rio de Janeiro, Serviço Gráfico do Ministério da Educação e Saúde, 1939.

Rangel, Alberto. *Os dois ingleses: Strangford e Stuart.* Rio de Janeiro, Conselho Federal de Cultura: Arquivo Nacional, 1972.

Rio Seco, visconde de. *Exposição analytica e justificativa da conducta, e vida pública do visconde do Rio Seco desde o dia 25 de novembro de 1807.* Petrópolis, Museu Imperial, 1821. Manuscrito.

Rodrigues, J.C. *Catalogo annotado dos livros sobre o Brasil e de alguns autographos e manuscriptos pertencentes a J.C. Rodrigues.* Rio de Janeiro, Typ. do Jornal do Commercio, 1907. (Biblioteca Brasiliense) Pt. 1: Descobrimento da América, Brasil colonial, 1492-1822.

Rossi, Camilo Luís de. "Memória sobre a evasão do núncio apostólico monsenhor Caleppi, da corte de Lisboa para o Rio de Janeiro." In: *Anais da Biblioteca Nacional.* Dr. Jerônimo de Avelar Figueira de Melo (org.). Rio de Janeiro, Anais da Biblioteca Nacional, vol. 61, 1939. Documento traduzido de original do Arquivo Secreto do Vaticano n.143.

Russel, E.F.L. *Knight of the Sword: Sir W.S. Smith.* Londres, Victor Gallancz, 1964.

Sá, José D'Almeida Corrêa de. *D. João VI e a independência do Brasil.* Lisboa, Artes Gráficas, 1937.

Santos, Luiz Gonçalves dos. *Memórias para servir à história do Reino do Brasil.* 2 vols., Belo Horizonte/Itatiaia; São Paulo/Edusp, 1981.

Schom, Alan. *Trafalgar: Countdown to Battle.* Londres, Penguin, 1990.

Silva, J.M. Pereira da. *História da fundação do Império brasileiro.* 7 vols., Rio de Janeiro, Garnier, 1864.

Soares, Joaquim Pedro Celestino. *Quadros navaes.* 2ª ed., Lisboa, Imprensa Nacional, 1961.

Sobel, Dava. *Longitude: The True Story of a Lone Genius Who Solved the Greatest Scientific Problem of His Time.* New York, Penguin Non-Fiction, 1995.

Soriano, Simão José da Luz. *História da guerra civil.* 15 vols., Lisboa, Imprensa Nacional, vol. 2, 1866-93.

Sousa, Octávio Tarqüínio de. *A vida de d. Pedro I.* 3 vols., Rio de Janeiro, J. Olympio, 1952.

Souza, Antonio Caetano de. *Memórias dos grandes de Portugal.* Lisboa, Sylviana, 1754.

Tavares, Adérito e José dos Santos Pinto. *Pina Manique: Um homem entre duas épocas.* Lisboa, Casa Pia de Lisboa, 1990.

The National Dictionary of Biography. Londres, Smith, Elder & Co., 1903.

Thiers, Louis-Adollphe. *Histoire du Consulat et de l'Empire.* 19 vols., Paris, s. n., 1845-62.

Varnhagen, Francisco Adolpho de. *História geral do Brasil.* 5 vols., 3ª ed., São Paulo, Melhoramentos, 1927-36.

Vidal, Frederick Gavazzo Perry. *Genealogias Reaes Portuguesas: Descendência de S.M. El-Rei o senhor dom João VI.* Lisboa, Guimarães & Cia., 1923.

Züquete, Afonso Eduardo Martins. *Nobreza de Portugal e do Brasil.* 3 vols., Lisboa, Editorial Enciclopédia, 1960.

Fontes

Principais Fontes

Arquivo Geral da Marinha, Lisboa
Livro de Quartos da Fragata *Urânia.*

Museu Imperial, Petrópolis
POB Arquivo da Casa Imperial do Brasil.

Ofício datado de 27 de outubro de 1807, I. POB 7.10.807 Barb/m1.
Ofício datado de Belém, 15 de agosto de 1807, D. Araújo/José Egídio, I. POB 7.10.807 Aze C2.
Ofício datado 24 de agosto de 1807, D. Araújo/José Egídio, I. POB 7.8.807 Aze C6.
Ofício datado 20 de outubro de 1807, D. Araújo/José Egídio, II. POB 20.1.807 Aze C2.
Ofício datado 27 de outubro de 1807, D. Araújo/José Egídio, II. POB 20.1.807 Aze C5.
Ofício sem data, D. Araújo/José Egídio, II. POB 20.10.807 Aze C1.
Ofício datado Belém, 31 de outubro de 1807, D. Araújo/José Egídio, II. POB 20.1.807 Aze C7.
Ofício datado S. João dos Bemcarados, 30 de outubro de 1807, D. Araújo/José Egídio, II. POB 20.1.807 Aze C6.
Ofício datado S. João dos Bemcarados, 30 de outubro de 1807, D. Araújo/José Egídio, II. POB 20.1.807 Aze C6.
Ofício datado Belém, 31 de outubro de 1807, D. Araújo/José Egídio, II. POB 20.1.807 Aze C7.
Ofício datado Belém, 5 de novembro de 1807, II. POB 20.1.807 Aze C8.
Ofício datado S. João dos Bemcarados, 30 de outubro de 1807, D. Araújo/José Egídio, II. POB 20.1.807 Aze C6.
Ofício sem data, D. Araújo/José Egídio, II. POB 20.10.807 Aze C1.
Ms. original II. POB 5.10.821 Aze m.
Exposição datada de 5 de outubro de 1821, publicada pelo Visconde de Rio Seco, II. POB 5.10.821 Aze m.
Documento I. POB (1807), J.VI P.c.

Arquivo Nacional, Rio de Janeiro
Código 730.

Arquivo Nacional, Londres – Public Records Office – P.R.O.
Foreign Office (Ministério dos Negócios Estrangeiros).

F.O. 63/55
Lorde Strangford ao hon. George Canning; Lisboa, 25 de julho de 1807, Nº 42, pelo paquete *Auckland.*

Lorde Strangford ao hon. George Canning; Lisboa, 2 de agosto de 1807, Nº 43, pelo paquete *Elizabeth*.
Lorde Strangford ao hon. Canning; Lisboa, 13 de agosto de 1807, Nº 46, pelo paquete *Walsingham*.
Lorde Strangford ao hon. George Canning; Lisboa, 20 de agosto de 1807, Nº 47, pelo cúter *Cheerful*.
Lorde Strangford ao hon. George Canning; Lisboa, 21 de agosto de 1807, Nº 48, pelo cúter *Cheerful*.
Lorde Strangford ao hon. George Canning; Lisboa, 29 de agosto de 1807, Nº 51, pelo paquete *Townsend*.
Lorde Strangford ao hon. George Canning; Lisboa, 8 de setembro de 1807, Nº 54, pelo paquete *Aukland*, reservado.
Lorde Strangford ao hon. George Canning; Lisboa, 9 de setembro de 1807, Nº 55, pelo paquete *Aukland*, reservado.
Lorde Strangford ao hon. George Canning; Lisboa, 26 de setembro de 1807, Nº 63, pelo cúter *Alban*.
Lorde Strangford ao hon. George Canning; Lisboa, 3 de outubro de 1807, Nº 70, pelo paquete *Walsingham*.
Lorde Strangford ao hon. George Canning; Lisboa, 20 de outubro de 1807, Nº 75, pelo paquete *Townsend*.

F.O. 63/56
Lorde Strangford ao hon. George Canning; S.M.R. *Hibernia*, 24 de novembro de 1807, Nº 102, pela escuna alugada *Trafalgar*.
Lorde Strangford ao hon. George Canning; S.M.R. *Hibernia*, 29 de novembro de 1807, pelo paquete *Townsend*.
D. Araújo a Lorde Strangford; Mafra, 3 de outubro de 1807.

F.O. 63/58
H. Camberlain ao A. Stanhope; Lisboa 20 de outubro de 1807.
Visconde d'Anadia a D. Pedro Fagundes Bacelar Bantos e Menezes, Governador da Madeira; Palácio de N. S. d'Ajuda, 8 de outubro de 1807.
Hartford Jones ao hon. Robert Dundas; Funchal, 7 de novembro de 1807.
Hon. Robert Dundas ao hon. George Canning; Londres, 23 de dezembro de 1807.
Lorde Strangford ao hon. George Canning; Londres, 24 de dezembro de 1807.

F.O. 94/163
Convenção entre Portugal e Grã-Bretanha, datada de 22 de outubro de 1807.
Hon. George Canning ao Chevalier de Souza Coutinho, Londres 4 de janeiro de 1808.

Admiralty (Almirantado)

ADM. 4206
Secretário de Estado, hon. George Canning aos Lordes Comissários do Almirantado, 11 de novembro.

ADM. 1/19
Sir Sidney Smith ao hon. W.W. Pole, S.M.R. *London*, Cawsand Bay, 9 de novembro de 1807.
Sir Sidney Smith ao hon.W.W. Pole, S.M.R. *London*, Cawsand Bay, 9 de novembro de 1807, reservado.

Sir Sidney Smith ao hon.W.W. Pole, S.M.R. *London*, ao largo do Tejo, 18 de novembro de 1807.
Lorde Strangford a Sir Sidney Smith, S.M.R. *Hibernia*, 20 de novembro.
Sir Sidney Smith ao hon. W.W. Pole, S.M.R. *Hibernia*, ao largo do Tejo, 22 de novembro.
Sir Sidney Smith ao hon.W.W. Pole, S.M.R. *Hibernia*, do Tejo, 22 de novembro de 1807, reservado.
Sir Sidney Smith ao Comandante-chefe almirante Young, S.M.R. *Hibernia*, ao largo do Tejo, 22 de novembro.
Forças Militares portuguesas, 29 de outubro, comunicado a Sir Sidney Smith pelo cônsul Gambier, em Lisboa, com cópia enviada ao tenente-general Sir John Moore, reservado.
Lorde Strangford a Sir Sidney Smith, S.M.R. *Hibernia*, 22 de novembro.
Sir Sidney Smith ao ministro D. Araújo, S.M.R. *Hibernia*, ao largo do Tejo, 22 de novembro.
Notícia do rigoroso bloqueio do Tejo, pela esquadra de S.M. ao largo da barra deste rio.
Sir Sidney Smith a John Bell, S.M.R. *Hibernia* ao largo do Tejo, 22 de novembro.
Lorde Strangford a Sir Sidney Smith, S.M.R. *Hibernia*, 24 de novembro, reservado.
Lorde Strangford a Sir Sidney Smith, S.M.R. *Hibernia*, 24 de novembro.
Sir Sidney Smith ao hon. W.W. Pole, S.M.R. *Hibernia*, ao largo do Tejo, 25 de novembro.
John Bell a Sir Sidney Smith, Lisboa, 25 de novembro.
Lorde Strangford a Sir Sidney Smith, Lisboa, noite de 28 de novembro.
Lista do esquadrão português que partiu em 29 de novembro, assinada pelo major-general Joaquim Monteiro Torres.
W.S. Smith ao hon. W.W. Pole, S.M.R. *Hibernia*, 22 léguas a oeste do largo do Tejo, 1º de dezembro, reservado.
Sir Sidney Smith ao capitão Moore, S.M.R. *Hibernia*, 3 de dezembro.
Sir Sidney Smith ao Chefe-de-divisão Moore, 5 de dezembro.
Lista de suprimentos entregue ao esquadrão português por S.M.R. *Hibernia* e *Conqueror*, 5 de dezembro.
Lista de artigos de roupa entregue pelo S.M.R. *Hibernia* à *Príncipe Real*, nau capitânia que levava o Príncipe Regente.
Sir Sidney Smith ao hon. W.W. Pole, S.M.R. *Hibernia*, ao largo do Tejo, 5 de janeiro de 1808.
Sir Sidney Smith ao hon. W.W. Pole, S.M.R. *Hibernia*, no mar, latitude 37º..47', longitude 14º..17', 6 de dezembro.
Sir Sidney Smith ao hon. W.W. Pole, S.M.R. *Hibernia*, ao largo do Tejo, 5 de janeiro 1808.

ADM. 1/824
Sir Sidney Smith ao almirante Young (Plymouth), 3 de dezembro de 1807, S.M.R. *Hibernia*, no mar.
Sir Sidney Smith ao almirante Young (Plymouth), 6 de dezembro de 1807, S.M.R. *Hibernia*, no mar, reservado.

ADM. 1/2159
Chefe-de-divisão Moore ao contra-almirante Sir Sidney Smith, Rio de Janeiro, 9 de março de 1808, relato da viagem e chegada a salvo no Rio de Janeiro da frota portuguesa e da esquadra britânica.
Chefe-de-divisão Moore ao vice-almirante Sir Charles Cotton Bart. (baronete), Rio de Janeiro, 14 de março de 1808, a respeito da partida da esquadra inimiga de Rochefort e os preparativos para patrulhar a costa, a título de precaução, até Salvador.

ADM. 1/2704
Capitão Walker ao hon. W.W. Pole, 6 de janeiro de 1808, explicando as razões que levaram a separação da frota e a sua participação na escolta da Rainha e do Príncipe Regente, escrito no mar e enviado depois da chegada à Bahia.

Capitão Walker ao hon. W.W. Pole, 31 de janeiro de 1808, relato da viagem e chegada a salvo da Família Real de Portugal, na Baía de Todos os Santos (Bahia), Brasil.

Sinais

National Maritime Museum

Livros de Quartos de Navios de Sua Majestade (S.M.)

H.M.Ship *Achille* ADM. 51/1700.
H.M.Frigate *Amazon* ADM. 51/1659.
H.M.Ship *Audacious* ADM. 51/1758.
H.M.Ship *Bedford* ADM. 51/1882.
H.M.Sloop *Confiance* ADM. 51/1966.
H.M.Ship *Conqueror* ADM. 51/1734.
H.M.Ship *Elizabeth* ADM. 51/1765.
H.M.Ship *Foudroyant* ADM. 51/1780.
H.M.Ship *Hibernia* ADM. 51/1730.
H.M.Ship *London* ADM. 51/1857.
H.M.Ship *Marlborough* ADM. 51/1854.
H.M.Ship *Monarch* ADM. 51/1879.
H.M.Ship *Plantagenet* ADM. 51/1790.
H.M.B/Sloop *Redwing* ADM. 51/1715.
H.M.Frigate *Solebay* ADM. 51/1763.
H.M.Ship *Theseus* ADM. 51/1738.

Este livro foi composto em Agaramond
e impresso por Geográfica Editora em março de 2008.